ものが語る歴史　37

キトラ・高松塚古墳の星宿図

泉　武

同成社

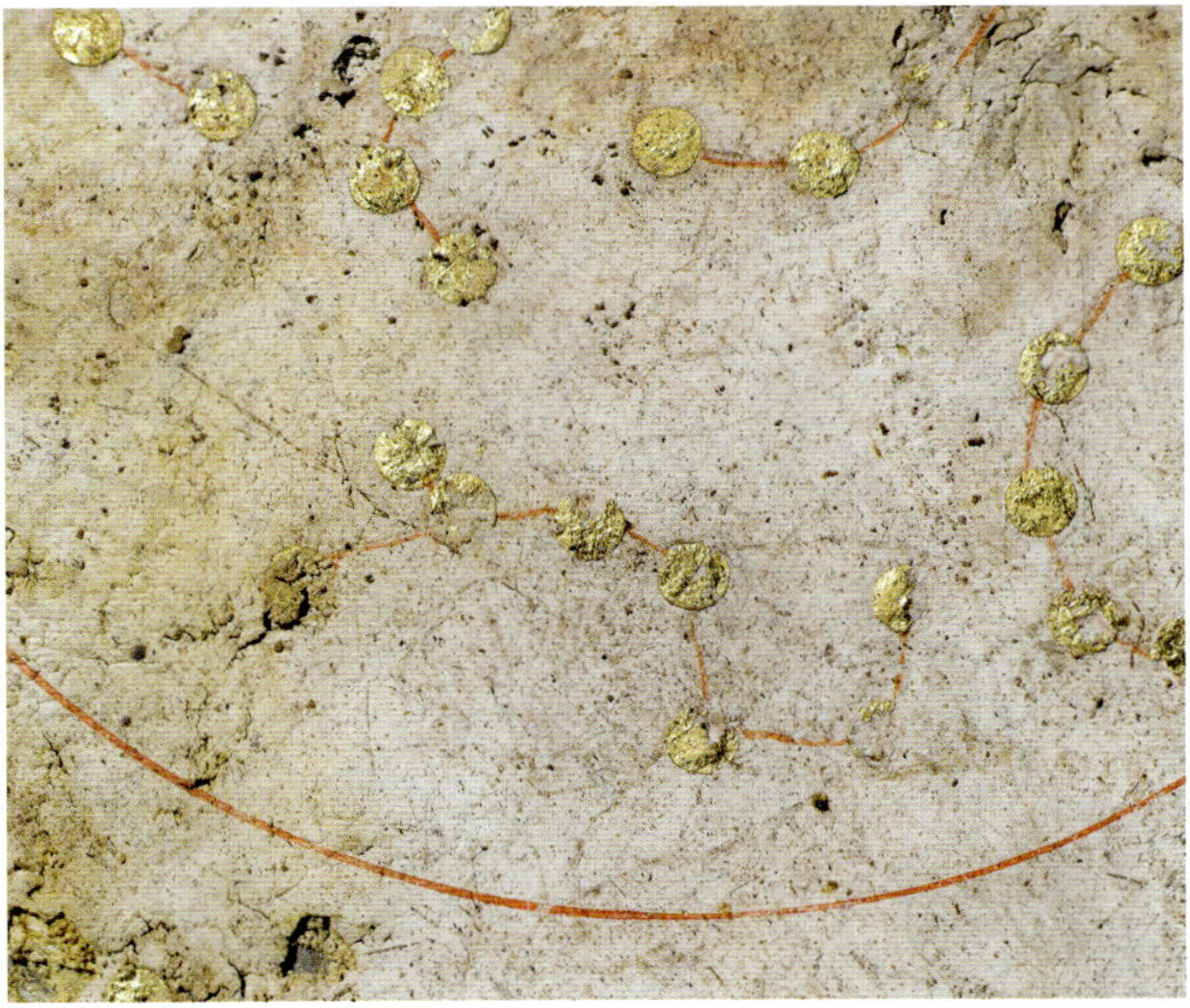

キトラ古墳天文図
（奈良文化財研究所提供）
上：全景（方角は上が北）
下：内規拡大（北斗七星が見える）

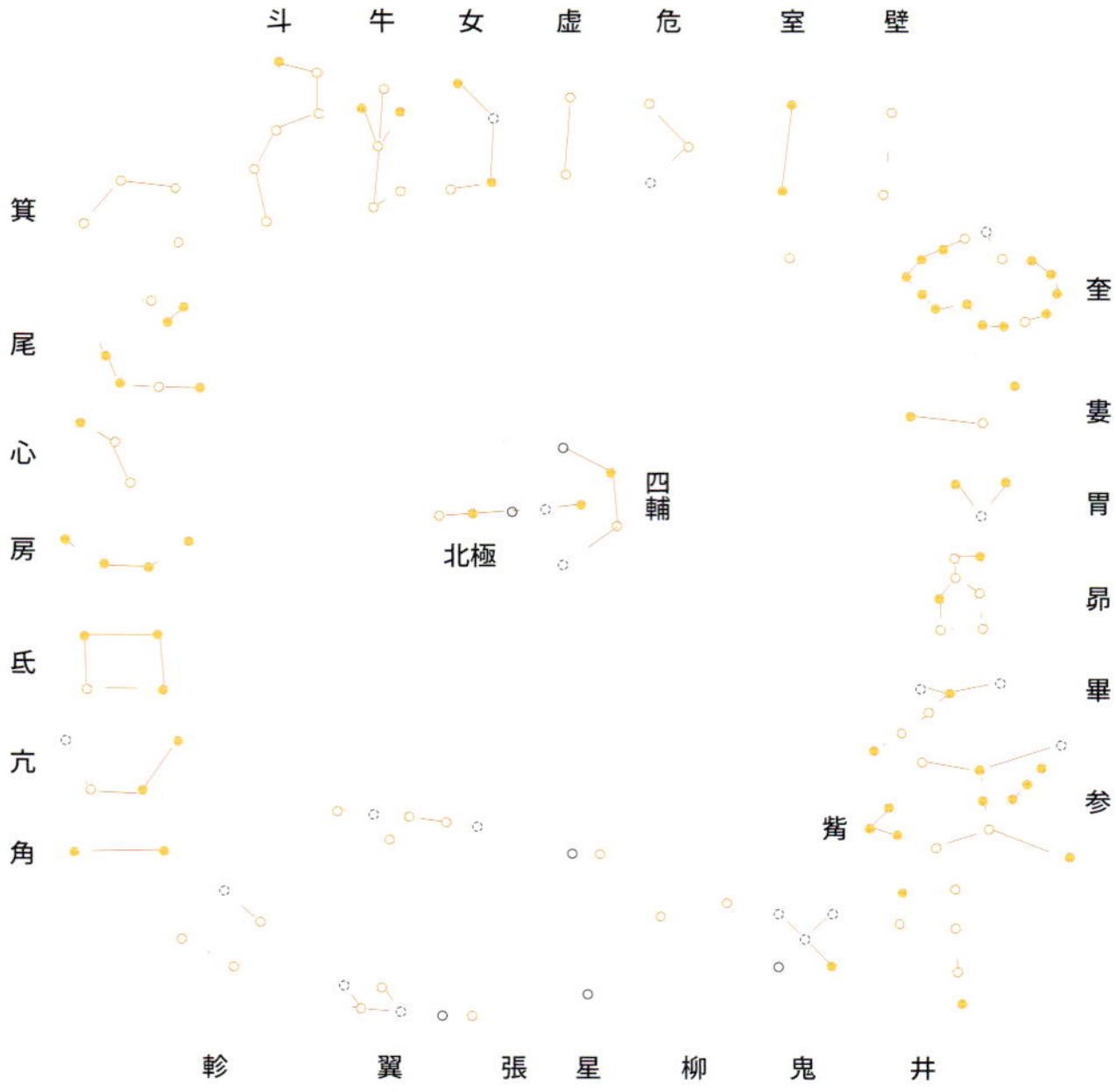

高松塚古墳星宿図

（奈良文化財研究所提供）

上：全景（方角は上が北）

下：トレース図

- 金箔ほぼ完存（80％以上）
- 金箔一部残存
- 金箔あり（位置不確実）
- 金箔の存在を推定

はじめに――天武王権の分析視角――

筆者は、奈良県明日香村に所在するキトラ古墳と高松塚古墳の石室内に描かれた星宿図（以下は天文図と記す）は、天武天皇の君主としての正当性を担保するものであり、これを記念するために描かれたと考える。これまで両古墳は、考古学や天文学、美術史、服飾史など個別の研究成果は蓄積されたが、天武王権の成立事情と、その後の政治過程から両古墳の壁画を理解しようとされることはなかった。壁画を飛鳥史のなかにおけばどのような理解が可能であるか、を問うのが本書の主題である。

右の仮説が成立するためには、天武天皇と二つの古墳に描かれた天文図や四神図、人物像が、どのような関連性をもつのかが問われなくてはならない。このことが説明されない限り、天武天皇の天文図は成立しないのである。

ところで古代中国の皇帝支配が成立した秦・漢時代において、皇帝の地位は天から与えられたとされる最初の皇帝が文帝（即位二年詔、前一七八年）であるという（西嶋　一九八三）。西嶋定生は君主の権威の来源を天に求め、君主は天の命を受けて万民を治めるものであり、それゆえ君主は天に対して政治責任をもつべきものであるという。また、正当権威の確立期は後漢光武帝から章帝の時代であり、この時期は中国の支配思想として確立した儒教思想に連動するという見解もある（山尾　二〇〇三）。

ここでいわれた天とは、天文図であらわされた天の中心を占める天帝、あるいは昊天上帝（上帝）のことであり、全宇宙を支配する最高神をいうのである。

中国の皇帝は、後漢時代になると天の最高神から天命を受けることで地上の支配を委託されるという形式を踏んだ。この思想的原理は、後漢から唐代の統治階級や知識人の共有するものであり（渡辺　一九九九）、長きにわたり支配原理として維持されたのである。天命思想は、古代中国において、皇帝支配を正当化するための権力を支えた唯一の拠りどころであった。

一方、天武天皇は古代のなかで唯一軍事力を行使して君主の座についた天皇である。六六〇年ごろから六七〇年代は、唐を中心にした東アジア的規模で戦闘が継続した時代でもあった。この時期に百済の滅亡によって復興戦に介入した倭国は、白村江の海戦で唐・新羅連合軍に敗れたことで（六六三年）、国家そのものが存亡の危機を迎えていた。大海人皇子（のちの天武天皇）はこのような未曾有の国難を一新して、新しい国家を実現すべく行動を起こした。それが壬申の乱（六七二年）である。

しかし当時の王権内で正当性をもつ皇統は、天智天皇からその実子である大友皇子へと継受が予定されていた。これを大海人皇子は軍事力で打倒したのである。大海人皇子は六七三年に天智天皇のあとを継ぎ即位したが、武力で簒奪した皇位を正当化する何ものも持ちあわせていなかった。このとき説明に持ち出したのが、天命思想であろうというのが本書の仮説の一つである。

飛鳥時代の古墳で天文図などの壁画が描かれていたのは、キトラ古墳と高松塚古墳である。この両古墳に天武天皇が葬られたというわけではない。二つの古墳に葬られた被葬者は、壬申の乱に大海人皇子とともに参戦し、天武天皇の皇位の原理思想を深く理解した人物ではないだろうか。いわば天武王権の正当性を後世に継承する目的で両古墳の壁画が描かれたと筆者は考えている。

目　次

第Ⅱ部　壁画古墳の成立

凡　例

（一）史料として引用したのは、岩波書店刊行の日本古典文学大系『日本書紀』および新日本文学大系『続日本紀』である。そのほか、本文中で引用・参照した文献は巻末に著者の五十音順に記載した。中国壁画墓、高句麗壁画古墳の報告書類は国別にまとめた。『天武紀』など略称する表記は、『日本書紀』天武天皇紀のことである。

（二）高句麗壁画古墳の天文図が載る文献は写真図版が充実している。記述は天文図の復元図と写真を対比して観察した。復元図の一部には逆向きのものもある。色彩は報告のないものはカラー図版によった。中国の壁画の資料も同様の観察と記述である。

（三）キトラ・高松塚古墳の星宿図以外の天文図は、おおむね模式図でありスケールなどは不統一である。また表現においても上からの俯瞰図や見上げ図、横からの図であったりする。

（四）飛鳥資料館とする表記は、独立行政法人国立文化財機構奈良文化財研究所飛鳥資料館の略称である。

第Ⅰ部　天武天皇と天命思想

序章　天命思想導入の背景――壬申の乱と簒奪王権の正当化――

天武王権の正当性を説明する天命思想は次章以下で扱うが、古代中国の皇帝の正当性を保証する天命思想が、天武天皇にとってなぜ必要であったのか、本章で検討したい。この思想の導入の契機は、端的に述べれば、大海人皇子が六七二年に武力蜂起して天智朝を打倒した壬申の乱にある。天智天皇からの正当な（法律にのっとった相続――嫡系継承をいう。山尾　一九九八b）皇位継承者であった大友皇子を抹殺したのが、この乱の実相であった。天武天皇の皇位はクーデターによる簒奪王権なのである。天武天皇は『日本書紀』「天武紀」巻第二八を費やして、壬申の乱が近江朝廷による仕組まれた戦乱であり、自らには何ら責任はないことを主張した。ここに掲出するのは壬申の乱の契機ともいえる、天武天皇の武力蜂起を正当化する詔である。

（1）天皇、詔して曰はく、「朕、位を譲り世を遁《のが》るる所以《ゆえ》は、独り病を治め身を全《また》くして、永《ひたぶる》に百年を終へむとなり。然るに今、已《や》むこと獲《え》ずして、禍を承けむ。何ぞ黙《もだ》して身を亡さむや」とのたまふ。（天武即位前紀元年五月是月条）

（2）詔して曰はく、「今聞く、近江朝庭の臣等、朕が為に害《そこな》はむことを謀る。……」とのたまふ。（天武即位前紀元年六月二十二日条）

前掲史料は天武天皇が吉野において、近江側に対し挙兵することの大義を表明した詔である。（1）は朴井連《えのゐのむらじ》雄君《おきみ》から前天皇の山陵をつくると見せかけてその実、近江から倭京まで兵士を配置したことを報告されたことに対する大海人皇子（天武天皇）の発言である。近年の研究は、近江京から倭京に配置された兵士は、唐の対新羅戦の出兵要請に応えたものであるという倉本一宏の見方がある（倉本　一九九七）。事実は倉本の見解のとおりであったのだろうが、大海人皇子側の受け止め方は違っていた。ここには、近江側が先んじて自分を討つ準備であるとみての対抗処置として、止むにやまれない挙兵であると記されている。「已むこと獲ずして、禍を承けむ」と、あくまでも受動的な立場の表明である。

しかし、壬申の乱が近江側に対する自己防衛のための蜂起であったとの立場は、この乱に勝利した天武天皇の正当化の論理である。大海人皇子は六六〇年代から東アジア規模で継起していた動乱のなかで、倭国も滅亡すると身をもって自覚した上で（六六三年の白村江での唐・新羅連合軍による敗戦と、その後の唐の倭国侵攻計画（六七〇年をさす。松田　一九八〇）、周到な準備を経て蜂起したと考えるのが正鵠をえているだろう。天智天皇の国政の改革をさらに進めて、唐に対抗できるだけの新しい国家の創設に眼目がおかれたのである。大海人皇子が近江を脱出してのち、天智天皇は六七一年十二月に逝去した。大海人皇子は翌年六月には吉野で蜂起して東国に出発したが、このころの大海人皇子にしてみれば、いつの時点で蜂起するかという契機をうかがっていたのだろう。

壬申の乱は七月になるとほぼ終息し、大友皇子は自害し首級は天武天皇のもとに差し出されたという。八月になると天武天皇は高市皇子に対して「犯す状を宣らしめたまふ」と罪人の追及を委ねたのである。しかし、近江側の諸臣の犯した罪がどのようなものであったのだろう。

六七一年、天智天皇が最晩年に下した唐に対する援軍の決定（天智十年六月四日条）が、壬申の乱の蜂起に対して大義名分を与えたと山尾は論じた（一九九八ａ）。おそらくこのとき、両者の政治的な乖離が決定的となったのであろう。しかも、乱の勝利で皇位についたものの、簒奪王権であるという立場は拭い去れない事実なのである。

正当な継承者を打倒した皇位の説明には、天智天皇が制定した継承法に替わる説明原理を必要とした。以下では古代中国における天命思想の原理と宇宙観、および皇帝支配の正当性がいかに保証されたのかをみる。その後に、天武天皇の導入した天命思想について検討したい。

第一章　古代中国の宇宙観と天

一　宇宙の創生と構造

キトラ・高松塚古墳の天文図は、古代中国の天文学の成果に負っている。古代中国では、宇宙の始まりをどのように考えたのか。本論に入る前提として、宇宙創造の神話的側面と、当時宇宙の形がどのようであると考えたのか、いわば科学的な側面について、先学の研究成果によりながら、天文学とその背景にある思想的側面にもふれつつ、天命思想の考え方を検討する。

(1) 天地がまだ形作られていなかったときは、ただ何かがもやもやと漂い、ふわふわと浮かんでるだけであった。これを大始という。道がこの虚霩（漠然たる広がり）を作り出したのであるが、やがて虚霩から宇宙が生まれ、宇宙（コスモス）から元気が生まれた。（『淮南子』巻第三天文、池田訳注 二〇一二、番号は筆者）

同書巻第十一斉俗にも「古から今に至る無限の時間を宙と言い、四方上下に広がる無限の空間を宇と言う」と、宇宙の始原について記されている。このような考えは紀元前一〇〇年ごろの宇宙に関する基本的な認識である。つまり、宇宙は無限の空間的な広がりと、無限の時間という概念でとらえられ、このようなところから万物の根源としての元気が生まれたというのである。『淮南子』はさらに続けて、元気を初発とする宇宙空間と大地の生成に言及する。

（2）元気のなかに二つのものへの分化が現れると、清んで明るい気は、広くたなびいて天となり、重く濁った気は、凝固して地となった。……さらに、天と地の精気が合わさって陰陽となり、陰と陽の精気が集まって四季となり、四季の精気が散らばって万物をつくった。また陽気の積み重なった熱気から火が生まれ、火気の純粋なものは日となり、陰気の積み重なった寒気から水が生まれ、水気の純粋なものは月となり、日月から流れ出た気のうち、純粋なものは星辰となった。こうして、天には日月星辰が収まり、地には河海砂土が収まることになった。（右同書巻第三天文）

（2）は（1）をうけて元気の気から天地をつくり、天地の精気から日・月と星を、大地には山河がつくられたと説明する。『淮南子』のいう宇宙創造には、何ものも介在しない自然哲学的な観察が記述されている。

ところが、『荘子』は宇宙創造について興味深い見解を述べる。

我われの頭上の天は刻々に動いているようであり、足元の大地はじっと静止しているかのようである。太陽が東に昇れば月は西に沈み、月が昇れば太陽は没して、日月はあたかも場所の取り合いをしているかにみえる。いったい何ものがこの天地日月の運行を主宰し、秩序づけているのか。何ものが己れは安楽の地にいてこの運行を推し進めているのか。何か大きな仕掛けがあって、やむを得ず動いているのであろうか。それともおのずから動き出して自らの力では止まることができないのであろうか。（『東方学報』五三冊所引、『荘子』「天運篇」橋本訳一九八一）

橋本敬造はこれを永続的な天の回転を示す思想であるというが、『荘子』本文の「いったい何ものがこの天地日月の運行を主宰しているのか」という記述からは、天の回転を支える力としての神がそこに想定されていたように思われる。

二　宇宙の最高神としての天

古代中国の人々は、天をどのように認識したのか。天の絶対性について、この世の運命を方向づけるのが天であるという理解は、「天命」あるいは天の摂理の存在を前提とした考え方と結びつく。強大な力をもった天の意志に逆らうなどということは無謀なことだという考え方が、春秋時代（前七七〇―四〇三年）の人々の間に広がっていた。天は人民を哀れむだけでなく、その野望も満たしてくれる。天は人民を監視し、正義を見極め、それによって授ける寿命の長短をも決定するというのである（橋本　一九九三）。

さらに、これより以前の天についての認識も見逃せない。西周時代中期（前一〇〇〇年ごろ）の青銅器の銘文には、以下のように記されている。

> 天は、禹に命じ、大地を整え、険しい山岳を崩し、川を深く掘って〔洪水を治めるようにとの〕指図を出した。そこで禹は、地域を区分し〔九つの州を設けて〕、それぞれの州の長官を定め、降って人々のなかに入り、民衆たちの徳の様子を観察した。このようにして、禹は、地上における天の代理者として、民衆たちを導き、民衆たちの父母となり、我らの最初の王となり、臣下のあり方をも定めたのであった。（以下略。〔　〕内は訳注。小南訳　二〇〇六）

禹《う》は夏王朝を開いたとされる伝説上の王である。小南一郎は、この青銅器の銘文はほかに類例が少なく仮の訳文であると断った上で、禹が天の「命」を受けて、大地を安定させ、君臣関係を定めて、人々に生活の規範を与えたと論じた。そうした禹王が定めた基礎の上に立って、現在の王とその臣下も徳に励み、人間関係を篤くして社会の安定を確かなものにしてゆきたい、というのがこの銘文の主旨である。そうした禹王の事業の基礎となり、現在まで受け継がれているのが「徳」なのだといった。

このような考古資料は、春秋時代以前において、すでに天命による天の代理者としての立場で、有徳を基本とする初代王が定立されたことをあらわしている。神に対する祭祀と徳のある政治、および孝とよばれた祖先祭祀を怠りなく務めれば、天の御心にかなうというのである。紀元前一〇〇〇年という時期において、すでに天命を淵源とする徳や孝を原理とする支配の思想が芽生えていたのである。

三　科学的宇宙観

有坂隆道は（一九七四）、古代中国の天文学を、①科学的研究の対象としての天、②占星術的な天、③きわめて政治性の強い天、に分類した。この文章は後にも出てくる。ここで、天は科学的にどのような構造であるととらえられたのか、みておきたい。このことは、のちに扱うキトラ・高松塚古墳の天文図にも関連する。

宇宙の構造について、まとまった記述のあるのは、『晋書』天文志である（藪内ほか訳　一九七九）。「古くから、天を論じる人々に三つの学派がある。第一の学派を蓋天《がいてん》といい、第二の学派を宣夜《せんや》といい、第三の学派を渾天《こんてん》という」という記述が見える。

蓋天説と渾天説は、前一世紀までには成立していた学説であり、宣夜説は二世紀の後漢時代には存在したという

（橋本　一九九三）。まず蓋天説からみる。

①蓋天説

天は傘に似ており、地は裏返した皿の形をしている。天と地はそれぞれ中心が高く、外縁が低い。北極の下が天地の中心である。その地はいちばん高くて、まるで水が流れ落ちるみたいに四方に落ち込んでおり、日や月や星が隠れたり照ったりして、昼と夜が生じる。

②宣夜説

天にはつまるところ形質がない。仰ぎみれば、どこまでも果てしなく高く、眼もくらみ、心もたえいらんばかりである。……日や月やもろもろの星は、ひとりでに虚空のなかに浮かんでいて、行くのも止まるのも、すべて気のままである。

③渾天説

天は鶏の卵みたいなものであり、地は鶏の卵の黄味みたいなものであって、ぽつんと天の内部に位置している。天は大きくて、地は小さい。天の表側と裏側には水がある。天と地はいずれも気に乗っかって定立し、水に乗っかって運行する。周天は三百六十五度と四分の一度である。

蓋天説のいう天は、空を見上げたときのドーム状の形そのものであり、星はそこに貼り付いているとみたのだろう。大地は伏せた皿のようであるという。藪内は（藪内ほか訳　一九七九）、この説には地球という考えはまったくないという。さらに天の運行は、石臼のように左方向に回転するので、日は天にかかっていて、平らに回転しているとの認識である。

宣夜説では形質という言葉が使われ、天はものの形あるいは質量はないというのである。つまりここでは無限空間としての宇宙を考え、そのなかに日・月はどこにもつながれるところもなく、浮かんでいるととらえた。これは天体をみて日・月や星のように知覚できる天体と、それを包むものとして、形を知覚できない宇宙の存在を認識したといえる。宣夜説のこのような宇宙の無限性は、ヨーロッパでは近代的な思想に属する。無限宇宙説が中国では二世紀の後漢時代までには存在した（橋本　一九九三）。

渾天説は具体的である。天は鶏の卵のように球体であり、地は鶏の黄身のように天のなかに浮かんでいるととらえた。この考えは、天球・地球という宇宙観として表現され、知覚できる質量のある物体としての認識である。また、天と地は気に支えられて定立する存在であり、天の内外にある水が地を運行させるととらえた。

後漢になって近代科学にも通じる発展をみた天文学が、「天地造化の霊妙」を解き明かす方向にあったかというと、どうもそうではない。天は政治理念の中心におかれ、天の現象を研究する天文学は、漢代以降、国家の手厚い保護を受けたのである（藪内ほか訳　一九七九）。科学的な宇宙観測を完成させた漢代以降、天文学は順調な歩みがあったわけではなく、常に儒教と結びついた皇帝支配の手段として、政治的側面の強い学問として発展した。

四　星と日・月の思想

1　日の象徴と神話

『晋書』天文志が日・月と、星を説明するなかで、張衡の説は以下のとおりである（藪内ほか訳　一九七九、番号は筆者）。

（1）光る文様が天にかかっている。そのなかに遊動するものは七つある。日月五惑星がそれである。日は陽の精の本原、月は陰の精の本原、五惑星は五行の精である。
（2）もろもろの星が並んでいるが、その本体は地で生成し、精は天で完成したのである。並び方は乱雑だけれども、それぞれ星座に属している。それらは、民間でいえば物を象徴し、朝廷でいえば官職を象徴し、人間でいえばできごとを象徴する。

（1）でいう「光る文様」とは、天に存在する星や太陽、月などの文《あや》なす文様のことをさすのである。そして日・月と五惑星は、陰陽と五行の本原なのだという。②ではこれらの精は天で完成するというが、本体は地で生成するというのである。後半では星々は星座をつくり、これらは地上のものや官職、できごとを象徴すると説く。

『淮南子』巻第七精神（橋本訳　一九九三）は、以下のように記す。

堯《ぎょう》の時代、十個の太陽が並んで出たので、草木が焼け枯れた。堯は羿《げい》に命じて、日を射させ、そのうちの九個にあたって、そのなかの烏が皆死んで、羽翼を落とした。その後に、ただ一つだけの日が残った。

この神話は、戦国期から前漢期の江南あたりで広く流布したようである。湖北省随県の曽侯乙墓（前五世紀後半、湖北省博物館ほか　一九八九）出土の漆器蓋に描かれた「太陽の花をつけた木」といわれる文様や、湖南省長沙馬王堆一号墓（前一七〇年ごろ、湖南省博物館ほか　一九七二）出土の帛画《はくが》の右肩の赤い円のなかの黒鳥と、一本の樹木の枝をくねらせた間に描かれた太陽を象徴する八個の赤い円はその証左であろう。これらが神話で語られた一〇個の太陽なのである。

『淮南子』巻第七精神には「日中に踆烏《しゅんう》有り」として、この烏をのちには三足烏と考えた。曽侯乙墓の文様について、林巳奈夫は（一九八七）、高低二本の木があって、木の枝の端に光芒の出た円形のものがつき、高い木の方は一

一、低い方には九つとなっている、高い方の木の枝には二羽の鳥がとまり、もう一羽は地上に立つ人間の放った矢についた繳《しゃく》によってからめ落とされ、一〇の太陽を花の形でつけた伝説的な木であると解説する。確かに木の枝先の二〇の円の縁には、放射状のとげのようなものが表現されている。これが花弁であれば、太陽を象徴する花なのかもしれない。左右に二本ある木の頂部には、一本につき二羽の鳥がとまり、樹木の間には人間に絡めとられた鳥がいる。この図像と、『淮南子』巻第三天文における、羿が打ち落とした太陽とは一致するのだろう。

2　月の象徴と神話

月の象徴は『淮南子』巻第七精神で語られ、「月のなかに蟾蜍《せんじょ》有り」とする。馬王堆一号墓の帛画の左肩には、白い三日月の上に蟾蜍と兎が描かれている。月の神について曽布川寛は（一九八一）、月には常羲《じょうぎ》という女性の神がいて十二の月を生み、月に産湯を使わせた神であるという。橋本敬造は（一九九三）張衡の『霊憲』を引いて、太陽は陽のエッセンスの本源であり、凝積して烏となり、烏を象徴しているが足は三本であるとする。陽の類型に属するから、（足の）数は奇数なのである。月は陰のエッセンスの本源であり、凝積して獣となり、兎を象徴している。陰の類型に属するから、（足の）数は偶数なのであるという。姮娥《こうが》が月に逃げたという伝説にもふれて、彼女が月に身を託した結果、蟾蜍になったのだと、兎と蟾蜍の由来を解説する。

以上が、戦国期から前漢期までの日・月にまつわる象徴と神話である。注目されるのは、『霊憲』では日・月のなかに三足烏と蟾蜍・兎の存在が観念されたことであり、このような観想は後世まで広く影響を及ぼしたが、中国での成立は前漢時代までさかのぼる。

郵便はがき

料金受取人払郵便

麹町支店承認

8124

差出有効期限
平成31年２月
15日まで

102-8790

104

東京都千代田区飯田橋4-4-8
東京中央ビル406

株式会社 同成社

読者カード係 行

ご購読ありがとうございます。このハガキをお送りくださった方には今後小社の出版案内を差し上げます。また、出版案内の送付を希望されない場合は右記□欄にチェックを入れてご返送ください。 □

お名前《ふりがな》 歳 男・女

〒 TEL

ご住所

ご職業

お読みになっている新聞・雑誌名

〔新聞名〕 〔雑誌名〕

お買上げ書店名

〔市町村〕 〔書店名〕

愛 読 者 カ ー ド

お買上の
タイトル

本書の出版を何でお知りになりましたか？

イ．書店で　　ロ．新聞·雑誌の広告で（誌名　　）
ハ．人に勧められて　　ニ．書評·紹介記事をみて（誌名　　）
ホ．その他（　　）

この本についてのご感想・ご意見をお書き下さい。

注 文 書　　年　月　日

書　名	税込価格	冊　数

★お支払いは代金引き替えの着払いでお願いいたします。また、注文書籍の合計金額（税込価格）が10,000円未満のときは荷造送料として410円をご負担いただき、10,000円を越える場合は無料です。

3　天帝の居処としての天極星

『史記』天官書　第五（野口ほか訳　一九六八）には、以下のように記されている。

●中官

『天極』星〔が代表である〕。そのなかの一つの明るい星は〔太一といい〕、太一〔神〕がいつもいる所である。……太一のうしろで曲がって列ぶ四星のうち、末の大きな星は正妃、他の三星は後宮のものたちである。

北斗の七星は、……斗は天帝の乗車で、天の中央をめぐり、四方を統一し……。

『晋書』天文志（藪内ほか訳　一九九七）

●中央の宮殿

北極とよばれる五つの星と鉤陳とよばれる六の星は、いずれも紫宮のなかに位置している。北極は北辰（北極星）のなかでもっとも尊い星である。その主星は天の枢軸である。……極星は移動しない。……第一の星は月を管轄する。皇太子である。第二の星は日を管轄する。帝王であり、また太乙神の坐席でもある。……

鉤陳の口にあたる一つの星を天皇大帝といい、その神を耀魄宝という。もろもろの霊を支配し、万の神の図を保持するのが仕事である。……大帝の上にある九つの星を華蓋という。大帝の坐席を覆うゆえんである。

『史記』天官書は、天極星を太一といいその神のいるところでもあり、太乙あるいは泰一神とも表記する。北斗七星の項目で、「斗は天帝の乗車」とあり、天帝に通用する。いずれも天極星をさす。

『晋書』は鉤陳の口にあたる一つの星を天皇《てんこう》大帝であるとし、北極星は移動しないもっとも尊い星であるという。

『晋書』訳注の引く『太平御覧』巻六引大象列星図によると、「鉤陳の六星は紫微宮中、華蓋の下にあり。天帝居る所の宮なり」とある。『史記』の段階では北極星は一つの星であるとするのに対して、『晋書』では北極星を北極五星の

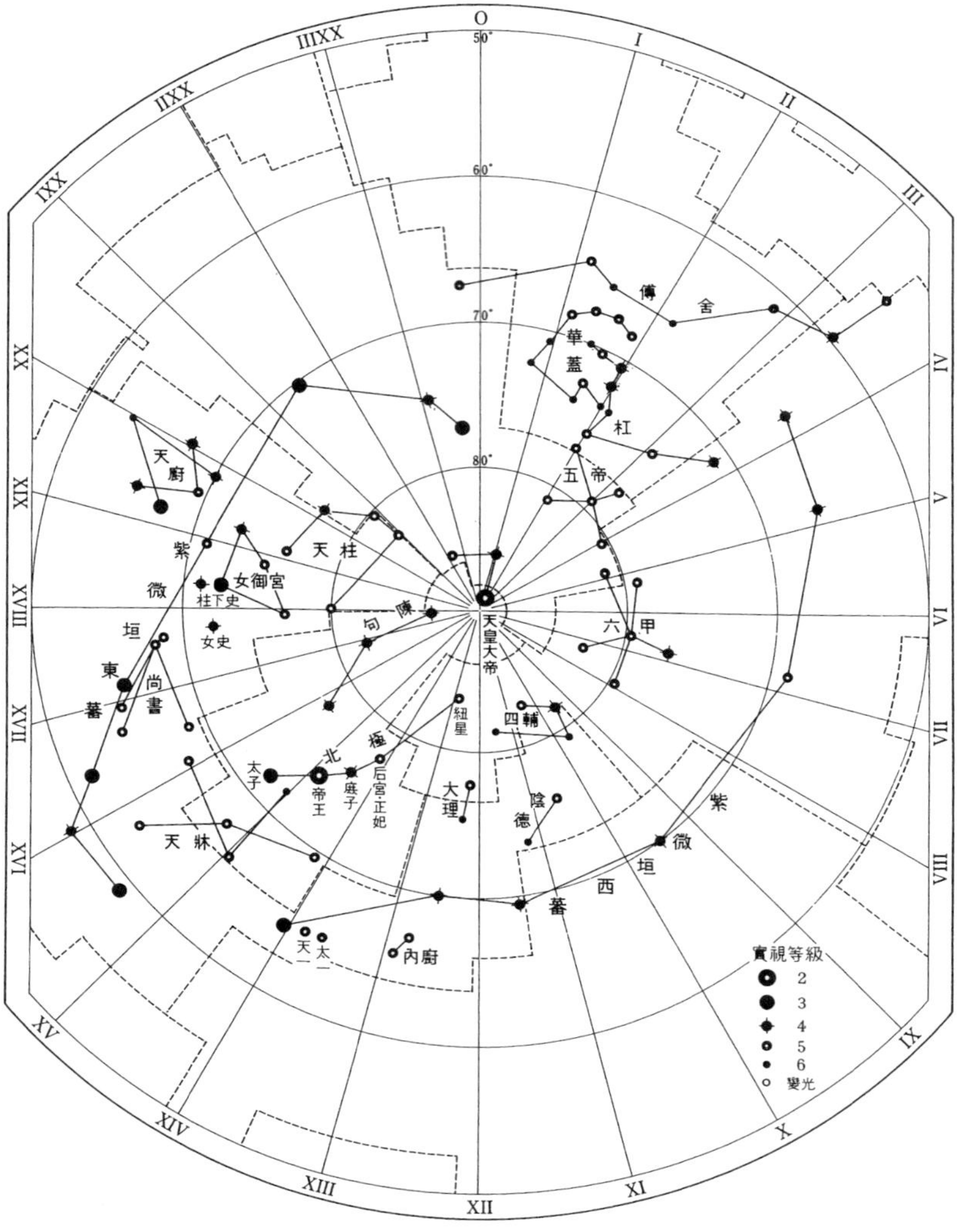

図1　『晋書』天文志の北極付近の星座（林 1973）

なかの中心星と解釈する。林巳奈夫は（一九七三）、ホー・ポン・ヨークの星座図を引用するが（図1）、この図には、天極の中心に「天皇大帝」の名称を付す一星があり、この周囲をめぐるように北極五星や鉤陳、四輔、華蓋などが配置されている。華蓋は天皇大帝の玉座を上から覆うと説明されるところから、本来の天極星は、天の中心を居処とする一星であり、天帝あるいは太一ともよばれた。

4　二十八宿と天命

右にみたような、日・月や星にまつわる天文観に対して、『晋書』天文志は、星座体系として整理されたものである（藪内ほか訳　一九七九、番号は筆者）。

以下は星座に関する記述である。

（1）その霊妙な働きにおいて際立っているものに、五つのグループがあり、三十五の名称でよばれる。一つのグループは中央にあり、それを北斗とよぶ。四つのグループは、四方にそれぞれ七つずつ星座が並んでいて、二十八宿という。日や月がそこを運行して、次々に吉凶を示し、五惑星がめぐりつつ宿って、それによって禍福を告げるのである。

（2）中官と外官のグループのなかで、いつも明るい星座は一二四、名称をつけることができる星座は三二〇、星は二五〇〇個、かすかな星の数は、おそらく一万一五二〇個くらいある、と。生命をもつさまざまな物はすべて、天命をそれにつないでいる。そうでなければ、どうしてそれらを統一的に把握することができようか、と。

（1）は数ある星座のうち、特に神秘的な働きをするものを五グループに分類して、北斗を含む星座を中央に配当した。残りを七星座ずつ四グループに分類し、これを二十八宿としたというのである。この星座群のなかを日・月や五惑星が運行することで、吉凶や禍福を占う判断を示したという。これらは、中央の官星と周辺の二十八宿に分類された星座体系として完成された構造を示している。

古代中国では、星座を七星ずつ四方に配当した星宿図が作成されたことも推測される。ここでいわれる五惑星とは、歳星《さいせい》（木星）、熒惑《けいわく》（火星）、塡星《ちんせい》（土星）、太白《たいはく》（金星）、辰星《しんせい》（水星）をいう。これは高松塚天文図（星宿図）を想起させる。

（2）は人間を含めて生物すべてを「天命にそれをつないでいる」といった。「それ」というのは生命にほかならず、生物の生と死は、天命に委ねているというのである。ここにいたって、宇宙の最高神としての天の原理と役割が示されたことになる。

五　天と人間世界が感応する――天人感応説――

古代中国の宇宙観について、本章の一から四までで、天の観念や構造と科学的な宇宙観を説明した。さらに議論が進むと、人間世界との対応が説かれ天人感応説が成立した。このことで創出された世界観は、官僚組織を含む社会構造を天上界に投影し、地上で起こる事象は、すべて天上界の現象によって予見できるとするものであった（橋本　一九九三）。星座名は皇帝や官僚組織、宮殿などの名称を付された体系をもつ「官名」であらわされたのである。

天人感応説の説明は、『淮南子』巻第二十泰族《たいそう》（池田訳注　二〇一二、番号は筆者）が詳細である。

（1）聖人こそは、天の心を胸に抱き、声高らかに号令を発して、天下の人々を動かし育むことのできる者なのである。すなわち、聖人の内面において純粋な誠実の心が動き、その身体の気が外界の天に働きかけると、瑞星

（※原文は景星）が現れ、黄竜が天下り、めでたい鳳凰（※祥鳳）が飛来し、甘い泉（※醴泉）が湧き出て、穀物（※嘉穀）が豊かに実る。

（2）これに反して、天に逆らい物を虐げれば、太陽と月は光が弱まり蝕に会い、五つの惑星は運行に変調をきたし、春夏秋冬の四季は順序が狂い、昼は暗く夜は明るく、山は崩れ川は涸れ、冬に雷が鳴り夏に霜が降りる。……したがって、国が危殆に瀕し滅亡しようとするときには、天文に異変が生ずるし、世の中が行く手を見失い混乱しているときには、不吉な虹が現れる。

聖人とされる君主が、天と相通じていることは、同書巻第三天文に、「君主の態度は、上なる天に通じている。……四季は天の手足となる役人であり、日月は天の派遣する使者であり、星辰は天の指図する行動の時期であり、虹《こう》蜺《げい》や彗星は天の忌である」とあり、天なるものは四季や日・月、星辰、あるいは虹や彗星を使役して、天の意志を君主に感得させると記されている。天と聖人の間には、天人相関の関係が成立すると考えたのである。

（1）の後半では、君主の誠実な心で天に働きかけると、天はそれに応えて天空には瑞星《ずいせい》を現し、黄竜《こうりゅう》が降り、鳳凰が飛来し、醴泉《れいせん》が湧き、嘉穀《かこく》が稔るというが、これらもすべて天が君主の誠に応えた祥瑞《しょうずい》なのである。

（2）は天に逆らった場合として、巻第三天文は具体例をあげ、租税の乱暴な取り立てや法令を曲解すること、無実の人を殺すこと、政例によらない収奪など、いわば私意による悪政を行ったとき、天は暴風の来襲や稲の芯を食う害虫の大発生にかかわり、あるいは国土の干ばつや長雨を降らすというのである。天の意志に反したときは、天は自らの意志とは違うということをこれらの災異によって警告したのである。天文現象においても、日・月蝕や五惑星の異常な運行が観測されるというのである。この辺の事情を、異なる史料では、次のように記している。

あるべき政治がこの地上において失われると、変異があの天上において現れるのは、光の影にもとの形が象られたり、音響にもとの声が反響したりするようなものである。そうであるから賢明な君主は、こうした異変を観察して事がらの重要性を悟り、自分の身を慎み正して政事の不正をなくし、その咎めに託された天命を思慮すると、災禍が除かれ幸福が訪れるというのは、当然の証なのである。（『中国占星術の世界』所引、馬続『漢志』序文、橋本訳　一九九三）

後漢の馬続も、地上で行われる政治と天上の異変は連動し、天命が咎《とが》めを現すことでその真意を知ることができ、政治があるべき方向に修正されるとする。そうであれば、災禍を福に転換できるというのである。

このことは、（2）における認識に通じるもので、天において観測され星座の文様として現れる祥瑞や災異の兆候は、地上における君主の誠や不徳と感応しあうという。『淮南子』の体系化された天人感応説は、後漢になると儒教思想のなかに取り入れられ、皇帝の地位を天によって正当化される理論として完成したのである。

六　皇帝支配と天命思想――皇帝支配の正当性原理――

秦の始皇帝（前二二一年即位）に始まる中国の皇帝支配は、清朝が滅亡する一九一二年までおよそ二千年存続し、皇帝は歴代王朝の唯一絶対の君主として存在し続けた。皇帝の語義は、西嶋定生によれば（一九八三）、「帝」は現世の君主の称号ではなく、「上帝」すなわち天界にいて、宇宙万物を主宰する最高の絶対神である「天帝」を示す語であった。

始皇帝によって採用された君主の称号である「皇帝」の語も文字どおり解すると、それはまさしく煌煌たる上帝の意味をもつものであり、宇宙を主宰する上帝そのものの意味となるという。すなわち、始皇帝の「皇帝」は、理論上宇宙の最高神である天帝と同じ位置にあると措定された存在なのである。西嶋は、このような理論的背景をもつことで、始皇帝は上帝の威霊について述べることもなければ、天命を受けることで君主の功業が遂行されるという思想を示す必要もないと指摘した。

始皇帝は即位した翌年から各地を巡遊し石碑を立てたが、これらには天命による皇帝位であるとは記されていない（『史記』第六秦始皇本紀、野口ほか訳 一九六八）。始皇帝のこのような君主観は、法家の思想にもとづくもので、何ものにも制約されることのない、絶対者である宇宙の主宰者の名号こそふさわしいものであったというのである。ところが、儒家の説による君主観は、有徳の君子が天命すなわち上帝の命を受けて君主となり、その徳によって人民を支配する徳治主義であり、上帝と現世の君主はあくまで分離される。まして無道の君主が出ると天命は去って、他の有徳者に移行するという孟子の説く革命思想は、「皇帝」と上帝が同一とされる限り、「皇帝」に対してまったく無縁の理論であったというのである。

秦始皇帝に始まった「皇帝」称号は、当初から固定されたものではなく、漢代になると儒教の「皇帝」観に推移した。始皇帝においては、天帝と同一の立場であると自ら定立されたものが、徳のある君子が天の命によって君主となり、その徳で人民を支配するという構造に変化したのである（西嶋同右）。

董仲舒は、儒教からの君主論を展開し、儒教が中国の国教として確立されたことで、以後の皇帝権威の正当性を理論づける基本的な考え方を示した。『漢書』武帝紀によると、武帝が即位した（前一四〇年）とき、董仲舒が天子の策問に応えたなかには以下のような言葉もある。

天の命ずるところによって天の生民を治めているのが君主である。生民を安んじること天意の如くであれば、天はそれに感応してめでたい現象（祥瑞）をあちこちに現す。だが、それとは反対に、「国家（皇帝）将に失道の敗（失政）有らんとするときは、天、すなわちまず災害を出し以てこれに譴告《けんこく》（罪を咎める）す。自ら省ることを知らずんばまた怪異を出し以てこれを警懼《けいく》せしむ（恐れさせる）。なお変うることを知らざれば傷敗《しょうはい》（王朝交代）すなわち至る」。（『古代の近江』所引、『漢書』董仲舒伝、山尾訳 二〇一六）

董仲舒の答えも、皇帝は天の命令により人民を治めているのであり、その政治が天意にかなう限りはそれに感応して祥瑞を現すというものであった。失政にいたれば天は咎めを降しその結果は皇帝自らの破滅であるという。儒教からの皇帝観を総括したものであり、王朝革命をも予告したものである。

七　天帝の意志と四神・祥瑞の役割

天の最高神としての天帝と、天帝から命を受けて地上の支配を委託された皇帝との関係性において、皇帝の徳のある政治に応えて出現したのが四神に代表される祥瑞にほかならなかった。

『淮南子』巻第二十泰族《たいそう》の（池田訳 二〇一二）、「聖人こそは、天の心を胸に抱き、声高らかに号令を発して、天下の人々を動かし育む事のできる者なのである」というときの聖人は、有徳の皇帝をさし、「天の心」とは天帝の意志なのである。天帝は地上における支配の条件として善政を委託した。皇帝が天帝の意志に沿う政治を行う限り、瑞星が現れ、皇帝のもとには黄龍が降り、鳳凰が飛来した。地上では醴泉が湧き出して、嘉穀が稔るというのである。これらはすべて皇帝の善政に対する、天帝の応答のシグナルにほかならなかった。

ところが、天帝の意志に背く悪政がはびこり始めると、「太陽と月は光が弱まり、蝕に会い、五つの惑星は運行に変調をきたし、春夏秋冬の四季は順序が狂い……」というような天変地異や兵乱が引き起こされた。これも天帝の意志なのである。董仲舒は天の意志に逆らう皇帝に対しては、災異を現し、天譴《てんけん》を加えて王朝を交代させることも可能であるという。

四神に代表される瑞鳥や瑞獣の本質とは何か。保科季子は（二〇〇五）、天帝が降す受命の符（天命の書かれた文章――河図・洛書など）を、天に代わって受命する君主に伝達するものであると論じた。保科は多くの史料を示したが、『論衡』には「文武命を天より受け、天　雀と魚・烏とを用って命じて之を授けしむるなり」（初稟篇、保科訳）とあり、また別の史料には、玄亀の背に「書を負ひ、背中赤文朱字」（『後漢書』列伝七二上方術伝注引『尚書中候』同氏訳）とあり、このような天命を記した河図・洛書が、天によってつくられた書物であることは、前漢末から後漢時代の知識人に広く信じられていたと指摘した。

星座に観念された四神は、天帝が皇帝に対する支配の正当性を保証した文様なのである。一方で四神が夜空から消えたなら、皇帝にはどのような運命が待ち受けたのだろう。董仲舒は破滅をきたすというのである。四神を夜空から消すことも天帝の意志なのであった。それは天命は移りゆくということを原理的に内包する思想なのである。

八　祥瑞の出現と天譴

古代中国において、「帝」とは天にあって宇宙万物を生成し、主宰する最高の絶対神としての「天帝」をさした。皇帝の称号は始皇帝により始められたが、このときの皇帝観は、皇帝が現世を支配する絶対者であり、天による命を受けたとはどこにもいわれていない存在であった。ところが、儒教の国教化が進む後漢のころになると、この教説に天命とこれを受命する皇帝との関係性が成立した。保科は（二〇〇五）、後漢時代になると孔子が漢王朝の受命を仲介し、その正当性を支える神秘的な預言者となることで、儒教はようやく国教として成立したという。

このような皇帝政治においては、皇帝の有徳の政治が地上で実現される限り、「天の瑞祥はその誠意に応えて至る」のである（『漢書』董仲舒伝、小竹訳）。この祥瑞こそが、『淮南子』にいう「瑞星が現れ、黄竜が天下り、めでたい鳳凰が飛来し、甘い水が湧き出て、穀物が豊かに実る」という現象に通じる。いうまでもなく、これを出現させたのは天帝なのである。

ところが、皇帝が不徳にいたり政治が乱れ始めると、天は天文の運行を乱して、地上には災異を現した。魏の明帝の太和年間（二二七―二三三年）には、「聞く所では、君主の政治に不徳の点があれば、天が災異によって恐れしめるということである。その警告は自らの徳を修めさせようとするがためである。それゆえ、日月が光を弱めたり食したりするのは、政治のしかたが不適当であることを明らかにするものである」（藪内ほか訳 一九七九）といった。これは皇帝政治に対する一方の、天による警告が下される政治について述べたものである。天命を原理とする皇帝政治がある限り、天が皇帝を見放して天譴を加え、命《めい》を革《あらた》めることも必然であった。

このような、中国皇帝の正当性を保証した天命思想は、自然現象や天文観測と結びついて発達した。祥瑞の姿としての天の文様と、その中央にいて不動の天極星（北極星）に見立てた宇宙の最高神としての天帝こそが、皇帝の地位を保証した原理性なのである。

以下では、天武天皇の天命思想の導入の実態について検討したい。最初の史料は『孝徳紀』に排列された。

第二章　天武天皇の皇位の正当性と天命思想

一　『孝徳紀』白雉元年二月条の検討

『孝徳紀』白雉《はくち》元年（六五〇）二月戊寅条と甲申条は（以下では両条あわせて白雉元年二月条と表記する）、祥瑞である白雉の出現で大化から白雉年号に改元されたことを記す。大化年号の建元に関係することから、白雉改元詔としてよく知られたところである。ところが、この条の研究は改元の存否についての議論に終始し、白雉進献儀式や詔文の検討を行った論考に乏しいのが実情である。

1　白雉元年二月条の研究史

この条についての研究の嚆矢は津田左右吉（一九六三）であろう。津田は『書紀』の祥瑞に関する記事について、「ただ孝徳紀の有名な白雉については、さういふ名によって何かの鳥の献上せられたことは事実としなければなるまい。白雉が祥瑞であるといふ、文字から来た、知識が先づ存在し、それに適応するやうに企画せられたことには違ひないが、献上の事実を疑ふことはできぬ。しかし、それは祥瑞に関する記事のすべてが事実であることを示すものではない」という。津田は白雉の進献が史実であることを示唆したが、進献儀式とそれに関連した詔は別であるという。この分別がどのような根拠によるものなのかは示されなかったが、検討の方向性を示すものと考える。

津田を継承する研究はしばらく途絶え、白雉年号についての研究が中心であった。このなかで白雉年号を史実であろうと考えるのは、坂本太郎（一九二八）、八木充（一九七二）、所功（一九七八）、原秀三郎（一九八〇）らである。いずれも『続日本紀』文武天皇四年（七〇〇）三月己未条の道照和尚伝にある、「初め孝徳天皇の白雉四年、使に随ひて唐に入る」と、『新唐書』東夷伝日本の「永徽の初め、其の王孝徳即位し、改元して白雉と曰い（下略）」の系統の異なる二種類の史料を根拠にする。

これに対して、白雉年号を疑うのは田中卓（一九七七）である。その根拠として、①大宝以前、あるいは奈良時代においても、孝徳天皇朝「白雉」の存在を実証する確実な史料が見出しがたい、②前記した二書（『続日本紀』・『新唐書』）は時代の降る編纂物である、③両書とも「孝徳天皇」という後世の漢風諡号を使用している、④唐書では明らかに「大化」を脱落しているから、この程度の史料では、「白雉」の実在を証明することは難しい、という四点をあげた。重松明久（一九八六）も白雉改元を疑った一人である。詔中に引用された『芸文類聚』の編者である欧陽詢は白雉元年以前の貞観十五年（六四一）に死去しているから、白雉元年までにこの書物が輸入されておらず、のちに『書紀』編者が潤色したとの立場をとる。

しかし、白雉年号の立号は原秀三郎の見解のとおり、『孝徳紀』白雉四、五年に両度の遣唐使が派遣されたことが記され、五年の遣使については中国側の記録にもある。よって孝徳天皇の即位と白雉改元のことは中国に伝わっていたとするのが穏当であろう。

一九七〇年代から八〇年代にかけて、元号論争に終始した研究状況が続いたが、これは当時の「大化改新論」研究を反映したものであろう。このような状況で、近年の水口幹記の研究は（二〇〇五）、進献儀式の内容にまで立ち入った内容である。

水口はまず白雉年号について、後代の追筆であろうとした田中説を支持した。『孝徳紀』白雉進献儀式の扱いについては、孝徳時代のものであり、『書紀』の記述は史実であるとした。その根拠を以下3点あげた。①儀式に登場する人物について、天武朝まで確実に生存した人物はいないので、関与した人物すべてを造作するのは難しいという点。したがって、白雉元年二月条は天武朝以降に遡上記述したとすることはできず、儀式を史実とみてもかまわないとした。確かに『孝徳紀』の記事を読めば、水口のような結論を導くのはたやすいであろう。しかし、儀式に参加した人物を個別に吟味する余地はあろう。②は儀式の行われた場所についてである。両条では宮についての言及はないが、水口は難波小郡宮で行われたと推定した。③は詔のなかの「我日本国誉田天皇之世、白鳥樔宮、大鷦鷯帝之時、龍馬西見」について、それぞれ記紀の応神段、仁徳段にはみられず、こうした齟齬は遡上記述では起こり得ないものであり、儀式の詔も基本的には当時の資料にもとづいているといった。白雉元年二月条の検討をとおしては、このような見解が妥当なものであるか後述したい。

直木孝次郎は（一九九四）、孝徳朝難波宮を考察するなかで、この条は記述が具体的であるので大すじは当時の記録にもとづいたものといったが、史料の検討はない。横田健一は（一九六七）、大化改新時代の原史料が残って、『書紀』の編纂に用いられたとの立場で、『孝徳紀』のなかの文体と用語法を逐一検討した。しかし、同氏の検討対象になった語句には、横田自身が孝徳期に使用されたことを疑問視するところもある。山尾幸久の研究は（二〇〇六）、白雉元年二月条を検討したものではないが、大化二年（六四六）八月癸酉条詔と、大化三年（六四七）四月壬午条詔の前文の研究は、白雉元年二月条の思想的背景に共通するものがあり、参考にすべき論点を含む。以下において、右記した先学の諸研究に学びながら白雉元年二月条の検討を行う。

2　白雉元年二月条本文

最初に白雉元年二月条の全文を以下に掲げ、便宜的に（A）～（I）の段落に区分し、重要と思われるところには傍線と番号を付した。また波線の部分は漢籍によって潤色されたところをさす。

二月戊寅条

（A）二月の庚午の朔戊寅《九日》に、穴戸国司草壁連醜経《しこぶ》、白雉献りて曰さく、「国造首が同族贄、正月の九日に、麻山《をのやま》にして獲たり」とまうす。

（B）是に、諸《これ》を百済君に問ひたまふ。百済君曰く、「後漢の明帝の永平十一年に、白雉在所に見ゆ」と、云云。又、沙門等に問ひたまふ。沙門等対《こた》へて曰さく、「耳に未だ聞かざる所なり、目に未だ覩《み》ざる所なり。天下に赦《つみゆる》して、民の心を悦びしめたまふべし」とまうす。道登法師曰さく、「昔、高麗、伽藍《てら》を営《つく》らむとして、地《ところ》として覧《み》ずといふこと無し。便《すなは》ち一所にして、白鹿徐《おもぶる》に行く。遂に此の地にして、伽藍を営造《つく》る。白鹿薗寺と名け、仏法を住持《たも》つ。又、白雀、一寺の田荘に見ゆ。国人僉《ひとみな》曰はく、『休祥《よきさが》なり』といふ。又、大唐に遣《つかは》されし使者、死にたる三足の烏を持ちて来れり。国人亦曰はく、『休祥なり』といふ。斯等《これら》微《いや》しと雖も、尚《なほ》し祥物《さがもの》と謂ふ。況《いはむ》や復白雉をや」とまうす。僧旻法師曰さく、「此休祥と謂ひて、希物《めずらしきもの》とするに足れり。伏して聞く、王者四表《よも》に旁《あまね》く流《ほどこ》るときは、白雉見ゆ。又、王者の祭祀、相踰《あやま》らず、宴食《とよのあかり》衣服、節《かざり》有るときは至る。又、王者の清素《しづか》なるときは、山に白雉出づ。又、王者の仁聖《めぐみひじり》にましますときは見ゆ。又、周の成王の時に、越裳氏《をつじやう》、来りて白雉を献《たてまつ》りて曰さく、『吾聞く、国の黄耇《おいひと》の曰はく、久しく別風淫雨《よものかぜひさめ》無く、江海波溢《うみなみあ》げざること、茲《ここ》に三年なり。意《おも》はく、中国には聖人の有《ま》しますらむか。盍《なに》ぞ往《まう》でて朝《つかへまつ》らざるといふ。故、三つの譯を重ねて至る』とまうす。又、晋の武帝の咸寧元年に、松滋《しょうじ》に見ゆ。是休祥なり。天下に赦すべし」とまうす。

（C）是に白雉を以て、園に放たしむ。

同年同月甲（十五）申（日）条

（D）甲（十五）申（日）に、朝庭の隊仗《よそほひ》、元会儀《むつきのついたちのよそほひ》の如し。左右大臣・百官人等、四列を紫門《みかど》の外に為《な》す。粟田臣飯蟲等四人を以て、雉の輿を執らしめて、在前《さいだ》ちて去く。左右大臣、乃ち百官及び百済の君豊璋・其の弟塞城・忠勝・高麗の侍医毛治・新羅の侍学士等を率《ゐ》て、中庭《おほば》に至る。三国公麻呂・猪名公高見・三輪君甕穂《かほ》・紀臣乎麻呂岐太《おみをまろきだ》、四人をして、代りて雉の輿を執りて、殿《おほとの》の前に進ましむ。時に、左右大臣、就きて輿の前頭《まへ》を執《か》き、伊勢王・三国公麻呂・倉臣小屎《をくそ》、輿の後頭《しり》を執きて、御座《みまし》の前におく。

（E）天皇、即ち皇太子を召して、共に執りて観《みそなは》す。皇太子、退《まか》りて再拝《をが》みたてまつる。

（F）巨勢大臣をして賀奉《よごとたてまつ》らしめて曰さく、「公卿・百官人等、賀奉らく、陛下、清平《しづか》なる徳を以て、天下を治《しら》すが故に、爰《ここ》に白雉、西の方より出づること有り。乃ち是、陛下、千秋万歳《ちよよろづ》に及至《いた》るまでに、浄《いさぎよ》く四方《よも》の大八島を治《しら》したまひて、公卿・百官・諸の百姓等、冀《ねが》はくは、忠誠を磐《つく》して勤《いそ》ひて事《つか》へまつらむ」とまうす。賀奉り訖《をは》りて再拝みたてまつる。

（G）詔して曰はく、「①聖王世に出でて、天下を治むる時に、天応《こた》へて、其の祥瑞を示《あらは》す。曩者《むかし》、西土の君、周の成王の世と、漢の明帝の時とに、白雉爰《ここ》に見ゆ。我が日本国《みかど》の誉田天皇の世に、白烏宮に樔《すく》ふ。大鷦鷯帝の時に、龍馬西に見ゆ。是を以て、古より今に迄《いた》るまでに、②祥瑞時に見えて、有徳に応ふること、其の類多し。③所謂《いわゆ》る、鳳凰・麒麟・白雉・白烏、若斯《かか》る鳥獣より、草木に及《いた》るまで、符応《しるしこたへ》有るは、皆是、天地の生す所の、休祥《よきさが》嘉瑞《よきみつ》なり。夫《そ》れ、明聖《ひじり》の君、斯《こ》の祥瑞を獲たまふこと、適《まさ》に其れ宜《うべ》なり。朕は惟《これ》虚薄《いや》し。何を以てか斯《これ》を亨《う》けむ。蓋し此、専扶翼《たくめたすけ》の公卿・臣・連・伴造・国造等が、各丹 誠《まことのこころ》を盡《つく》して、制度《のり》に奉り遵《したが》ふに由りて致す所なり。是の故に、公卿より始めて、百官等に及《いた》るまでに、清白《あきら》けき意《こころ》を以て、神祇に敬《ゐや》奉りて、並に休祥を受けて、天下を栄えしめよ」とのたまふ。

（H）又、詔して曰はく、「四方の諸の国郡等、天の委《ゆだ》ね付《さづ》くるに由りての故に、朕総《ふさ》ね臨みて御　寓《あめのしたしら》す。今我が親《むつ》神祖《かむろき》の知らす、穴戸国のなかに、此の嘉瑞《よきみつ》有り。所以に、天下に大赦す。元《はじめのとし》を白雉と改む」とのたまふ。

（I）仍りて鷹を穴戸堺に放つことを禁《いさ》め、公卿大夫より以下、令史《ふびと》に至るまでに賜ふこと、各差有り。是に、国司草壁連醜経を褒《ほ》美めて、大山を授く。幷て大きに禄給ふ。穴戸の三年の調役《えつき》を復《ゆる》す。（『孝徳紀』白雉元年二月戊寅・甲申条）

白雉元年二月条の構成は、白雉出現から朝庭に献上されたあとの、白雉の本義についての諮問とそれに対する奉答、および白雉の進献儀式、巨勢大臣の祝賀奉呈と天皇の返詔と続き、最後に白雉年号の改元の詔が出される。本章の一の1研究史の検討において概括したが、当条を読めば何ら疑う余地のない、孝徳天皇に対しての進献儀式なのである。

白雉年号が孝徳期に建元されたことは、先行研究の諸成果によって史実であることが判明している。しかし、白雉年号の史実性とその中身を検討することは別物である。現在の『孝徳紀』の研究水準からすれば、記述内容の逐一の証明なしでは、とうてい史的事実として取り扱うことはできない。

3　白雉元年二月条を疑う

以下において、白雉元年二月条が孝徳期の史料として扱えるのか検討する。史料中の波線の箇所は、日本古典文学大系『日本書紀』下の頭注や小島憲之（一九六二）により、『後漢書』、『宋書』、『芸文類聚』など漢籍を利用した潤色であると指摘された。よって（B）の波線部にあたる、豊璋と僧旻の発言箇所などはすべて漢籍にもとづく潤色であるといえる。

森博達は（二〇一一）、（F）の「爰に白雉、西の方より出づること有り」と（G）の「周の成王の世と漢の明帝の時とに、白雉爰に見ゆ」は、『書紀』編集の最終段階での後人の加筆であるという。また、（B）の「白雉在所見焉、云々」は、「云々」が不要なだけでなく、「白雉在所見焉」は、典拠を誤読して引用したことで意味不明の文になっていると指摘した。

（B）・（D）・（G）・（H）に集中する祥瑞・休祥・嘉瑞の用語は、めでたいしるしの意味であるが、『書紀』全体を通じても『孝徳紀』以外には使用されない語句である（横田　一九六七）。祥瑞は（G）のなかに三か所みえる。休祥は（B）の白雉の意味についての諮問に答えたなかに四か所、（G）に二か所にみえる。嘉瑞は（G）・（H）に各一か所みえる。

これらの特徴的な同義語が、『天武紀』天武十二年（六八三）条でも、「天瑞」という言葉で使用される。この語句も『書紀』ではここだけに限定される。つまり祥瑞以下の語句は、『孝徳紀』と『天武紀』にのみ限定された使用なのであり、しかも天命思想そのものを表現することから、『天武紀』の知識による遡上・述作なのであろう。

（F）・（G）・（H）の「日本国」、「御寓」、「公卿・臣連・伴造・国造等」の語句の検討である。まず（G）の詔文に、「我が日本国誉田天皇の世」と、日本国という国号が使用される。横田は（一九六七）、この国号が大化改新時代に存在したか問題であるとし、『新唐書』日本伝を引いて、この国号に変更したのは天智九年（六七〇）ごろであろうといった。

また山尾は（二〇〇六）、「日本天皇」の文言について、『孝徳紀』大化元年（六四五）七月丙子条に初めて記すが、日本国号も天皇号とともに律令体制の前提条件であり、歴史的事実は天武の時代にまで降るとした。さらにこの詔に応神天皇と仁徳天皇を偉大な聖帝として登場させるのは、天武体制を正当根拠づける、尚古主義的に造形された理想的過去にほかならないと指摘する。よって水口の示した論拠のうちの③はあたらないだろう。

（H）の「御寓」について、この語句に通用する「御宇」の使用例と共に『孝徳紀』に集中する。まず「御寓す」は、アメノシタシラすと訓読される。大化二年（六四六）八月条は「御寓天皇」でアメノシタシラススメラミコトの古訓があり、後者は天皇の語句が接続する。

「御宇」は大化元年（六四五）七月条に、「明神御宇日本天皇」で、アキツミカミトアメノシタシラスヤマトノスメラミコトと訓読される。これは冒頭に「明神」と「御宇」のあとに日本天皇が接続するが、「御寓」と「御宇」はともにアメノシタシラすと読まれて同義語といえる。この「御寓」と「御宇」について、稲岡耕二は（一九九〇）、大宝令によって定まったものであるといい、「御宇」を含む『孝徳紀』の表現は、令の知識で書かれたのであるといった。日本古典文学大系『日本書紀』下の補注は、孝徳時代の詔に日本や明神などの語があったとすることはできないと指摘する。以上から、（H）詔は孝徳期のものとすることはできないだろう。

（F）では、「公卿・百官人等」、（G）では「公卿・臣連・伴造・国造等」などとあって、あたかも朝廷に全官人が集合し整列しているかのような表現である。山尾は『孝徳紀』のこのような連称と共通する史料的状態は、『天武紀』に再び繰り返されるとして、このような記述は孝徳朝には見られず、天武期の初葉か前半には中央官人をこのようによんでいたと指摘した。

（I）「草壁連醜経をほめて、大山を授く」の大山位は、『孝徳紀』大化五年（六四九）条に、「冠十九階を制る」にある。山尾は（二〇〇六）、官位は対応する官職に伴う爵位のことで、原則そのものが天智十年（六七一）より以前には存在しないといった。よって草壁連に対する爵位の授与も孝徳朝とすることはできないだろう。

以上の検討から、（F）・（G）・（H）・（I）の一部の成立時期は、天武朝あるいはそれ以降であると理解できる。白雉元年二月条の成文は、孝徳期であるとはとうていいえないのである。

4　穴戸国司の実在性

（A）は改元の発端になった白雉が、穴戸国で捕えられて国司から献上されたという記事である。穴戸国は天智期以降に長門国と表記され、日本古典文学大系『日本書紀』下頭注は、長門国の西南部の古称であるとする。『欽明紀』二十二年（五六一）是歳条は、「穴戸館」と記す。穴戸館は、同年に新羅が調賦を献上する遣使を派遣したとき、遣使は難波津にあった館に入らず、穴戸館に帰還した記事に現れる。直木孝次郎は（一九九四）、外交使節の接待・宿泊施設を「館」と称したという。

白雉を献上した国司は孝徳期に派遣されたのか。大町健は（一九八六）、国司（国宰）の派遣される国の成立は、天武六年（六七七）詔における居住地把握の政策を起点とすべきであるという。六年詔とは、「凡そ浮浪人の、其の本土《もとつくに》に送りし者」であり、「本土」は浮浪人の本貫地のことをいう。この規定では、領域としての国がすでに存在していることが前提になろう。

この詔の前年に、「凡そ国司を任けむことは、畿内及び陸奥・長門国を除きて、以外は皆大山位より以下の人を任けよとのたまふ」（天武五年一月甲子条）という記述があり、長門国のことがみえる。この詔は国司の任命規定であって今後の方針を示したものといわれるが（八木 一九八六）、これ以前に一定領域の「国」の存在と「令前」常駐国司の統治を認める意見もある（山尾 二〇〇六）。

このようであれば、長門国司の派遣はどこまで遡上できるのか。『天智紀』には、長門国において山城を築く記事がある（天智四年八月条）。これは白村江での敗戦（六六三年）のあとの倭国防衛策として、対馬から筑紫、瀬戸内海を経て高安山にいたるまで、朝鮮式山城を築城した記事がある。このときは、築城専門家である百済亡命人が派遣されたが、国司の名はないのである。山城築城は天智王権にとって緊急課題であったが、この記事に指揮を執るべき国司の名がないことからは、この時期にはまだ任命されていなかったことが予測される。あるいは、これ以前の百済復興戦の第一次派兵の徴兵について、この戦いに関する史料に国司が一切姿をみせぬことは、機構的不備を示している（山尾 一九九八ａ）といわれている。筆者はこの右の推測を支持する。

以上のように、白雉元年二月条の国司の記事は、本来は天智四年（六六五）以降の、行政機構の成立以後の知識によって述作されたとするのが穏当である。したがって（Ａ）のなかで孝徳期の事実として残るのは、穴戸で見出された白雉のことである。よって津田が白雉献上を事実とみたことは正鵠をえたものといえる。

5　白雉進献儀式に登場する人物

（Ｂ）・（Ｄ）に登場する人物について検討する。（Ｂ）は穴戸から白雉が献上されたことを受けて、その本義の諮問が下されたなかに登場する。（Ｄ）は白雉が祥瑞であると判明したことで、天皇に対して進献儀式が行われたなかに登場する人物に関する記述である（表１）。（Ｂ）・（Ｄ）ともに、具体的な記述で批判の余地のないような構成であ

表１　白雉進献儀式の登場人物

	白雉獲得	白雉献進	白雉諮問の返答	白雉輿で運ぶ①	同左②	同左③・輿を天皇の前に置く	賀詞奉呈	儀式参観
国造の同族贄	○							
国司草壁連醜経		○						
百済君豊璋			○					○
道登法師			○					
僧旻法師			○					
巨勢徳陀古臣（左大臣）						○	○	
大伴長徳連（右大臣）						○		
粟田臣飯蟲				○他３人				
三国公麻呂					○	○		
猪名公高見					○			
三輪君甕穂					○			
紀臣乎麻呂岐太					○			
伊勢王						○		
倉臣小屎						○		
百済塞城								○
同忠勝								○
高麗侍医毛治								○
新羅侍学士								○

る。所功などは（一九七八）、白雉の出現を改新政治が天にかなった徴証と考えて、ことさら盛大な祝賀を行ったことは十分ありうると、『孝徳紀』の記述を全面的に信用するのである。

水口幹記は（二〇〇五）、登場人物の死亡時に着目して、天武朝以前に確実に死亡しているため、儀式に関与した人物すべてを造作したとするのは難しく、白雉進献儀式は史実とみてもかまわないとした。

ところで、（B）の人物で氏名の判明するのは、百済君豊璋、道登法師、僧旻法師である。

本章一の3の史料の性質の検討でみたように、豊璋と僧旻の発言は、漢籍からの引用で構成されている。道登法師は十師に任じられたことを記すことから実在した人物であろう。同法師の発言について、水口は当時の資料をそのまま引き写した可能性が高いと評価したが、発言内容は、高句麗に所在したという白鹿園寺の縁起を語るだけで白雉にかかわるものではない。

僧旻法師について、吉田一彦は（一九九九）、『日本書紀』の編者が梁に実在した僧旻を参照して、「僧旻」という人物を創造したと論じた。

以上のように、（B）に登場する人物は、僧旻が実在に疑義があるが、ほかは孝徳朝から斉明朝にかけての著名人である。しかし発言の内容は潤色された述作である。

（D）は白雉が祥瑞であるとの応答を受けて、天皇に対する進献儀式に参加した人々に関する記述である。巨勢徳陀古臣（左大臣）、大伴長徳連（右大臣）、粟田臣飯蟲、三国公麻呂、猪名公高見、三輪君甕穂、紀臣乎麻呂岐太、伊勢王、倉臣小屎らと、余豊璋、塞城、忠勝らの百済人、毛治（高麗侍医）、および氏名不詳の新羅侍学士である。

巨勢徳陀古臣は、皇極元年（六四二）に初出し、大化五年（六四九）に左大臣に任じられて、斉明四年（六五八）に没している。大伴長徳連は舒明二年（六三〇）に初出し、大化五年（六四九）に右大臣に任官、白雉二年（六五一）に没している。三国公麻呂は大化四年（六四八）の初出であるが官位は不詳。猪名公高見は大紫で三位に相当する高官で、天武元年十二月条の「是の月に大紫韋伊那公高見薨せぬ」にいう高見である。

紀臣乎麻呂岐太は、中庭まで運ばれた白雉の輿を受け継いで、天皇の前まで運ぶ役目の一人である。大化二年（六四六）に初出するが、孝徳天皇の新政権が東国に国司を派遣した詔（大化二年三月辛巳条）の、第三グループの長官である紀麻利耆拕と同一人物といわれる（日本古典文学大系『日本書紀』下頭注、山尾　二〇〇六）。

紀臣乎麻呂岐太は任地において、天皇が命令した事項に違反し、その罪に問われて厳しい叱責を受けた人物である。その罪とは、在地豪族の朝倉君に刀をつくらせ、弓や布を得たことなど六種の罪状があげられた。このような人物が、その役目を果たせず罪に問われた大化二年からわずか二年半後に、白雉進献儀式の場に登場することが果たしてあるのだろうか。さらに問題を複雑にするのは、東国国司詔そのものが孝徳期の時代のものではなく、『天武紀』四年（六七五）二月己丑詔と推定する（山尾　二〇〇六）。

三輪君甕穂と倉臣小屎は、この記事のなかのみにみえる人物である。伊勢王は同名の人物が二人おり、一人は『斉明紀』七年（六六一）と『天智紀』七年（六六八）に死亡記事が重複するが、人物については詳らかではない。あとの一人は、『天武紀』十二年（六八三）の記事が初出で、このときは五位を賜っている。天武天皇の殯宮で諸王のことを誄《しのびごと》し、葬儀では山陵への葬送をつげた。『孝徳紀』を認める立場の水口は前者をとるが、後者の伊勢王は天武期から持統期にかけてよく知られた人物である。本書では後者の伊勢王であるとするのが穏当である。

百済人は、豊璋・塞城（塞上・禅広・善光・勇などの異称あり）・忠勝らである。舒明十三年（六四一）から皇極二年（六四三）にかけて、百済国から人質として来朝した（西本　一九八五）、義慈王ゆかりの王家の人たちである。このなかで塞城と忠勝は、一人の人物とみる説もあるが、西本昌弘のいうように塞城は豊璋の弟であり、忠勝は豊璋や塞城の叔父にあたるとみられる。豊璋と忠勝は、斉明六年（六六〇）十月に百済に送還したと記されている。塞城は同条分注の或本に豊璋らと帰国した記述がみられるが、天智三年（六六四）から天武・持統朝にかけての記事に善光の名で登場する。よって、或本説はとらず塞城だけは残留したのであろうと考える。天武天皇の逝去には、子息の昌成が誄を代読し、持統七年（六九三）正月に本人が官位を賜ったことなどから、天智朝から天武、持統朝にかけて出仕した百済官人であることがわかる。水口は進献儀式のすべての人物は、天武朝以前に死亡したことを白雉元年二月条の成立の根拠のひとつにしたが、天武期以降にもこのような人物が見出せる。

以上により、白雉進献儀式に登場するのは、①孝徳期の高官と同時代の知識人、②同時代の百済人、③紀臣乎麻呂岐太のような罪に問われた高官（天武天皇の時代）、④伊勢王・塞城のように、天武期から持統期に重きをなした皇親と百済人、⑤出自の判明しない高官（粟田臣飯蟲・三輪君甕穂・猪名公高見・三国公麻呂・倉臣小屎）などである。よって（D）の人物群の検討から判断すれば、孝徳期の高官や著名人と、天武時代の皇親・官人が交錯するかのように述作されたことが読み取れ、水口のいう孝徳期のみの人物ばかりとはいえない。

6　白雉を園に放つこと

（B）と（D）の間には（C）とした短い記述がある。白雉を園に放ったというのである。その後に続く（D）が白雉の進献であるところから、それ以前に放たれることはないと思われ、整合性のとれない構成である。なによりも（C）の本文は、福原栄太郎が復元しており（一九七四）、養老儀制令祥瑞条の大宝令のなかに放鳥のことが見出せる。福原は「其鳥獣之類、有生獲者、仍遂其本性、放之山野」の大意を、鳥獣の類で生きたまま獲たならばその本性を遂げさせるために山野に放つと読んだ。

鳥獣はもちろん祥瑞のことで、福原は「その本性を遂げさせる」の解釈には触れないが、この鳥獣は、祥瑞であるがために天命を帯びた存在であり、それを伝達する使者としての使命が本性なのである。そして天命を受ける君主に対して、伝達の使命が終わったあとに放たれると理解できる。

東野治之は（一九六九）、大宝儀制令や持統三年（六八九）に班賜された浄御原令にもこれに類似した条文が存在したことを指摘する。よって（C）の文言は孝徳期までは遡上できないだろう。

孝徳朝の前期難波宮の調査では、白雉を放つような園の存在は確認されていない。ところが、天武天皇の飛鳥浄御原宮の北西には、苑池とよばれる大規模な庭園遺構（飛鳥京苑池）が確認された。ここは『天武紀』十四年（六八五）十一月六日条の「白錦苑（シラニシキノミソノ）」であることが推定されている（市 二〇一二）。この苑の名称と白雉の白は、陰陽五行思想の正色に一致し、調査された苑池の名称としてもふさわしい。和田萃（二〇〇二）は『持統紀』五年（六九一）三月五日条にいう「御苑」のことだろうという。いずれにせよ、飛鳥浄御原宮に付属した園であろう。次項7において、孝徳朝に造営されたといわれる前期難波宮の検討を行う。

7　前期難波宮孝徳朝説の検討

積山洋は（二〇〇〇）、白雉元年条にいう園に放たれた白雉は、六日後に再捕獲されて孝徳天皇の前に運ばれたが、このときの園こそ難波宮北方に存在が推定されるという。積山は、白雉元年条そのものは検討していないが、その理解には孝徳朝の難波宮の存在が前提にある。『孝徳紀』には進献儀式の宮名の言及はみられないが、考古学調査で検出された前期難波宮について検討する。

大阪市中央区法円坂の古代の景観は、南北に連なる台地（上町《うえまち》台地）が中央にあり、西は大阪湾、東は河内湖が形成されていた。上町台地北端の考古学調査で、二時期の古代の宮殿跡が確認され、前期難波宮と後期難波宮と命名された。後期難波宮は、聖武天皇が天平十六年（七四四）に皇都に定め、元正太上天皇とともに入ったみやこである。遺構として検出された後期の宮殿跡は、通説のように聖武朝の時期の宮殿であろう。

前期難波宮は、孝徳天皇の造営の宮殿であり、『孝徳紀』に記される難波長柄豊碕宮にあたるとの理解が一般的である。調査で検出された内裏と朝堂院を備えた宮城で、面積にして約八〇・七ヘクタールの広大な宮殿跡（相原 二〇〇三）をさす。そして白雉元年の白雉進献儀式が難波宮で行われたとする、積山洋（二〇〇〇）や古市晃（二〇〇〇九）の諸論もある。

中尾芳治は（一九九五）、多岐にわたる論拠を示して、前期難波宮孝徳朝説を主導した。根拠の一つは宮殿造営の整地年代である。遺構は上町台地の北部一帯を盛土・整地した上に建てられている。整地工事によって埋没した住居址に伴う須恵器・土師器や、整地層から出土する須恵器の型式から、整地の年代は七世紀中葉に比定できる。七世紀中葉における大規模な整地工事の契機は、長柄豊碕宮の造営がもっともふさわしいという。

ところが、整地層中に含まれる最新型式の土器は、あくまでも整地年代の上限を画するものにすぎないともいわれている。つまりこの根拠には、遺構と土器の理解においていくつかの疑問の余地を残すのである。湊哲夫も（一九九八）、整地土から出土する土器は遺構の上限を示すだけの資料であり、ただちに造営年代を示すとは限らないという。湊の指摘は、遺構と遺物の基本的な理解に立つものであり、従いたい。以下において、最近の調査成果を資料として定説化しつつある前期難波宮孝徳朝説を検討する。

（1）水利施設の構築年代と出土土器（※印は筆者の追記）

近年のＮＷ九七―三次調査（佐藤 二〇〇〇）で湧水施設（以下ＳＧ三〇一とする）が検出され、これに接続する石組溝（以下ＳＤ三〇一とする）、および出土した土器が充実した。これらは前期難波宮の造営年代を論ずる上で欠かせない資料であるといわれている。古市はこれをもって前期難波宮孝徳朝説を裏付ける有力な物的根拠の一つであると評価した。

ＮＷ九七―三次調査の遺構について、通説のような理解が可能であるか、報告された所見と図面により検討したい。

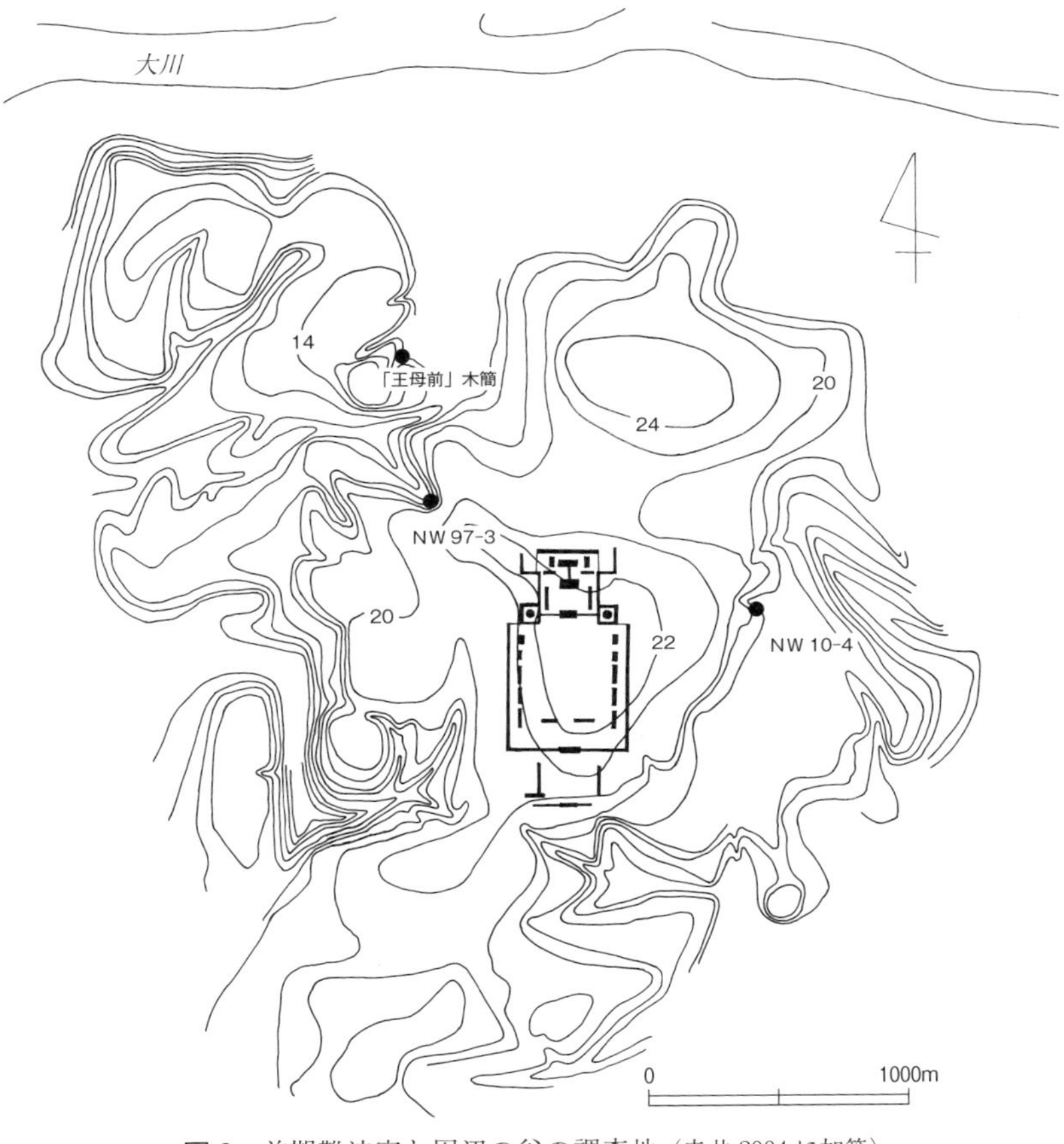

図2　前期難波宮と周辺の谷の調査地（寺井 2004 に加筆）

①遺構の概要（図3）

ＳＧ三〇一は、谷頭につくられた約八×五メートルの隅丸長方形の湧水施設で、深さは約一メートルである。肩部は部分的に花崗岩を積むが、大部分は粘土を盛って固めたものである。西北辺でＳＤ三〇一に接続する。ＳＤ三〇一は、花崗岩を積んだ石組みの暗渠排水施設である。ＳＧ三〇一から西北の谷筋に延びる。検出されたのは約一三・五メートルであり、ＳＧ三〇一との接続部から五メートルは蓋石がなく暗渠にはならない。このような

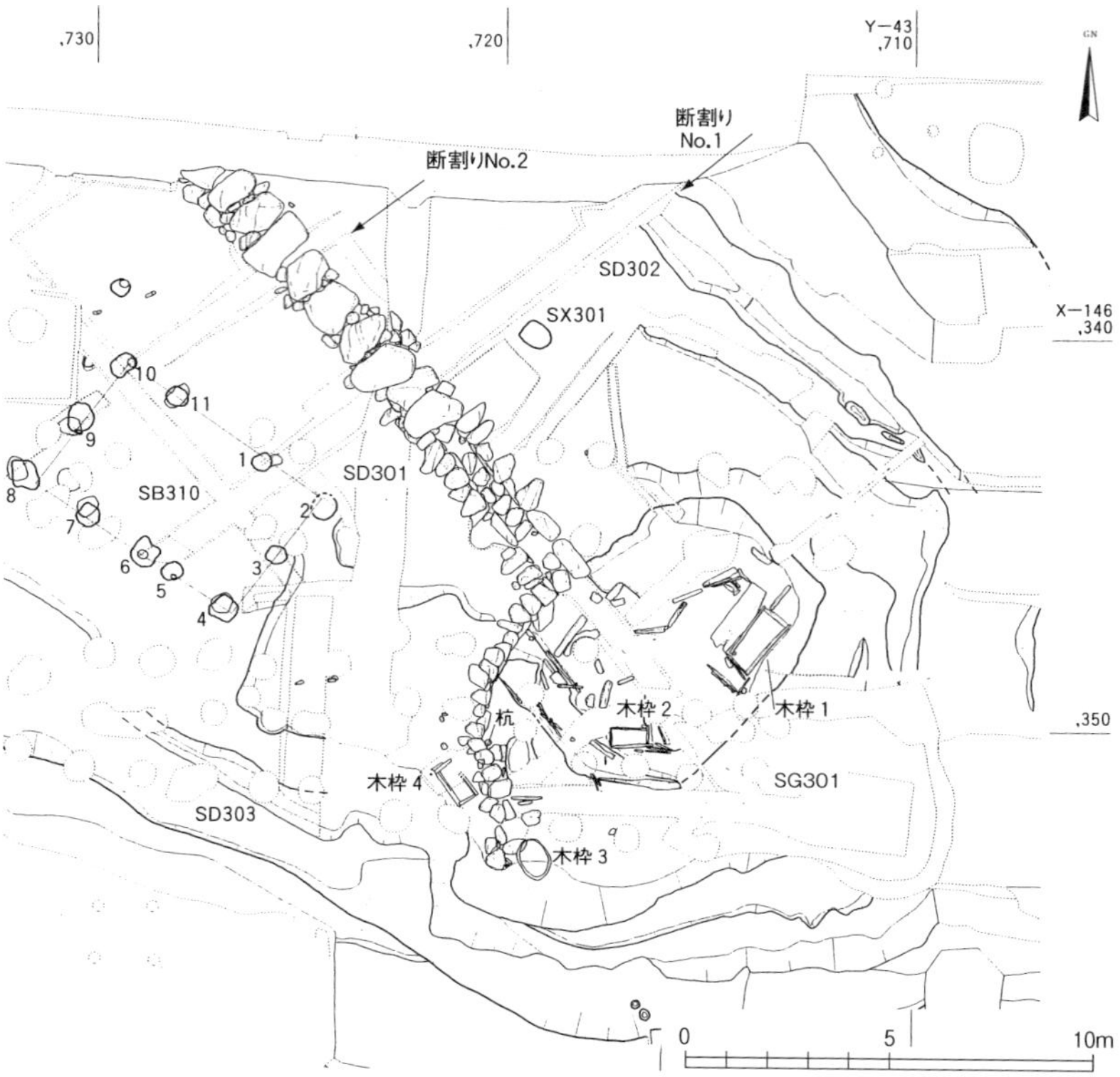

図 3-1　SD301、SG301 平面図（佐藤 2000 改変）

構造は当初からのものであると理解されている。

石組溝は側面基底に長径一メートル前後の大きな石を据え、その上に五〇センチほどの石を二〜三段積み上げている。底の部分も石敷きである。溝内の規模は、ＳＧ三〇一から約一〇メートル地点で、幅約五〇センチ、高さ約一メートルである。

層序　以下で、報告の所見と図面を検討するが、最初に報告の観察所見を抄録し、あとで層位ごとの観察の不整合な記述に対して疑問点を記す（第五層より上位と第九層以下は省略）。

報告に記載された関係する図面は、断面図が三枚あり、報告図四

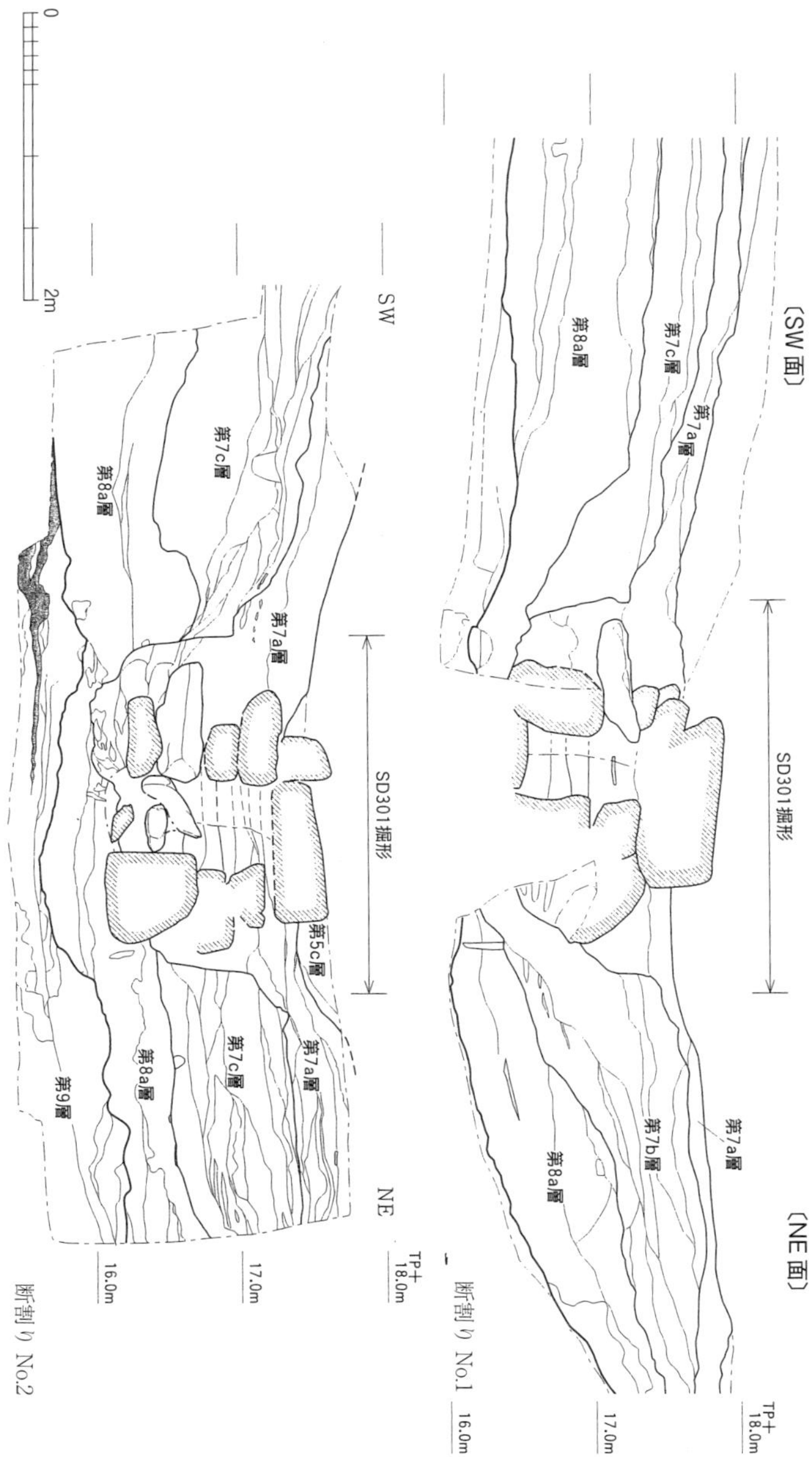

図 3-2　SD301 断面図（佐藤 2000 改変）

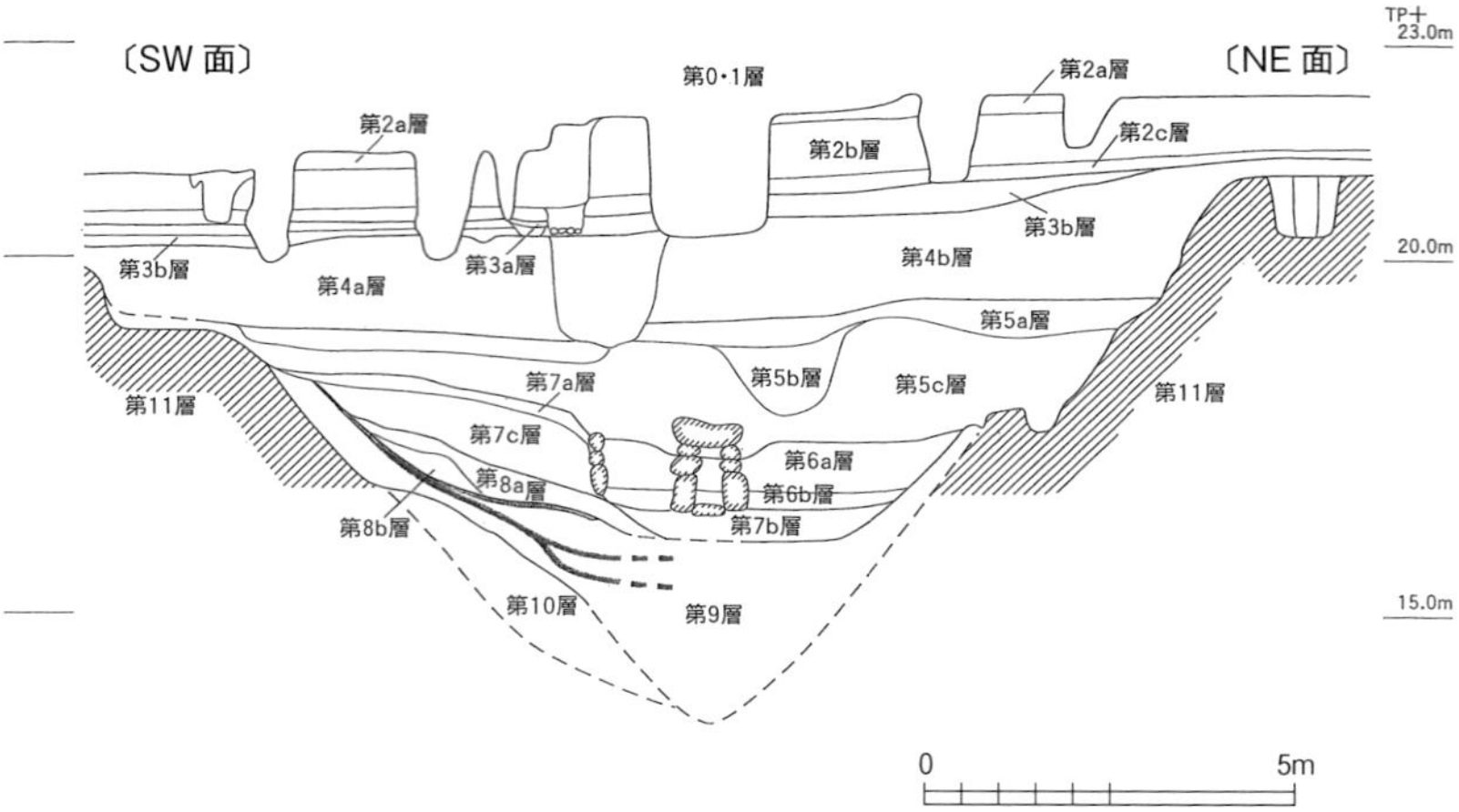

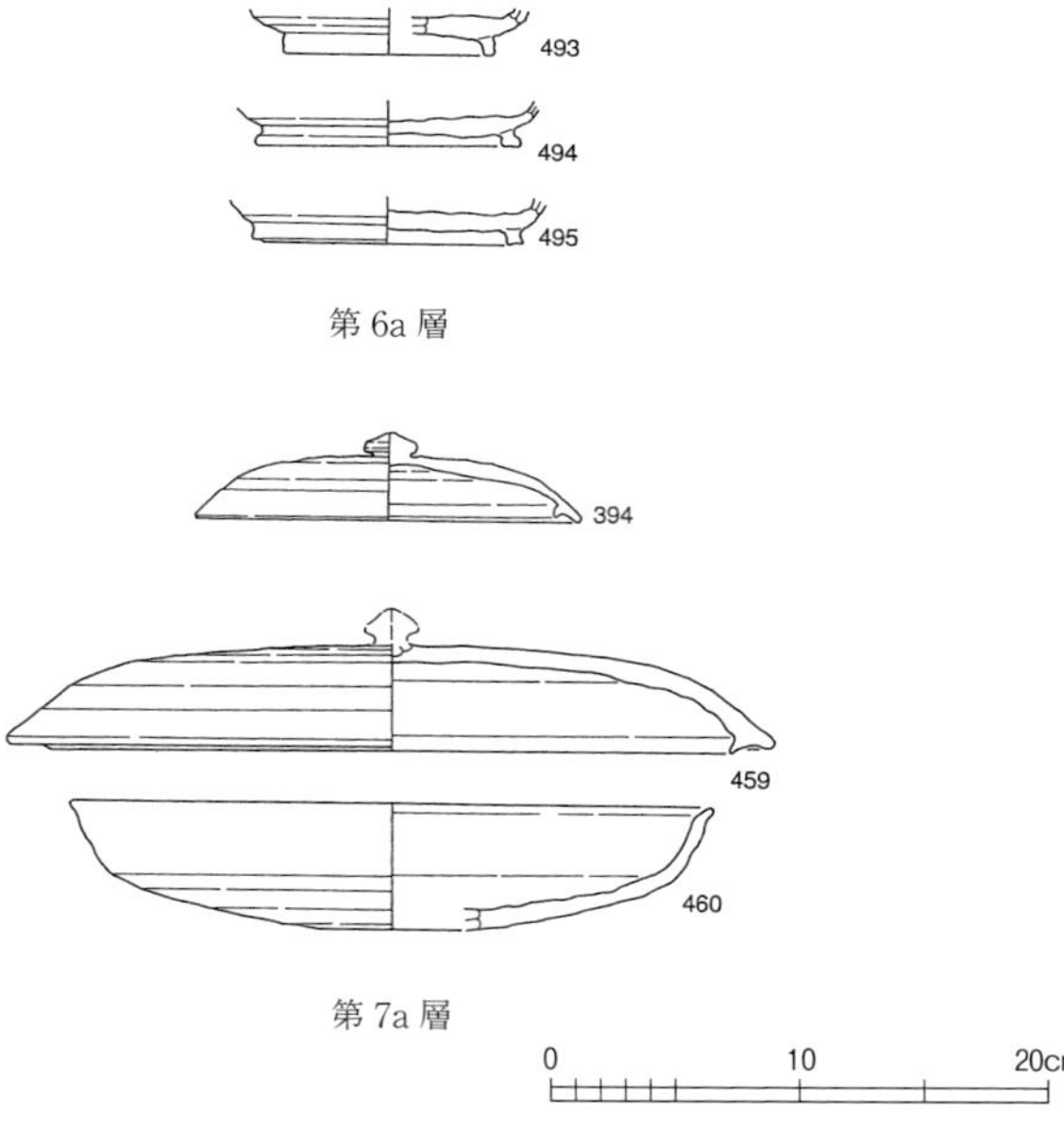

図 3-3　地層断面模式図と出土須恵器（土器番号は報文に一致）

○（図３－２）に示された断割り№１は（以下では№１）ＳＧ三〇一から約六メートルの地点、断割り№２は（以下では№２）約一〇メートル地点の横断面である。三枚目は報告図十三（図３－３）「地層断面の模式図」（以下では模式図）とする図面である。

凡例で言及されないが、№１と№２の第七・八・九層の層位変換面は太線、各層の細分は細線で区分するようで、これにしたがって記述する。またＳＤ三〇一左右の土層断面図は石組溝を中心に、左の層位をＳＷ面、右をＮＥ面として区分する。

②石組溝の層位の観察所見（第六・七・八層）

第六層（抄録）　第六層はＳＤ三〇一、ＳＧ三〇一の内部に堆積した水成層である。ａ・ｂに細分される。ａ層は多量の木屑を含み、水利施設として機能停止の時期に捨てられた土砂が堆積した。七世紀後葉～八世紀初頭の遺物を含む。ｂ層はＳＤ三〇一の内部にのみ堆積した土砂層。施設が機能していた段階の堆積物である。難波Ⅲ中段階（七世紀中葉）の土器が出土し、ａ層からは難波Ⅲ新段階からⅣ古段階（七世紀後葉から末）の土器がみられるが、ａ・ｂとも出土した遺物は七世紀中葉で、造営時のものと大差がない。

第六層の疑問点　以下の三点があげられる。第一に①ＮＥ・ＳＷ面の不整合。模式図ＮＥ面には、第六ａ・ｂ層が図示されるが、報告図四〇（図３－２）№１・２のＮＥ面には第六層は示されていない。模式図では第五ｃ層と第七ｂ層に挟まれている。しかもＳＷ面にのびる線がみえ、掘方に沿う石組みに及ぶ。よって第六ａ層と第七層との関係は不詳である。

模式図のＮＥ面第六ａ・ｂ層は、ＳＷ面の第七層に相当して、石組溝の掘方をつくることになり、ｂ層は石組溝内の堆積土であるとしたことに不整合である。掘方整地土は築造時、石組溝内堆積土は機能時のものであり、模式図で示された掘方土と石組溝内の堆積土が同じであることはない。掘方の基盤土と溝内堆積土の違いを模式図で明確にすることが求められる。そもそも模式図の解説がないのである。

第二に第六a・b層の遺物について。a層からは多量の木屑の出土を記すが、木屑の由来あるいは堆積状況の図面などはなく不詳である。木屑の出土に注目するのは、第七b層からも多量の木材の出土を記すからである。第六a層と第七b層の木材、木屑がまったく違うものなのかについての言及はないが、これは層序全体の理解にかかわる。

第三に第六a層出土土器の年代観と同層位の時期決定の齟齬について。まず、第六a・b層出土の土器の出土地点は、SD三〇一とSG三〇一の堆積した土であると説明するが、模式図で示された第六a・b層から出土しなかったのか不詳である。

次に報告図六四（図3－3）の四九三から四九五の三点の高台付杯身について。佐藤隆の土器編年（二〇〇〇）を参照すると、難波Ⅳ古段階に出るタイプの高台である。飛鳥・藤原地域土器編年（重見 二〇一四）の飛鳥Ⅳ古段階に相当しよう。佐藤が七世紀後葉から八世紀初頭とした時期は穏当な見解である。ところが、六層のまとめで七世紀中葉の時期であることにも言及した。しかし、これらの土器は包含層中の土器であるということにとどまり、必ずしもSD三〇一の築造時期を示す根拠にはならない。第六a層の難波Ⅲ新からⅣ古型式の土器は、SD三〇一の廃絶時期を示すだけである。遺構と層位の基本的理解は、SD三〇一をつくる整地土の土器が七世紀中葉であれば、掘方の掘削はそれ以後なのである。掘方内の土器と溝内の土器を「造営時のものと大差ない」とする理解は成立しないだろう。

以上の検討で、第六a・b層は、石組溝の外にも整地土として確認されるのであれば、第七層との関係は再精査されるべきであろう。土器も難波Ⅲ中段階が築造時の土器であるするのは再検討が必要であろう。さらに模式図のSW

面の掘方に沿う石組みは本文には言及がない。何を示すのか説明が必要である。

第七層（抄録）　第七層は水利施設造営時の客土や堆積層である。a〜cの三層に細分される。a層は砂混じりシルトの偽礫層や小礫混じりシルト・極細砂粒で、SD三〇一の石材が据えられたのち、裏込めや蓋石を覆うための客土である。裏込めには直径二〇センチの偽礫もみられ、石の隙間にはシルトや粘土が詰められて水漏れを防いでいた。

b層は石組溝SD三〇一の築造が始まるまでに堆積した水成層で、極細から粗粒砂層で部分的にシルト層が挟まれる。SG三〇一の最下層に堆積する。造営途中の湧水や雨水により土砂が堆積した。難波Ⅲ中段階の土器がまとまって出土したほか、木簡二点と木簡を転用した人形一点などの木製品や多量の木材もみられた。

c層はシルトから粗粒砂の偽礫からなる谷を埋めた客土層で、水利施設を造営するための第一次客土である。これにより谷は約半分の深さまで埋め立てられる。土砂は地山や谷の深部から供給された。上面からSD三〇一を築くための掘方が掘り込まれている。これらの地層からは、七世紀中葉の遺物が多量に出土した。

第七層の疑問点　以下、疑問点を9点あげたい。第一にSD三〇一の蓋石を被覆する層位。№2NE面の蓋石裏側には第五c層があり下半分を埋める。このc層の観察所見は、後期難波宮期に石組溝を埋め立てた客土であるという。この下は第七a層になり、側石の裏込め土と全体の埋め土が図示されている。

NE面№1の側石と蓋石にかかる土層には細線が入り区分される。側石の土は№2をみれば第七a層であるが、蓋石にかかる土は第五c層である。そうであれば、№1も蓋石にかかる土は第五c層であると推定される。この層と細分線の右は第七a層と指示されている。よって細分線が逆転しているのか、あるいはすべてが第五a層とすべきなのか不整合である。

このことは、SW面でも同様に観察される。第七a層は、本来は第五c層である可能性をこれらの図面から読み取ることもできる。さらにＳＷ面の第七ａ層の上面にある、破線で区分された土の堆積層がどのように理解されているのか記述がない。

第二に第七ａ層について。ａ層の観察所見は、石組溝の裏込め土と被覆土であるという。①でも疑問を示したが、裏込め土はきめの細かい粘土を用いて、石組みの目地を塞いだと観察された。よってこの裏込め土と上位の被覆土であるａ層は、別の層として区分が可能ではないか。№１・２の側石までの裏込め土の分層線はこのことをよく示している。

第三に第七層№１のＳＷ面とＮＥ面堆積層の不整合。№２は両側の堆積層は整合するが、№１のｃ層（ＳＷ面）とｂ層（ＮＷ面）は不整合である。№１・２は四メートル隔てた堆積土層であることを考慮しても、ＳＷ面は凸凹があるものの一体的である。ところがＮＥ面のｃ層は観察されず、ｂ層に置き換わっている。報告の観察ではｂ層は水成層であり、ｃ層は客土でＳＤ三〇一の掘方になるという。№１のＮＷ面ではｂ層が掘方を形成することから、報告所見と図に示された理解は不整合である。さらに、この面のｂ層の堆積状況は、№２のｃ層に同じであろう。よって№１のｂ層は、水成層などではなく整地層であることを示唆する。

第四は模式図ｂ層について。この図３−３ではＳＤ三〇一の底に堆積する層をｂ層とする。これによる限り、石組溝の基盤を形成する土層である。ｂ層の堆積要因は、石組溝の築造途中の湧水や雨水により流入した土砂であるというが、築造途中であれば床面の石敷きなどは設置されていたことが想定され、その下に流入土が堆積することはないだろう。そもそも水成層といわれる軟弱地盤を、巨大な石組溝の基盤にすることなどあるだろうか。

№２では石組溝の基盤層は第八ａ層であることを図示する。№１のＮＥ面にあるｂ層と、模式図下のｂ層は別のものであることを示している。

第五はSD三〇一構築の掘方。No.1のNE面の掘方はb層を掘削する。SW面ではc層を掘削する所見である。No.2は両側ともc層が肩部をつくる掘削である。石組溝の掘方の層位は観察した地点で相違するのか。No.1と2の所見の違いは、模式図でもさらに異なり、SW面は第七a層を掘方とするのである。NE面では第五c層であることが予想されるが図示されていない。よって掘方となる層位の再検討が必要であろう。

No.1の掘方ラインは石組溝の両側石部分で止めている。No.2でもNE面では側石で止まり、SW面も不鮮明である。つまり石組溝の掘方底部と石組溝石敷きとの関係が明確ではないのである。No.2では第八a層まで観察されているのであり、基盤層の観察所見が必要であろう。

第六は第七a層と水辺祭祀。佐藤隆は水利施設の造営過程を検討するなかで、a層から多量の土器が出土したことに触れ、c層に比べて前代の遺物の混入が少ないことや土馬を含むことから、「この周辺（※水利施設）で水にかかわる祭祀を行ったあとで、そのとき用いた土器類をこの層（※a層）の客土時に投棄した」と解釈した。

しかし、この説明ではSD三〇一が未完成のときに水辺祭祀が行われたことになる。祭祀行為はあくまでも施設の完成後と想定するのが通例であり、祭祀終了後に使用された土器が投棄されたと理解すべきである。祭祀用土器が包含層中の土器になることなどないであろう。よって水辺祭祀の行われた時期と、a層によってSD三〇一が覆土された時期は別であるとするのが穏当である。この両者の土器は厳密に区分される必要があろう。

第七は第七a層の土器。a層の層厚は、報告図四〇（図3－2）から計測すれば約二〇～四〇センチである。土器の出土について、「整理箱二〇〇箱に及ぶ多量の土器であり、多くが完形かあるいはそれに近い状態で出土し、その場所に投棄されたような状況」であると観察されたが、当該の記録図面がない。この所見がa層であるとの言及はないが、完形土器の出土があることをから、これらは水辺祭祀との関連が想定される。包含層の土器に完形品を含むことはないだろう。しかも多量の土器を含むにしては層厚そのものがあまりない。

第八は湊哲夫の指摘（二〇一三）。湊は第七a層の須恵器について、高台付蓋杯B（報告図六一、本書図3－3の394）は、佐藤土器編年の難波Ⅲ中段階ではなく、難波Ⅲ新段階に相当すると指摘し、a層はこの段階であろうといった。しかし、右のように理解できれば、難波Ⅲ新段階の須恵器は、水辺祭祀にかかわる可能性がある。このほかにも、報告図六二にみえる須恵器（図3－3の459、460）なども口径が大きく、丸みのある体部は難波Ⅲ中段階よりも新しい要素である。

第九は第七c層について。SD三〇一を構築する客土であると記述するが、別のところでは「難波宮造営前に谷内部にすでに堆積していた地層が、客土として再堆積したもの」であり、あるいは第八層にも相当するという。この所見をどのように理解すればよいのか文意がとれない。c層は自然堆積層であるというのか。No.1のSW面とNo.2の両側のc層は、SD三〇一を構築する基本的な整地土であることを示している。

以上の検討で、七層は観察所見と図示された断面図には不整合のあることがわかる。特にSD三〇一を構築する基盤層の理解は慎重な再検討が必要であろう。また包含層中の多量の土器の由来について水辺祭祀に言及されたが、これがいつの時点で行われたのか。

b層から木簡と木屑が多量に出土したことの評価は言及がない。SG三〇一からも多量の木製品の出土に触れるが、これら遺物の関連性といつの時点の投棄なのか。当調査地の北約一五〇メートル地点でも谷を埋めた土砂に、木簡三一点と加工痕跡を残す木端などが三〇〇〇点以上出土している（江浦　二〇〇〇）。これらも廃棄された遺物であることから、b層の形成を推定する重要な比較資料である。

第八層の観察所見（抄録）　第八層は谷のなかに水利施設が造営されるまでの地層である。a・bに細分される。a

層は細粒砂混じり粘土質シルトやシルト質細粒砂で、第七c層の下に堆積する。客土ではなく自然に堆積した地層である。六〜七世紀中葉の遺物を含む。b層は粗粒砂質シルトやシルト質細〜極細粒砂で、谷の南斜面のなかほどでみられた。

第八層の疑問点　第八a層の観察所見と断面図について。a層の所見は右記のとおりであるが、土層としての形成が理解できない。No.1・2によれば、a層は五〇〜一〇〇センチの層厚があり、層内の分層も顕著に観察されて自然堆積とは理解できない。No.2の断面の所見は、明らかにSD三〇一の基盤土として図示されている。第八層の層序の所見と、「難波宮造営前に谷にすでに堆積していた地層（八層）が客土として再堆積した」（佐藤 二〇〇〇、一六頁）の二か所の記述は整合性のある文意がとれない。観察見所で七世紀中葉の遺物が包含することの意味については再検討が必要である。

③水利施設の築造時期

最初に本報告に記載された佐藤の土器編年型式と当該の年代を示す。第六a層―難波Ⅲ新段階（七世紀中〜後葉）・Ⅳ古段階（七世紀後葉〜末）、第六b層―難波Ⅲ中段階（七世紀中葉）。第七a・b・c層―難波Ⅲ中段階（七世紀中葉）。第八a層―難波Ⅱ新段階（六世紀後葉〜七世紀初頭）〜難波Ⅲ中段階（七世紀中葉）である。

水利施設の築造時期の根拠は、「谷の堆積層（第八a層）のもっとも新しい土器や客土（第七c・七a層）に含まれる多量の土器が難波Ⅲ中段階に属し、七世紀中葉とすることができる」とする。つまり各層から満遍なく大量に出土する土器により、その土器型式の示す年代をすなわち築造時期であるとした。ところが、SG三〇一内堆積土の土器も難波Ⅲ中段階であるという。この所見に従えば、SG三〇一はそれ以前の築造であることを示す。つまり第八a層の理解と第八層が包含する土器の示す年代には齟齬が生じている。

ＳＤ三〇一に関係する第七層の層序の検討からは、細分された層がいずれも整地土であることを示し、そのなかに包含された土器型式が同じであれば、整地作業に時間的な懸隔はないのであろう。そして、完成時に水辺祭祀が行われた。

このように理解できれば、第七ａ・ｂ・ｃ層と第八ａ層の形成は、上町台地にあった難波Ⅲ中段階（七世紀中葉）の遺構を削平して、これを整地土（客土）としたと理解するのが穏当である。すなわち、水利施設の築造は七世紀中葉以降なのである。水利施設を構築するための整地土内の土器型式の示す年代が、この整地土を基盤として構築された遺構の年代であるということはない。むしろ水辺祭祀にかかわった土器を厳密に抽出することで、ＳＤ三〇一の構築時期決定の指標になるのではないか。

右記したように、ＳＧ三〇一とＳＤ三〇一から出土した土器を個別にみると、この二施設の築造時期に齟齬をきたすことになる。遺構と遺物との整合性のある検討が必要だろう。

佐藤はまとめの部分で、多量の土器の出土は一つの土器様相として認識できるとした。そして「前期難波宮の造営時期は七世紀中葉に明確に位置づけることがでる。前期難波宮＝難波長柄豊碕宮説に対する疑問は解消できた」といった。これは『孝徳紀』白雉二年（六五一）十二月条の「天皇、大郡より、遷りて新宮に居す。号けて難波長柄豊碕宮と曰ふ」にみえる宮殿名をさすようである。同三年（六五二）九月条にも、「宮造ること巳に訖りぬ」とみえて、これらの記事を七世紀中葉の孝徳朝の宮殿造営にあたるとするのである。しかし、右記したように水利施設の築造時期を七世紀中葉であるとするには、遺構と遺物の整合的な理解なしには賛同できない。

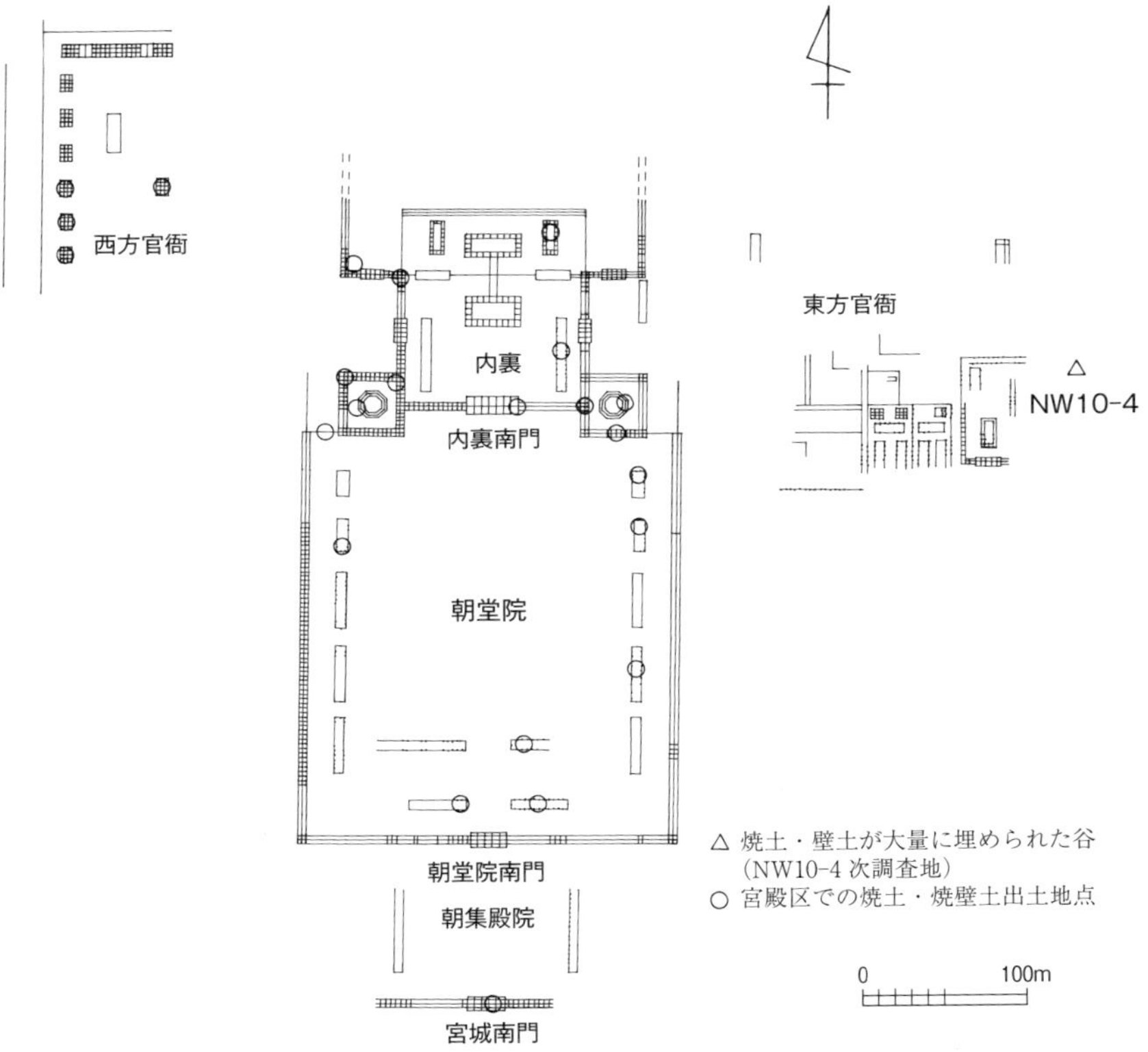

図４　前期難波宮の焼土・焼壁土出土地点（大庭 2012 に加筆）

（２）焼土・壁土について（図４）

大庭重信は（二〇一二）、ＮＷ一〇―四次調査において、谷を埋める大量の焼土と焼壁土が出土したことを報告した。内裏中心部から東約三五〇メートルの地点で、玉造谷からの支谷（報告は北谷とする）の一部が調査されたのである。谷は南から北に傾斜し、南端はＴＰ＋一八・〇メートル付近で、台地の傾斜変換点が観察される。

ここから谷を埋めた最下層にあたる第六層・第七層が形成された。断面図では北に約一八メートル、第六層上面から第七層の底面までの層厚は約七メートルである。第七層からは、主に炭化した建築部材が大量に出土したほか、木簡や木製品が出土した。第六層からは、コンテナ約二〇〇箱（四二〇キロ）の土壁、塼、石材（榛原石）などが出土した。

壁土は焼土化しており、炭も含んで二・五メートルの堆積であることを報告する。大庭はこれらの焼土は、朱鳥元年（六八六）に消失した前期難波宮の宮殿建物の一部であるとした。この理解は首肯されよう。

図4は大庭の作成した前期難波宮の焼土・壁土出土地点図に、李陽浩（二〇〇五）の報告や個別の報告により、宮殿域の柱抜き取り跡の焼土や焼壁土、炭化物の混入が観察された建物の地点を追加した図である。

『天武紀』朱鳥元年（六八六）正月乙卯条は、「難波の大蔵省に失火して、宮室悉に焚けぬ」とある。この記事で天武期の難波宮の火災は大規模であったことが想定される。図4の示すところは、『書紀』の記述を裏づけるように、内裏から朝堂院、さらに宮城南門回廊建物まで広く火災痕跡が認められたのである。

そしてこの図の焼土・壁土の出土地点の広がりに注意すれば、内裏と朝堂院を合わせた構造の広大な宮殿は、天武朝の前期難波宮であることを示す何よりの根拠になろう。つまり藤原宮の宮殿構造に類似する前期難波宮は、天武朝の宮殿であることが如実に読み取れよう。

天武朝前期難波宮の造営はいつから開始されたのか。この課題の検討は、これまで調査された宮殿地域の遺構と遺物について、孝徳期と天武期に区分する基礎的な作業が不可欠であろう。

黒田慶一は（一九八八）、内裏から西八角殿院にかけて、難波宮中軸線から西に傾く建物跡・柵列跡・溝跡群を検討し、これらの遺構は官衙（難波宮下層官衙）であると推定し、孝徳朝大郡宮の中心的な官衙遺構であるとした。一方、湊は（一九九八）、黒田のいう下層官衙は、七世紀中葉以降の孝徳朝の諸宮の一つである味経宮であろうという。これらの研究成果は、宮殿中心域で調査された遺構を厳密に区分することで成果をあげた事例であろう。内裏と朝堂院を備えた前期難波宮の詳細な検討がまたれる。

（3）前期難波宮の中軸線の振れと造営尺について

①宮殿中軸線の振れ

李陽浩は（二〇〇五）、前期難波宮と後期難波宮の建物中軸線と方位の関係について検討を行い、前期宮殿の振れは北〇度三九分五六秒東であり、後期宮殿の振れは北〇度三二分三一秒東であることから、後者は前期中軸線をかなり正確に踏襲したと評価した。さらに、藤原宮の中心軸の振れと対比してほぼ等しいことを指摘した。

藤原宮の発掘の最新成果によると（箱崎 二〇〇四）、宮殿の中軸線は北〇度三八分三一秒西への振れである。

②朱雀大路の振れ

朱雀大路の振れは（東側溝）北〇度三七分三九秒西である。一方、前期難波宮南門から南約一〇キロで検出された「難波宮南門大路」であろうといわれる、難波大道の中心点の振れは、宮殿から北〇度四二分四五秒東である（藤田一九九五）。積山洋は（二〇〇九）、この道路跡と難波宮中軸線（積山は北〇度四〇分〇二秒東とする）との関係を座標からみると、道路遺構の中心点から東に七メートル余の位置であり、それは幅一八メートル弱の路面の東端付近にあたり、驚くべき精度であるという。つまり両宮殿の建物と地割りの南北基準は、同一の測量技術がベースになっていることを示唆する。

③宮殿と条坊道路の造営尺

中尾芳治は（一九八一）、前期難波宮内裏前殿から導かれる造営尺は二九・二センチであるという。井上和人（二〇〇四）は、藤原宮では建物の造営に二九・二〜三〇・二センチ（小尺）が使用されていることを明らかにした。つまり前期難波宮の建物も藤原宮建物の造営尺も同じ小尺を基準尺度としたのである。

一方、藤原宮宮城と宮内の主要区画の地割り、および京内の区画や条坊の設定基準尺は、三五・二〜三五・六センチの大尺が使用された。難波京の条坊がどのように施行されたのか現在でも調査例がない。右記した難波大道が比較できる唯一の資料である。

藤原京朱雀大路は、両側溝心々間距離は二四・八メートル（七〇大尺）、路面幅の計画寸法は五〇大尺（復元値一七・七〇メートル）である（井上 二〇〇四）。難波大道の東西両側溝幅は〇・七～一・五メートル、路面幅は一八・五メートル、両側溝心々幅は二〇メートルに復元される。難波大道の両側溝の規模は、藤原京西側溝の最大幅が七メートルもあることから、両側溝心々間の距離では比較できないが、路面幅については両者の数値はともに五〇大尺が計画寸法であったことがわかる。

このようにみると、前期難波宮と藤原宮の宮殿建物の中軸線の振れ、あるいは朱雀大路の振れは両宮殿間で一致する。さらに両宮殿は小尺を建物の基準尺とし、条坊道路などは大尺を基準尺として施行されたと考えるのが穏当であろう。

藤原宮・京の造営は、先に京の条坊道路から開始され、内裏や朝堂院などの宮内諸建築はあとになるという。『天武紀』天武五年（六七六）条は、「新城」の初見記事があり、藤原京の造営工事の始まりであるという（寺崎 二〇〇二、重見 二〇一七）。

よって藤原宮・京の造営と、前期難波宮・難波大道の造営には、共通する測量と建築基準尺の使用があったと推量される。換言すれば、天武時代に両者の造営計画と設計・施行があったことを想起させる。

以上の三項目の検討により、内裏と朝堂院を伴う前期難波宮は、孝徳朝のものではなく天武朝の造営である可能性が示唆される。『孝徳紀』は白雉進献儀式がどこで行われたのか記さない。しかし、右記の検討で前期難波宮は天武朝の宮殿であると理解できれば、間接的ではあるが、『孝徳紀』批判の一つの視点にはなるだろう。

8　進献儀式の場の「紫門」、「殿」

（D）の「紫門（ミカド）」について。進献儀式は紫門の外に左右大臣や百官人らが整列して進行した。紫門はミカドと読まれるように、大極殿に到る第一門（南門）をさすのであろう。ところで紫門の表記は、『書紀』ではここにのみ使用される。この言葉に類似するものとして、『続日本紀』和銅元年（七〇八）と養老五年（七二一）、および天平宝字元年（七五七）の各条に、「紫宮（シキウ）」がある（内田 二〇〇八）。和銅元年二月十五日の平城遷都の詔は、「菲薄き徳を以て、紫宮の尊きに処り」とある。紫宮は本来は天帝の居処である紫微宮をさすが、ここでは天皇の居処である大極殿をいうのであろう。

紫門と「紫宮」は、一致した語句ではないものの、用法は通用しよう。紫門は紫微宮に至る門という意味に解される。紫門の用法が語句として成立するのは、少なくとも大極殿が整備される天武朝以後であることが示唆される（重見 二〇一四）。

白雉が輿に乗せられて運ばれたのは「殿（オホトノ）」の前である。殿は建物名称であろう。『孝徳紀』の記す宮殿名称は、「朝庭」と「内裏」「正殿」「殿」である。天智天皇の大津宮の殿舎名は、「～殿」だけをみても「殿」「大殿」「西小殿」「内裏佛殿」「内裏西殿」がある。このうち「殿」はミアラカと読まれてオホトノではない。天武天皇の飛鳥浄御原宮では、「向小殿」「内安殿」「大殿」「旧宮安殿」「大安殿」「前殿」「大極殿」「造法令殿」である（重見同右）。

これらの事例から「殿（オホトノ）」について、『孝徳紀』の正殿はオホトノ、『天智紀』『天武紀』ともに大殿はオホトノである。ちなみに天武期からみえる大極殿はオホアンドノと訓読されるが、この名称の初出は天武十年（六八一）である。大殿は天武八年（六七九）と同九年でありそれ以降はみえない。つまり「殿」は「大殿」の省略された名称なのであろう。天武九年（六八〇）正月条は、「天皇、向小殿に御して、王卿に大殿の庭に宴したまふ」とある。この年には、大殿において正月節会が行われたことから、大殿は天皇の公式の殿舎であることがわかる。おそらく天智・天武期の殿舎名である「大殿」が、進献儀式の場の殿舎名として使用されたと推量される。

9　進献儀式の式次第

（D）・（E）・（F）は、二月十五日の白雉進献儀式の一連の動きである。まず（D）は、粟田臣飯蟲ら四人が白雉の乗る輿の轅を執って、紫門から中庭まで運ぶことから始まる。ここには左右大臣等百官人と、百済・高麗・新羅の在朝者が列をつくって輿のあとに続く。これが表1（35頁）の白雉を運ぶ①である。その後、中庭から轅を執る人が交替し、ここからは三国公麻呂・猪名公高見・三輪君甕穂・紀臣乎麻呂岐太らが殿の前まで運ぶのである（輿を運ぶ②）。ここで輿はさらに左右大臣が轅の前を執り、伊勢王と三国公麻呂・倉臣小屎が轅のうしろを執って御座の前においた（輿を運ぶ③）。

（E）は天皇が皇太子を召して共に白雉を「執りて観す」とある。（F）はこの儀式について左大臣が天皇に対して賀詞を奉った。ここに登場した人物は検討したので、それ以外について孝徳天皇の時代の記録か否かを検討する。

（D）の冒頭は、「朝庭の隊仗、元会儀の如し」から書き出すが、威儀を整えた護衛隊や官人などの様子は、朝賀儀式（賀正礼）に準じた格式と規模であるという。

孝徳期の朝賀儀式は、白雉進献儀式が行われた同じ年の正月に、「車駕、味経宮《あぢふ》に幸して、賀正礼観す。是の日に、車駕宮に還りたまふ」（白雉元年正月条）と簡単な記事を記すだけで、具体的にどのような儀式であったのか不詳である。さらに朝賀儀式の初見である大化二年（六四六）正月条は、「二年の春正月の甲子の朔に、賀正礼畢りて、（下略）」と記述するだけなのである。このほかに『孝徳紀』は、射礼や賀正礼《みかどおがみ》を行ったと略記されるだけで、行事を記さない正月も散見される

朝賀儀式の具体的な儀式次第は『天武紀』四年（六七五）正月条である。このときは一日に儀式が始まって、十七日まで五日間の式が進行した。この次第は、まず一日は天皇に対する薬と珍しい品物の奉呈である。ここには大学寮の諸学生・陰陽寮・外薬寮・舎衛の女官らと、堕羅の女・百済善光・新羅仕丁らの名がある。このなかの百済善光は本章一の5で検討したなかの塞城をさし同一人物である。二日になると皇子・百寮の官人たちによる賀正の礼である。三日は官人たちによる御薪の奉呈、七日は節会と続き、十七日は公卿大夫・官人が再び朝庭に参集しての大射礼になる。同日には大倭国から瑞鶏、東国から白鷹、近江国から白鵄の進献があった。いずれも瑞鳥である。

この年の朝賀儀式は、律令的な賀正、御薪、七日節会、大射礼の確かな記事が一斉に出てくる。「大極殿」に臨席する天皇の前で、「朝庭」に整列する皇親・百官人が直接に宣命を拝聴する儀式は、天武天皇の飛鳥浄御原宮で始まったという（山尾　二〇〇六）。さらに朝賀儀式の最後に、三か国から瑞鳥が進献されたことも注意される。ここには具体的な記述はないが、朝庭に皇親や百官人が参集していることから進献儀式のあったことも想定されよう。

水口幹記は進献儀式の成立について、唐の元会儀礼をもとに孝徳天皇の儀式が構成されたといったが、『孝徳紀』では賀正礼の具体像は不詳であり、この時代に整備された儀式があったとはいえないだろう。むしろ天武朝にその淵源は求められるのではないか。

10　白雉を輿に乗せること

橋本義則は（一九九四）、養老令（あるいは大宝令）では、輿は天皇の乗用としてのみ規定され（職員令主殿寮条）、ほかにはみえないといった。さらに、奈良時代に関する限り、天皇が車に乗ったことを明確に示す史料はなく、また史料に現れる車も葬送用の轜車を除けば運送用に限られた。乗輿の確かなもっとも古い史料は、和銅三年（七一〇）で、輿の使用は大宝令（七〇一年成立）以降ということになる。この研究を踏まえて進献儀式をみると、輿はきわめて限定された乗り物であり、孝徳期におけるその使用は想定できないだろう。

このような輿に白雉を乗せたこと自体が異例であり、それは白雉の性格と密接に関連したことである。そもそも皇親や大臣など高位にある官人が、輿の轅を執るということがあるだろうかという疑問（山尾 二〇〇六）も首肯される。

11　白雉を手に執り観ること

（E）は天皇が皇太子とともに白雉を「共に執りて観す（ミソナハす）」と、このような行為のあったことを記す。水口幹記はこの部分を、白雉をみることは穴戸をみることにほかならず国見を行ったのだと解釈した。また白雉は当初から祥瑞進献という意味を帯していたわけではなく、天皇への贄としての食物貢進が第一義的であったといわれた。しかし、白雉は発現の当初から祥瑞としての役割を負っていたのである。このことは、水口が白雉出現地を考察したなかで、白雉を徳化の範囲を示す象徴としての領域観に結びつけたことに矛盾しよう。さらに進献儀式は孝徳天皇の即位儀に準じる儀式であるといわれたが、白雉を「レガリアに代わる聖的存在」とみなすことはできないだろう。白雉はあくまでも天命を伝達する使者なのである。

天皇が白雉を手にとってみたことの意味は、天帝の使者である白雉のもたらした天命を受けた行為（受命）にほかならない。そして受命したことをもって、自己の君主としての正当性が天帝によって付与されたことを、皇親や百官人らに示す象徴的な行為でもあったと理解できよう。このようであれば、進献儀式の場は受命儀式の場そのものである。

12　天命の本義と天武天皇の受命

（F）・（G）・（H）の三段落はきわめて儒教色の強い文体で、中国風帝王政治の理念を説いたものといわれたが（横田　一九六七）、天命についての原理が核心的に語られる。

まず史料（F）で傍線で示した「陛下、清平なる徳を以て、天下を治すが故に、ここに白雉、西の方より出づること有り」（大意：陛下が徳をもって清らかで公平に天下を治めるために、白雉が西の方から現れました）の箇所と、（G）①「聖王世に出でて、天下を治むる時に、天応へて、其の祥瑞を示す」（大意：聖王が世に出て天下を治めるとき、天が（聖王の徳のある治世に）応えて祥瑞を出現させる）、および②「祥瑞時にみえて、有徳に応ふること、其の類多し」（大意：祥瑞が現れて有徳の政治に応えることは、その類が多い）について検討する。

以上の三か所の構文と文意は、中国や日本の偉大な聖帝を引き合いに出して、有徳の政治が天下に行われれば、天はそれに応えて祥瑞（あるいは休祥・嘉瑞とも述べられる）を出すというのである。祥瑞を発現させる「天」は、天帝をさすのはいうまでもない。

さらに（G）③「いわゆる鳳凰・麒麟・白雉・白烏、かかる鳥獣より、草木に及るまで、符応あるは、皆是、天地の生す所の、休祥嘉瑞なり」（大意：いわゆる鳳凰・麒麟・白雉・白烏のような鳥獣や草木にいたるまで、めでたいしるしとして現れるのは、皆天地の生むところのものである）に述べられた「符応（シルシコタヘ）」は、①・②に対応して、聖主が世に出て有徳の政治が行われたときに、それに応えて天のつくる書（天命を書いた書――符命のこと）が鳥獣や草木に出現するという。これが「符」であり、受命の符とよばれた（保科 二〇〇五）。このようであれば、（G）詔の前半は天命についての原理を述べたものである。

（G）詔の後半は、天命を受ける側の認識である。「朕は惟虚薄し。何を以てかこれを享けむ」（大意：うわべだけでなにもない（不徳である）自分がどうしてこれ（天命）を受けることができようか）とあり、ひとたびは受諾を辞退するが、百官人が丹誠をもってことにあたるならば、これを受けて天下を栄えさせるであろうと、受命の表明を行うのである。（H）詔にあっても、「天の委ねさづくるに由りての故に、朕総ね御寓す」（大意：天が（天下を統治することを）委託するので、私はすべてをまとめて統治しよう）といい、天からの委託であるという表現で受命の意志を表すのである。

（G）・（H）と同じ構文は、『孝徳紀』大化二年（六四六）八月癸酉条に、「万物の内に、人是最も霊なり。最も霊なる間に、聖人主たり。是を以て、聖主の天皇、天に則り御寓して」とある。これは品部廃止詔の前文の一部であるが、この部分の大意は、聖人の君主である天皇は、天の原理に従って君臨する（山尾 二〇〇六）ということである。ここにいう天も天命を降す天帝（天神）のことであり、天命を受ける（G）・（H）の「朕」は天皇自身をさすのである。山尾は史料的事実として、君主が天意または主宰的天神の委託によって、君臨統治しているという思想、それは『孝徳紀』に集中してみえるが、『書紀』のそれ以前の巻にはまったくみられないといい、その次にみえるのは『天武紀』であるという。

『天武紀』十二年（六八三）一月庚寅条は次節で詳しく検討するが、「天からのめでたいしるし（天瑞）は、政治を行う道理であり、天の道筋にかなうときに、（天はその政治に）応える」あるいは、「自分は年を重ねて今日まで統治を行った。（自分の統治の原理である天命は）懼れ、まためでたいことであった」という文言は、（G）詔後半に契合して天武十二年詔につながる。

このように、白雉という祥瑞の出現を契機とする進献儀式の本義は、天からの統治の委託を受けた儀式にほかならない。（G）・（H）詔は、『天武紀』に記述された用字や構文などの整合性から、天武天皇が天命を受諾した詔であると考える。

13　孝徳天皇は天命を負ったか

1から12までの検討で、白雉元年二月条は孝徳期ではなく、天武天皇の白雉進献儀式であることを示した。これはとりもなおさず天武天皇の受命儀式なのである。ではなぜ『孝徳紀』に天武天皇の受命儀式が排列されたのか。言い換えれば、孝徳期には、孝徳天皇への天命はなし得なかったのであろうか。

史料としては『孝徳即位前紀』である。この記事は大槻下の誓盟を記す。水谷千秋は（二〇〇六）、この史料は天命によって乙巳の変を正当化し、大化改新政権が天命思想を重要なイデオロギーとして採用したと論じた。

問題点は、即位前紀は本文と割注に分かれていることである。水谷は割注の検討で右記の結論を導いたが、この二つがつながって一つの史実として整合するかどうかは検討していない。水谷報告に対して、榎村寛之は（二〇〇六）割注を孝徳期の史料とすることに疑問を呈した。ここでは、大槻下の誓盟といわれる本文と割注の史料的性質をみる。（『孝徳紀』即位前紀、皇極四年六月十九日条）

乙卯《十九日》に、天皇・皇祖母尊《すめみおやのみこと》・皇太子、大槻の樹の下に、群臣を召し集めて、盟曰《ちか》はしめたまふ。天神地祇に告《まう》して曰さく、「天は覆ひ地は載《の》す。帝道唯一なり。而るを末代《すゑのよ》澆薄《うすら》ぎて、君臣序を失ふ。皇天《あめ》、手を我に仮りて、暴逆《あらびと》を誅《ころ》し殄《た》てり。今共に心の血を瀝《まこと》《した》づ。而して今より以後、君は二つの政無く、臣は朝《みかど》に貳《ふたごころ》あること無し。若し此の盟に貳《そむ》かば、天災《あめわざはひ》し地妖《つちわざはひ》し、鬼誅し人伐《う》たむ。皎《いちしる》きこと日月の如し」とまうす。

本文の「皇祖母尊」について義江明子（二〇一一）は、孝徳即位にあたって皇極にこの尊号を奉呈したと論じた。この根拠としたのは、難波宮跡北西部の谷の調査で出土した「王母前」木簡である。しかし、この木簡の出土層（第一六層）の時期は、明日香村水落遺跡に相当するという（江浦 二〇〇〇）。同遺跡の時期は（重見 二〇一四）、六六〇―六六七年に相当して孝徳期以降の土器である。また、木簡が出土した層位の須恵器（江浦 二〇〇〇報告―図三八、四五、四七、四八、五四～五六）などにも孝徳期より新しい土器が含まれる。このことから、「王母前」木簡の時期は、孝徳天皇（在位六四五―六五四年）以降の時期と推定される。よって、義江のいう「皇祖母尊」は、孝徳期に成立したとはいえないだろう。

八木充は（一九七二）「皇祖母尊」について、天皇の祖母で、皇后の地位になかった場合に限定されるとし、孝徳・斉明・天智紀の「皇祖母尊」はことごとく不正確な追称であるという。さらにこの尊号は元明の皇族呼称であって、『書紀』編纂過程の和銅年間における皇統譜の強調に契合するといった。つまり「皇祖母尊」の称号の入る本文は、孝徳期を反映した叙述であるとすることはできないだろう。

割注冒頭の「天覆地載」の語句は、『推古紀』十二年（六〇四）四月条のいわゆる十七条憲法の第三条に同一の表現がある。さらに十七条憲法そのものが天武・持統朝の創作であるとする（山尾 二〇〇六）。関晃は（一九九七）、『尚書』巻四伊訓を引いて、「皇天仮手於我」は、この文章を借用したのであり大化当時のものではないという。したがって割注も水谷がいう孝徳期の史料とはいいがたい。

以上、『孝徳即位前紀』の大槻下の本文と割注には関連性は認められず、孝徳期に成文化されたとはできないだろう。よって孝徳天皇は天命思想を原理とする王権とはいえないだろう。八木は『家伝』を引いて（一九七二）、孝徳天皇は天智天皇から国事を計るに器量不足と評価された人物であるといったが、このことも有徳の君主像の位置にはないことを示している。

ではなぜ孝徳天皇が有徳の君主として叙述・排列されたのか。このことは『孝徳紀』全般にかかわる。山尾によれば（二〇〇六）、『書紀』の歴史的構想――天武の歴史認識――においては、孝徳天皇の時代を「近代史」の始まりであるという。そして天武天皇は、孝徳天皇の時代に仮託された「大化改新」の偉大な事業を継受し、天武時代の開幕は天命が革まったのだと論じたのである。このような論点に拠るならば、割注は天武王権の性格を反映したものといえよう。

14　『孝徳紀』に排列された天武天皇の受命儀式

『孝徳紀』白雉元年（六五〇）二月条について、段落を区切って史料の性質と白雉進献儀式について検討を加えた。以下にまとめる。

まず、白雉元年二月条のうち、（B）の豊璋と僧旻の発言のほとんどは漢籍を利用した述作である。孝徳期のものとはいいがたい。成文時期がうかがえるのは、『孝徳紀』と『天武紀』に限定されて使用される祥瑞・休祥などの語句である。さらに『孝徳紀』の当該条には、「日本」国号あるいは「天皇」号、「御寓」の語句が使用され、あるいは律令官人の官職名が連称されるという特徴がある。これらは（F）～（G）に使用されることから、この部分も孝徳期の述作であるとはいいがたく、天武期に行われた儀式が『孝徳紀』に仮託・遡上されて述作されたものと推量される。

また、孝徳天皇の時代に白雉年号が成立していたことは、これまでの諸研究から史実として認められる。そして逆説的ではあるが、穴戸での白雉の出現も事実であろう。

白雉進献儀式に登場する人物は、孝徳期の高官や知識人と天武・持統時代の高官や皇親であった。このなかで注目されるのは紀臣乎麻呂岐太である。孝徳期にあって天皇の命令違反に問われた人物である。進献儀式は問題を含む人物や孝徳期と天武・持統時代の知識人たちが登場する交錯した述作であることが読み取れる。

さらに、進献儀式のなかで重要なのは、天皇が白雉を手にとってみた（E段）ことである。白雉は天命を負う受命の符であり、この行為は受命そのものと理解できる。そして、受命したことを儀式の場に参集する皇親や百官人に示す行為にほかならないことから、進献儀式は受命儀式の場であると理解できる。

（F）・（G）・（H）で語られた核心は、前述にも関連するが、有徳の聖主（天皇）が祥瑞の出現で天下を統治するという宣言にほかならない。ここにみえる特有の構文は、『天武紀』にも一致するものがある。このようなことから、（H）詔の「天の委ねさづくるに由りての故に、朕総ね臨みて御寓す」の主体は、孝徳天皇をいうのではなく天武天皇であると理解できる。

以上の検討により、白雉元年二月条のなかで孝徳期のものとして残るのは、（A）の穴戸からの白雉の献上と、（H）・（I）の白雉年号の始用、およびそれにともなう大赦と官人への賜り物などである。この中間に記述された長大で具体的な儀式次第は、天武天皇の受命儀式であると考えるのが穏当であろう。

天武二年（六七三）三月条は、「備後国司、白雉を亀石郡に獲て貢れり。乃ち当郡の課役悉に免さる」である。憶測であるが、このときの白雉出現時に『孝徳紀』に排列された受命儀式があったのではないだろうか。天武天皇の即位儀式はこの前月であった。即位儀式に連動して受命儀式が行われたのであれば、天武天皇の君主としての地位の正当性は、天命によって保証されたと理解することができる。孝徳天皇の時期であれば、即位から五年後の受命ということになり、ふさわしくないだろう。

二　天武王権の政治と天武十二年詔――天が応えた王権――

天武天皇が皇位につき、政権を掌握してから十二年後の正月二日に、朝賀式が催された。このときの詔は、これまでの十二年間の政治を振り返るなかで、天命を受けての輝かしい治世であったと総括する内容であった。

『天武紀』下十一年八月条

（一）甲戌《十三日》に、筑紫大宰言《まう》さく、「三足ある雀有り」とまうす。

『天武紀』下十二年正月条

（二）十二年の春正月の己丑の朔庚寅①《二日》に、百寮、朝庭拝《みかどをがみ》す。筑紫大宰丹比真人島等、三足ある雀を貢《たてまつ》れり。

②乙未《七日》に、親王より以下群卿に及《いた》るまでに、大極殿の前に喚《め》して、宴《とよのあかり》したまふ。仍りて三足ある雀を以て、群臣に示《み》せたまふ。

③丙午《十八日》に、詔して曰はく、「明神御大八洲倭根子天皇の勅命をば、諸の国司と国造と郡司と百姓等と、諸に聴くべし。朕、初めて鴻祚《あまつひつぎしら》登ししより以来、天瑞《あまつみつ》、一二に非ずして多《さは》に至れり。伝に聞くならく、其の天瑞は、政《まつりごと》を行ふ理《ことわり》、天道《あめのみち》に協《かな》ふときには、応《こた》ふと。是に今朕《わ》が世に当りて、年毎に重ねて至る。一《ひとたび》は以て懼《おそ》り、一は以て嘉《よみ》す。

是を以て、親王と諸王及び群卿と百寮、幷て天下の黎民《おほみたから》、共に相歓びむ。乃ち小建より以上に、禄給ふこと各差有らむ。因りて大辟罪《しぬるつみ》より以下、皆赦《ゆる》す。亦百姓の課役、並に免す」とのたまふ。

（以下省略、日本古典文学大系『日本書紀』下、傍線および一～三、①～③は筆者による付番、③詔は天武十二年詔と記す）

（一）は『天武紀』十一年八月条の、大宰府における三足雀の出現の報告である。丹比真人島は、天武十一年四月二十一日条にある「筑紫大宰丹比真人島等、大きなる鐘を貢れり」の記事と同一人物である。真人姓は天武十三年十月のことであるから追記かとする（日本古典文学大系『日本書紀』下頭注）。

（二）は十二年正月二日から七日、十八日までの三回の儀式次第である。まず二日の朝賀儀式では「朝庭拝（ミカドヲガミ）」が行われ、同時に三足雀の献上があったと記す。白雉元年二月条では白雉についての諮問がなされたが、今回は祥瑞であるか否かの手続きは不詳である。三足雀は『延喜式』治部式の祥瑞にはみえないが、岸田祥子は（二〇〇三）、当時の朝廷には鳥類を神聖視し祥瑞とする認識があったという。

七日には皇親から群卿にいたるまで大極殿において節会の宴が催され、そのなかで三足雀が披露された。十八日には天武の詔があり、賜り物と大赦、課役の免除などがあった。

以上が、天武天皇の治世から十二年を経たあとの、三足雀の出現を契機とする一連の動向であり、十八日の詔に、「天道に協《かな》ふときには、応《こた》ふと」といわしめたこととは何であったのか検討する。

この詔について岸田祥子は（二〇〇三）、この史料（二）の「明神御大八洲倭根子天皇」の「明神」や、詔の対象としての地方官人が列挙されることなどを問題が多いとしたが、祥瑞の出現の背景を記した「朕初登鴻祚以来……」

の箇所は、天武朝当時の作文であろうと評価した。

「明神御大八洲倭根子天皇」は、孝徳天皇の白雉二年正月条にも同様の用字がある。公式令詔書式規定の「明神御大八洲天皇詔旨」は、国内大事のみに使用するという。また熊谷公男は（二〇〇二）、「明神」天皇の権威は、天皇制の維持装置が組織的に構築された天武・持統朝にあるといった。
（二）の③丙午詔条の語句「天瑞」・「天道」については、両方とも漢籍にある用字で、天瑞は『漢書』董仲舒伝に、「天下の人が心を同じくして王に帰（なつ）くこと、父母に帰くようであってこそ、天瑞はその誠意に応えて至るのであります」（小竹訳　一九九八）とあり、天道は『荘子』天道篇第十三に、「天道めぐりて積む所無し」（福永訳二〇一三）とある。天の道はめぐってとどこおることがない、と天地自然の法理であると解説する。よってこの詔文は、儒学の説く天の思想をあらわす語句で述作された。
「小建」は、丙午条の「乃ち小建より以上に、禄給ふこと各差有らむ」にあり、『天智紀』三年（六六四）二月条の二十六階のなかの最下位にあたる「大建・小建」の爵位である。天武期の叙述であろうとする根拠の一つは、天智三年に制定された「小建」が、天武十四年（六八五）に爵位が改訂されて四十八階になった際に廃止され、冠位の名称も一新したことである。よって天武十二年詔は、「小建」を使用することで、四十八階の位階制直前の詔であることがわかり、十二年詔の史料としてよいだろう。また、小建以上に禄を賜るということは、すべての官人が対象になった大規模な儀式であったことがわかる。
（二）の②乙未（七日）の節会にある「三足雀を以て、群臣に示せたまふ」の「示」は「ミセ」が古訓である。この文言は白雉元年二月条の、（E）の白雉を天皇が「執りて観（ミソナワ）す」に同じである。岸田は三足雀の貢上が、祥瑞出現そのものの祝福を目的とするのではなく、十二年の正月朝賀を荘厳にする意図があったといった。しかし、乙未条の核心は天武自ら三足雀をみて、群臣にもみせたことにある。皇親や百官人の整列する前で、受命の再確認ともいうべき行為があったとみるのが穏当であろう。

（二）の③丙午（十八日）詔条は、国司と国造、郡司、百姓らに「諸に聴くべし」と強い意志を示す。この叙述は『孝徳紀』大化二年八月条に、「咸に聴聞るべし（コトゴトクニウケタマハルベシ）」や、『天武紀』天武十一年十一月条にも同一の構文があり、天武期特有の文言であろう。

傍線③―一「鴻祚登ししより以来、天瑞、一二に非ずして多に至れり」は、自分が即位（鴻祚登す）してからは、天瑞（祥瑞）は一二にとどまらず多く出現したというのである。傍線③―二は、天からのめでたいしるし（天瑞）は、政治を行う道理であり、天の道筋（天道）にかなうとき、（天はその政治に）応えるという。傍線③―三は傍線③―一に続く叙述で、自分は年を重ねて今日まで統治を行ったという内容である。（統治の原理である天命には）懼れ、まためでたいことであったと記す。あたかも天武天皇の心情を吐露したかのような表現である。

北山茂夫は（一九七八）、天武朝の政治は六八一年からが総括的段階に入ったといい、天武十年（六八一）二月の草壁の立太子と近江令の修訂、三月の本邦史の編集事業の開始をあげた。さらに天武十一年（六八二）には、新しい都の造営に向けた動きが再開された。これも天武天皇が長期にわたって構想していた大きな事業の一つである。長年の主要な課題が一挙に動き始めたことが、十二年詔を出す契機になったと推量される。

以上が天武十二年詔である。これより『天武紀』下の祥瑞出現や災異記事を検討する。天武天皇の政治が天にかなうものとして、自己の正当性を主張した唯一の根拠である。

三 『天武紀』祥瑞・災異記事

1 祥瑞記事

『天武紀』下の祥瑞を献じた記事の史料性について、東野治之は（一九六九補注）、浄御原令もしくはそれ以前からの特殊な名辞を含むものがあり、素材となった原史料がその当時の報告にもとづくことは疑いなく、少なくとも天武朝には、それらが意識的に集積されつつあったことを思わせるといった。この指摘は、十二年詔を検討した岸田祥子の見解に一致するところである。

祥瑞の出現は、天武二年（六七三）の壬申の乱終息直後から二一回を数える。六七三年の白雉出現については、前節で検討したところである。このあと川原寺での一切経の写経、あるいは大来皇女の伊勢斎王の任命などのさなかのことであった。

白雉出現以降の祥瑞記事は、六七五年より連年に及び、六七三年、六七六年、六七七年、六八二年はそれぞれ一回、六七八年と六八四年は二回、六七五年と六七九年、六八一年は三回、六八〇年は四回と、あとになるほど出現の報告数が増える傾向にある。

祥瑞の内容は多岐にわたる。鳥類に分類されるのは三足雀、赤烏、白雉、白鷹、白鵄、白巫鳥《しとど》、白茅鴟《いいとよ》、朱雀、瑞鶏、四足鶏などがある。また赤亀、麟角、十二犢のような動物、あるいは嘉禾《かぼく》、瑞稲、芝草などの植物である。甘露は難波に降ったようで、綿のようにひらひらと広がったというが正体は不詳である。甘露は「美露也。神霊之精也」として、王の徳が盛んであれば降るのだという（日本古典文学大系『日本書紀』下頭注）。

表2　祥瑞記事『天武紀』下（※印は延喜式治部省式の祥瑞に一致するもの）

673年(天武2)3月17日	※白雉	備後国司、白雉を亀石郡に獲て貢れり。乃ち当郡の課役悉に免さる。仍、天下に大赦したまふ。
675年(天武4)正月17日	瑞鶏	大倭国、瑞鶏を貢れり。
同	白鷹	東国、白鷹を貢れり。
同	白鵄	近江国、白鵄を貢れり。
676年(天武5)4月4日	瑞鶏	倭国の添下郡の鰐積吉事、瑞鶏を貢れり。其の冠、海石榴の華の似し。
677年(天武6)11月1日	※赤烏	筑紫大宰、赤烏を献れり。則ち大宰府の諸司の人に、禄賜ふこと各差有り。且専ら赤烏を捕れる者に、爵五級を賜ふ。乃ち当郡の郡司等に、爵位を加増したまふ。因りて郡内の百姓に給復したまふこと、一年。是の日に、天下に大赦したまふ。
678年(天武7)9月	瑞稲	忍海造能麻呂、瑞稲五茎献れり。茎毎に枝有り。是に由りて、徒罪より以下、悉に赦す。
同　10月1日	※甘露	物有りて綿の如くにして、難波に零れり。長さ五六尺ばかり、広さ七八寸ばかり。則ち風に随ひて松林と葦原とに飄る。時人曰はく、「甘露なり」といふ。
679年(天武8)8月22日	※嘉禾	縵造忍勝、嘉禾を献れり。畝異にして穎同じ。
同　12月2日	同	嘉禾に由りて、親王・諸王・諸臣及び百官の人等に、禄給ふこと各差有り。大辟罪より以下、悉に赦す。
同是年	※芝草	紀伊国の伊刀郡、芝草を貢れり。其の状菌に似たり。茎の長さ一尺、其の蓋二圍。
同是年	瑞稲	因幡国、瑞稲を貢れり。茎毎に枝有り。
680年(天武9)2月26日	驎角	人有りて云はく、「鹿角を葛城山に得たり。其の角、本二枝にして末合ひて宍有り。宍の上に毛有り。毛の長さ一寸。則ち異びて献る」とまうす。蓋し驎角か。
同　3月10日	白巫鳥	摂津国、白巫鳥巫鳥、此をば芝苔苔と云ふ。を貢れり。
同　7月10日	※朱雀	朱雀、南門に有り。
同　8月5日	※嘉禾	法官の人、嘉禾を貢れり。
681年(天武10)7月1日	※朱雀	朱雀見ゆ。
同　8月16日	白茅鴟	伊勢国、白茅鴟を貢れり。
同　9月5日	赤亀	周芳国、赤亀を貢れり。乃ち島宮の池に放つ。
682年(天武11)8月13日	三足雀	筑紫大宰言さく、「三足ある雀有り」とまうす。
683年(天武12)正月2日	同	筑紫大宰丹比真人島等、三足ある雀を貢れり。
同　正月7日	同	(詔は略)親王より以下群卿に及るまでに、大極殿の前に喚して、宴したまふ。仍りて三足ある雀を以て、群臣に示せたまふ。
同　正月丙午詔		親王と諸王及び群卿と百寮、并て天下の黎民、共に相歓びむ。乃ち小建より以上に、禄給ふこと各差有らむ。因りて大辟罪以下、皆赦す。亦百姓の課役、並に免す。
684年(天武13)是年	四足鶏	倭の葛城下郡言さく、「四足ある鶏有り」とまうす。
同	十二角犢	丹波国の氷上郡言さく、「一二の角ある犢有り」とまうす。

天武朝の治世で報告された祥瑞は、のちの『延喜式』治部省式に記載された大瑞に相当するものはなく、上瑞は赤烏、甘露、朱雀（『延喜式』は赤雀）であり、中瑞は白雉、下瑞は嘉禾と芝草が該当する。

次に祥瑞の出現を報告したのは、大倭と近江、摂津、紀伊など畿内とその近国、筑紫、因幡、周芳などの西国に偏っている。六八〇年七月の赤烏などは宮殿の南門に出現した。

祥瑞は、白雉や赤烏のように、色彩を冠した名称のものが多い。祥瑞の色彩について検討した本田明日香は（二〇〇二）、白系統に続いて赤系統の祥瑞が多く記されていることを指摘している。祥瑞の色彩は、陰陽五行思想の正色である黄・赤・青・白・黒を中心に構成されるという。

また右記の祥瑞は、『延喜式』に記載されたものに一致しない品目が多くある。天武朝では、祥瑞の分類は未整備の段階であったことを推測させる。

毎年の祥瑞の出現は、前掲史料天武十二年詔の③――に対応するものであり、これが天武天皇に、「天道に協《かな》ふときは、応《こた》ふ」と解釈させ、また「天瑞は政《まつりごと》を行ふ理《ことわり》」であると認識させた根拠そのものなのであろう。

以上で、天武天皇は自己の皇位は天命によるところに淵源し、有徳の政治に天が応えて、毎年のように諸種の祥瑞を出現させたと理解したのが、十二年詔の核心なのである。天武天皇の政治の原理はどこに依拠したのかという表現形態でもあった。壬申の乱後の十二年間でようやく簒奪王権を説明しえたと理解できる。

2　災異記事――地震記事――

次に祥瑞を真っ向から否定しかねない地震や自然災害、あるいは天文現象の検討である。災異にかかわる事象も天武の時代には頻発しており、それは記録されていた。

地震は六七五年から六八六年まで一六回、詔の出された天武十二年まで数えても十三回の記録がある。なかでも表3－3の六七八年と表3－14の六八四年の地震は、規模が大きく被害状況を詳細に記録する。3は大宰府からの報告なのであろうが、「地裂くること広さ二丈、長さ三千丈あまり。百姓の舎屋、村毎に多く仆れ壊れたり」（天武七年十二月条）とある。14は伊予と土佐のことである。「国挙りて男女叫び唱ひて、不知東西ひぬ。則ち山崩れ河涌く。諸国の郡の官舎、及び百姓の倉屋、寺塔神社、破壊れし類、勝て数ふべからず」（天武十三年十月条）と、3よりもさらに大規模な災害が引き起こされていた。天武天皇の時代は、地震が頻発し被害が甚大であった。

ところが、朝廷がこれらの報告に対して、地震災害を災異現象としてとらえた動きはなく、自然現象として記録しただけのようである。

3　自然災害記事

自然災害は天武七年と天武十年の記録を欠く以外は、連年にわたって常態化していたようであり、大風四回、日照り（旱）七回、降灰二回などのほか、大雨や霜などの冷害も記録された。なかでも五年の下野国からの報告は最悪の凶作であったことを記す。同年夏の日照りも厳しかったようで、神祇と仏式の祈雨儀礼があったにもかかわらず、効験をあらわさなかった。ところが飛鳥池遺跡北地区から出土した木簡には、飛鳥寺の僧侶による「是月夏」の旱魃に苦しむ「飢者」や「女人」（「　」は木簡の中の語句）に食料を支給したことが記されていた。これは天武期に寺院による救済活動のあったことが判る事例である（市　二〇一二）。

ところが、天武十二年の日照りには、百済僧の道蔵による雨乞いで雨を得たという。この僧は六八八（持統二年）にも大干ばつの際に祈雨を行ったことがみえている。

表3　地震記事

1	675年(天武4)11月	大きに地動る。
2	677年(天武6)6月14日	大きに震動る。
3	678年(天武7)12月	筑紫国、大きに地動る。地裂くること広さ二丈、長さ三千丈。(下略)
4	679年(天武8)10月11日	地震る。
5	同　11月14日	地震る。
6	680年(天武9)9月23日	地震る。
7	681年(天武10)3月21日	地震る。
8	同　10月18日	地震る。
9	同　11月2日	地震る。
10	682年(天武11)3月7日	地震る。
11	同　7月17日	地震る。
12	同　8月12日	大きに地動る。
13	同　8月17日	亦地震動る。
14	684年(天武13)10月14日	人定に逮りて、大きに地震る。国挙りて男女叫び唱ひて、不知東西ひぬ。(下略)
15	685年(天武14)12月10日	西より発りて地震る。
16	686年(朱鳥元)1月19日	地震る。

表4　自然災害記事

1	675年(天武4)8月22日	大きに風ふきて沙を飛げ屋を破つ。
2	676年(天武5)5月7日	下野国司奏さく、「所部の百姓、凶年に遇りて、飢ゑて、子を売らむとす」とまうす。
3	同　是夏	大きに旱す。使を四方に遣して、幣帛を捧げて、諸の神祇に祈らしむ。亦諸の僧尼を請せて、三宝に祈らしむ。然れども雨ふらず。是に由りて、五穀登らず。百姓飢ゑす。
4	677年(天武6)5月	是の月に、旱す。京及び畿内に雩す。
5	679年(天武8)6月1日	氷零れり。
6	同　6月23日	雩す。
7	680年(天武9)6月8日	灰零れり。
8	同　7月5日	是の日に、雩す。
9	同　8月5日	是の日より始めて三日のうち、雨ふる。大水あり。
10	同　8月14日	大きに風ふきて木を折り屋を破る。
11	682年(天武11)7月27日	是の日に、信濃国・吉備国、並に言さく、「霜降り、亦大風ふきて、五穀登らず」とまうす。
12	683年(天武12)7月	是の月より始めて八月に至るまでに、旱す。百済の僧道蔵、雩して雨を得たり。
13	同　9月2日	大風ふく。
14	684年(天武13)6月4日	雩す。
15	685年(天武14)3月	是の月に、灰、信濃国に零れり。草木皆枯れぬ。
16	686年(朱鳥元)6月12日	雩す。

自然災害のなかでも日照りのことが特に集中的に記録されたのは、もちろん稲作などの収穫の多寡にかかわることであり、頻繁に「五穀みのらず」の文言で関心を引いていた。東野は（一九六九）、このような災異発生は、君主の徳のある施政に欠けているところがあるとする儒教的な意識がみられるという。

失政について表明するのは持統五年六月戊子詔であろう。このときは、長雨が続いたことから農作業に支障が生じるだろうということで、「夕までに惕《いた》みて朝に迄るまでに憂へ懼る。厥《そ》の愆《あやまり》を思ひ念ふ」（持統五年六月条）と、持統天皇は自己の政治が災異を招いたのではないかと吐露したのである。これは先にみた天武期の大災害の発生が災異とはとらえられなかったことと対照的である。

4　天文記事

天文観測の記録は、天武五年（六七六）七月から天武十三年（六八四）十一月二十三日まで十三例を記す。注目すべきは、天武四年（六七五）正月条に、「始めて占星台を興つ」との簡単な記事が載せられている点である。このときをもって飛鳥の地に天文台が建設され、運用が始まったのであろう。壬申の乱終息の直後のことであれば、天武天皇が王権についた直後に取り組まれた、重要課題の一つであったのだろう。この年以降、地震や干ばつ、大風、天文の運行、日・月の現象などが観測され、『天武紀』下に記録が集積された。

天文記事の一覧には天文現象の種別と、中国の記録に有り、無しとするのは、谷川清隆・相馬充の研究による（二〇〇八）。一方中国に記録有りとするのは、中国の文献に記載のある観測をさす。この場合、わが国に中国の文献が請来されて、それが『日本書紀』の史料として使用された可能性を残すが、中国の文献に記載のないものは、独自の観測であろうという見通しはたつ。一覧表（表5）の十三例のうち、六例は中国の文献にも記載された観測である。

表5　天文記事（谷川・相馬 2008）

1	676年(天武5)7月	彗星	星有りて東に出でたり。長さ七八尺。九月に至りて、天に竟れり。	中国の記録有り
2	680年(天武9)11月1日	日食	十一月の壬申の朔に、日蝕えたり。	有り
3	同　11月3日	東方明し	甲戌に、戌より子に至るまでに、東の方明し。	無し
4	同　11月16日	月食	丁亥に、月蝕えたり。	有り
5	681年(天武10)9月16日	彗星	壬子に、彗星見ゆ。	有り
6	同　9月17日	掩敝	癸丑に、熒惑、月に入れり。	無し　火星
7	同　10月1日	日食	十月の丙寅の朔に、日蝕えたり。	有り
8	682年(天武11)8月3日	流星	是の夕の昏時に、大星、東より西に度る。	無し
9	同　8月11日	白気	壬申に、物有りて、形、灌頂幡の如くして、火の色あり。空に浮びて北に流る。国毎に皆見ゆ。或いは曰はく、「越海に入りぬ」といふ。	無し
10	684年(天武13)7月23日	彗星	壬申に、彗星、西北に出づ。長さ丈余。	有り
11	同　11月	彗星	是の月に、星有りて、中央に孛へり。昴星と雙びて行く。	無し
12	同　11月21日	流星	戊辰の昏時に、七星、倶に東北に流れ隕ちたり。	無し
13	同　11月23日	流星雨	庚午の日没時に、星、東の方に隕ちたり。大きさ瓮の如し。戌に逮りて、天文悉に乱れて、星隕つること雨の如し。	無し

表5－1は「星有りて東に出でたり。長さ七八尺。九月に至りて、天に竟《わた》れり」（天武五年七月条）とある。天文記事の初出であり、これは彗星の出現した七月から九月にかけての長期間の観測である。谷川・相馬論文では、中国でも記録された彗星である。

表5によると、天武九年は十一月に観測が集中する。日食と月食の間には「戌より子に至るまでに、東方明し」とある。簡単な記述ながら、午後十時から翌日午前零時ごろにかけて、深夜にも観測をしていたことがわかる。ただ明るくなったとする正体は不詳である。

天武十年の観測記録は、「壬子に、彗星見ゆ。癸丑に、熒惑《けいごく》、月に入れり。冬十月の丙寅の朔に、日蝕えたり」（天武十年九・十月条）と連続した観測である。熒惑とするのは火星のことで、火星が月に入る軌道をとったが、中国では観測されていない。日本でのみ見られた天文現象であり、飛鳥の地で観測されたのであろうといわれている（谷川・相馬　二〇〇八）。

火星と月の接触は、『史記』天官書では、「出現すると兵事があり、入ってみえなくなると軍兵も解散する。その位置に国名を対応させる。熒惑はその国に兵乱が起こること、賊の害が起こること、疾病、人の死、飢餓、兵戦を支配する」と記す（野口ほか訳　一九六八）。古代中国では火星と月の接触は凶事であるととらえられていた。

天武十一年の八月には、空に異様な物体が出現したようで、「壬申に、物有りて、形、灌頂幡の如くして、火の色あり。空に浮びて北に流る。国毎に皆見ゆ。或いは曰はく、「越海に入りぬ」といふ。是の日に、白気、東の山に起れり。其の大きさ四圍《よいだき》」（天武十一年八月条）とある。空に浮かんだ灌頂幡とはどのようなものか。しかも各地でみえたというから、白昼の目撃が天文台に報告されたのだろう。また「白気」の正体も不詳である。同月には連続する二回の地震が発生した年でもある。このような天文現象とは直接的なかかわりはないが、なにか不穏な空気が充満したさなか、同月十三日に大宰府が三足雀の出現を報告したのである。翌年には正月の朝賀の儀式で披露され、十二年詔が出されたことは既述したところである。ただ、十二年はなぜか地震も天文異常も記録がない。天文の異常な運行を観測したのは、十二年詔が出された翌年である。

六八四年は、七月から十一月にかけて連続する。まず、七月に出現した彗星は、北西方向に出て、長さは一丈あまりであったという。続いて十一月には、日付不詳の一例と、二十一日、二十三日の流星が注目される。

⑫二十一日戊辰の昏時に、七星、倶に東北に流れ隕ちたり。⑬二十三日庚午の日没時に、星、東の方に隕ちたり。大きさ瓫《ほとぎ》の如し。戌《いぬのとき》に逮《いた》りて、天文悉に乱れて、星隕つること雨の如し。是の月に、星有りて、中央に孛《ひころ》へり。昴星と雙びて行く。（『天武紀』十三年十一月条、傍線と番号は筆者）

右史料の⑫・⑬は彗星と流星の観測記録である（表5－12・13）。二十三日の流星は、天文がことごとく乱れて、星が雨のように落ちた、と表現されている。現在であれば流星雨として毎年のように定期的に出現することを知っているが、当時はただならない気配に満ちていたのである。孛《はい》は彗星の一種に分類され、芒気《ぼうき》を四方に出して運行する。スバル星座の近くに出現したという。

以上のように、天武天皇の治世中には都合十三回、五群に分けられるような連続した天文観測が記録された。このなかで中国の記録にないものは、日本独自の観測である可能性を示唆したが、天武四年に建設され運用が開始された占星台での観測なのであろう。

ここで問題になるのは、接触掩蔽《えんたい》や流星雨といった天文現象を、天武朝がどのようにとらえ、評価したのかということである。

地震と天文現象の記録をみると、天武朝では一つの共通する行動パターンがある。それは異常気象や地震、天文の異常な運行の頻出にもかかわらず、政治的にどのような意味があり、どのような政治を行えばよいのかという行動はないのである。つまり天武朝の認識は、このような異常現象は、天武十二年詔を否定しかねない災異とはとらえなかったといえる。

文武期には、飢饉や地震などの被害の救済に際して賑給《しんごう》のことが整備されたが、ここでは災害の実態調査すら行われた形跡がないのである。天武天皇の認識は、天変地異は視界の外におき、祥瑞の出現を自己の政治にとって都合よく理解したのであれば、災異の多発は、政治の不徳によるものであるとは理解しなかったのだろう。

四　『天智紀』七年七月条と天智天皇の諡号（天命開別）

天智七年（六六八）七月条の末尾は「天皇、天命将及乎」であるが、この解釈をめぐって、関晃（一九九七）、山尾幸久（二〇〇三）および水谷千秋（二〇〇六）の見解は異にする。水谷は天智の諡号にも天命を付すことで、天智天皇の受命を意味していると考えるのである。前述では、天武天皇の受命について逐一検討したが、天智天皇も天命を王権の原理としたのか検討したい。

1　天智天皇の受命についての論点

天智七年（六六八）七月条（段落A・B・Cは筆者による）

（A）秋七月に、高麗、越の路より、使を遣《まだ》して調進《みつきたてまつ》る。風浪高し。故に帰ること得ず。栗前《くるくま》王を以て、筑紫率《つくしのかみ》に拝《め》す。

（B）時に、近江国、武を講《なら》ふ。又多《さは》に牧をおきて馬を放つ。又越国、燃土《もゆるつち》と燃水《もゆるみず》とを献る。又浜台《はまのうてな》の下に、諸の魚、水を覆ひて至る。又蝦夷に饗《あへ》たまふ。又舎人《とねり》等に命して、宴を所所にせしむ。

（C）時の人の曰はく、「天皇、天命将及《みいのちをはりなむとす》るか」といふ。

七月条の（B）を検討した水谷は、「近江国武を講ふ」以下の「又」で始まる短文は、『礼記』や『史記』などの漢籍を使用した記述と、越国からの石炭・石油の献上記事、あるいは「浜台之下において、諸の魚、水を覆い」の記事、また蝦夷・舎人らに対する饗宴記事などは、近江朝廷の天下泰平・王化の世を示す意味であると理解した。これは正鵠をえた解釈であろう。

ところが、七月条の史料性に注目すると、（A）は高麗からの遣使記事と栗前王の大宰率任命記事である。この二つは天智七年七月のこととして問題はなかろう。（A）と（B）をつなぐのに、「時に」の文言が挿入されるが、日本古典文学大系『日本書紀』下の頭注は、「時に」とは必ずしもこの月のことではないという。つまり（A）と（B）は、史料性の上からは整合性に欠けると理解できる。よって水谷の（B）の解釈は首肯されるものの、（B）の解釈で天智天皇の受命が史的事実であるとするのは別であろう。

（C）の冒頭は「時の人の曰はく」であるが、これも「時に」と同一の構文である。次の「天皇、天命将及乎」（傍線は筆者による）の古訓は「ミイノチヲハリナムトスルカ」である。

関は「天命」の語句は、我が国固有の皇統の尊称「天（アメ）」ではなく、中国思想にもとづく「天命（テンメイ）」であるとする。山尾・水谷もこの解釈に異論はない。ところが関は、「及」字は「反」字の誤りであろうとし、「カヘラントスルカ」と訓じて天智天皇の滅亡の意と解釈した。山尾は、時の賢人が天の受命は遂に終極に達したかといった。程なく天武天皇へと天の明命が革まる予言であると解釈し、関説を踏襲した。水谷はあえて誤字であるとする必要はなく、天皇に天命がいたろうとしているのだろうかと読み、天智天皇の受命の意味に解する。

『天智紀』の記述は、近江に遷して以降、天変地異に関連する記事や、「申」字を書く亀が発見された記事などがみえる（天智九年条）。これらは天智天皇に対する批判を隠喩する。山尾は（二〇〇六）、ありもしない天変地異を書きたて、天武時代の開幕は天命が革まったのだという。このような理解にたてば関・山尾説が穏当であり、天智天皇の受命の事実は疑わしい。

2　天智天皇の諡号

天智天皇の諡号「天命開別」は「アメノミコトヒラカスワケ」が古訓である。日本古典文学大系『日本書紀』下頭注は、天命を受けて皇運を開いたの意かとしている。開は欽明天皇の諡号の一部にも使われた美称。別は尊称で、誉田別（応神）、去来穂別（履中）などの用例があるとする。冒頭の「天命」の訓は、右記頭注の解説のように、（C）の用例と同じく中国思想の「テンメイ」と訓じられる語句であると理解される。

山田英雄は（一九七三）、「天命開別」と表記するものとして、『天智紀』内題、天智即位前紀、天武・持統即位前紀、『天武紀』朱鳥元年十月条、『持統紀』四年十月乙丑条などと、光仁即位前紀の「近江大津宮御宇天命開別」をあげる。「天命」を付す諡号は、古代の和風諡号としてはきわめて異例なのである（関 一九九七）。

天智天皇の諡号の成立は、論者により天武期説（林幹弥、山田英雄、関晃、水谷千秋）と奈良時代の『日本書紀』編纂時期の成立をいう二説が存在するが、林、山田、関らも幅をもたせた見解である。

天智天皇の諡号成立について注目されるのは、持統四年（六九〇）の記事である。

> 乙丑《二十二日》に、軍丁筑後国の上陽咩《かみつやめ》郡の人大伴部博麻に詔して曰はく、「①天豊財重日足姫天皇の七年に、百済を救ふ役に、汝、唐の軍の為に虜にせられたり。②天命開別天皇の三年に洎《およ》びて」。（下略『持統紀』持統四年十月条、傍線と番号は筆者による）

傍線①は斉明天皇、②は天智天皇のそれぞれの和風諡号をさす。この条は白村江の敗戦によって捕虜となり唐に連行された大伴部博麻が、帰国を許されたことで持統天皇に謁見したときに出された詔の冒頭である。これにより持統四年には、天智天皇の諡号「天命開別」は成立していたと理解される。

天武五年（六七六）八月条には、以下のように記されている。

是の月に、大三輪真上田子人君《おほみわのまかむだのこびとのきみ》卒《し》ぬ。天皇、聞しめして大きに哀しびたまふ。壬申の年の功を以て、内小紫位を贈ふ。仍りて諡《たとへなづ》けて大三輪真上田迎君《むかへのきみ》と曰ふ。（『天武紀』下天武五年八月条）

これは天武朝の早い時期に、壬申の乱の戦功が著しかった三輪君子首の死去で官位を追贈したなかで、さらに諡を贈ったという記事である。山田は「諡」の古訓が「タトヘナヅケ」であることから、この文言は「タタヘナ」のことであろうと解釈し、もっとも早い諡の事例であり、この用例だけであること、「タタヘナ」という語は他にはなく、「オクリナ」の訓はないこと、しかし死後に贈られた名であり、諡号であること、氏名姓全体を諡と称していることを述べた。

右記の二史料から、天智天皇の諡号は天武期には成立していたことがわかる。そして、天智天皇の「天命開別」という特異な諡号についても、同時期には成立していたと理解できる。

以上、天智天皇と天命思想とのかかわりを検討した。天智七年七月条の「天命将及乎」の解釈をめぐっては異論もあるが、天命が天智天皇から天武天皇に移動したとする水谷の指摘は、史料上の理解としては正しいだろう。一方で諡号の検討では、天武期に「天命開別」を贈り、天智天皇を受命の帝とするという矛盾した扱いなのである。この不整合をどのように理解するのか。

『天智紀』の天智天皇像は、天人相関説によって紙の上で筆誅を加えられているといった（山尾 二〇〇六）。この理解に対しても異論はない。

なぜそのようなことが天武期に行われたのか。憶測を逞しくすれば、すべては天武天皇の側の、受命の正当化に行き着くのではないか。すなわち天智天皇は天命を原理とする王権であると措定することで、天智天皇の失政に対する天譴が壬申の乱であり、天命は天武天皇へと移ったのだとの説明なのである。

五　壁画成立の契機と持統天皇

前節では、天武王権の皇位と統治の正当性にかかわる原理としての受命について検討した。キトラ・高松塚古墳壁画は、七世紀後半から八世紀にかけて成立したが、この時期は持統朝から文武朝の時代である。的確な史料には欠けるが、この時代の政治を主導した持統天皇の動向から、壁画の成立にかかわる契機が見出せないか検討を試みたい。

持統天皇は壬申の乱の発端から天武天皇のそばにあって、王権の成立事情と政治的原理をもっとも理解していたと推察される。さらに天武天皇亡きあとの君主政治を継承し、持統天皇の即位年には、天智天皇を回顧するように近江への行幸を果たした（北山　一九七三）。

一方で、大津、草壁、高市の三皇子は、天武天皇没後の有力な後継者であった。大津皇子は、天武天皇の逝去（朱鳥元年九月）の翌月に、謀反の讒言により死を賜り刑死した。草壁皇子は、天武十年（六八一）二月に立太子され、天武天皇の後継の筆頭に位置づけられたが、持統三年（六八九）に亡くなった。鸕野讃良（後の持統天皇）は草壁皇子の死を現実として受け入れたかのように、翌年正月（六九〇）に自ら即位した。高市皇子にあっては天武王権成立には欠かせない重要な人物であったし、持統天皇の治世でも変わることはなかったが、持統十年（六九六）に逝去した。

このように相次いだ天武天皇の諸皇子の死は、持統天皇にとって天武皇統の消滅につながりかねない重大な危機であると受け止められ、動揺が深刻になったことは想像に難くない。

翌十一年（六九七）六月になると、「公卿百寮、始めて天皇の病の為に、所願る仏像を造る」（持統紀十一年六月条）とあり、自らの病の平癒を祈願する仏像をつくらせたことが読める。さらに同年八月には、草壁皇子の第二子である軽皇子に譲位した。政治の実権は太上天皇の地位に就いて引き続き掌握したが、持統天皇の内面を推し量れば、天武天皇逝去後の一〇年目ごろを画期として、自身の身体的不安と、次世代への皇位継承の模索などが相まって、天武天皇に対する回顧が始まったと推量される。

この事態によく似たことは過去にも生起していた。天武王権の政治的総括の発端ともいえる事態は天武九年（六八〇）十一月にあり、皇后は十二日、天武天皇は二十六日に発病したことが記されている。このとき、皇后の平癒を祈願するために薬師寺建立の発願があった。これはわずか十七年前のできごとである。このときも病気は回復し持統天皇は大宝二年（七〇二）まで生存した。持統天皇は六九〇年以降、天武天皇の政治的原理と、これからも継続するであろう天武系譜の、皇統の正当性の淵源を壁画として遺すことを想起したのではないかと理解する。つまり、天武天皇の受命の場を壁画として描くことに思いいたったのではないかと推量される。

もちろん、埋葬施設である石室に描かせたとしても、葬儀が終了すれば封土内に埋め込まれてしまう。それまではないかと反駁もあろう。しかし、葬送儀礼の一環のうちに、壁画を皇親や官人に披露されたことは十分に推量される。そして壁画の画題としての天武天皇の受命儀式の再現は、政治の中枢にいる人々に共有される性質のものであり、きわめて高度な政治的内容を包含するものといえる。

受命儀式の再現は、壁画の画題として取り上げた以外に、朝賀儀式や即位儀でも、いわば朝廷の慶賀の場面で、天武王統の正当性を視覚化する場として設定されたのである。

以下第Ⅱ部では、考古学の視点で壁画の要素である天文図と四神図、および高松塚壁画の人物の持ち物について、右記の仮説の証明が可能であるのか検討する。

第Ⅱ部　壁画古墳の成立

第一章　キトラ・高松塚古墳の天文図

以下では、考古学の視点で、キトラ・高松塚古墳の天文図（以下ではキトラ・高松塚天文図と略称する）と、その源流である中国壁画墓と高句麗壁画古墳の天文図を検討する。

一　キトラ古墳

キトラ古墳の外形は、二段築成の円墳で下段直径一三・八メートル、上段直径九・四メートルである。墳丘は丁寧な版築による盛土が積まれ、高さは三・三メートルである。古墳は、東西に延びた丘陵の南斜面を平場に造成され、その上に築造された。石室は凝灰岩を板状に加工して、一八枚で側壁や天井、床面を構成した、横口式石槨である。石室の方位は南北に主軸をおくが、西に一四度振れている。

石室内の規模（内法）は、南北の奥行き二・四メートル、東西幅一・〇四メートル、床面から天井までの高さは一・一四メートルである。天井と壁面、床面は漆喰が塗布されて、四面の側壁と天井に壁画を描いた。

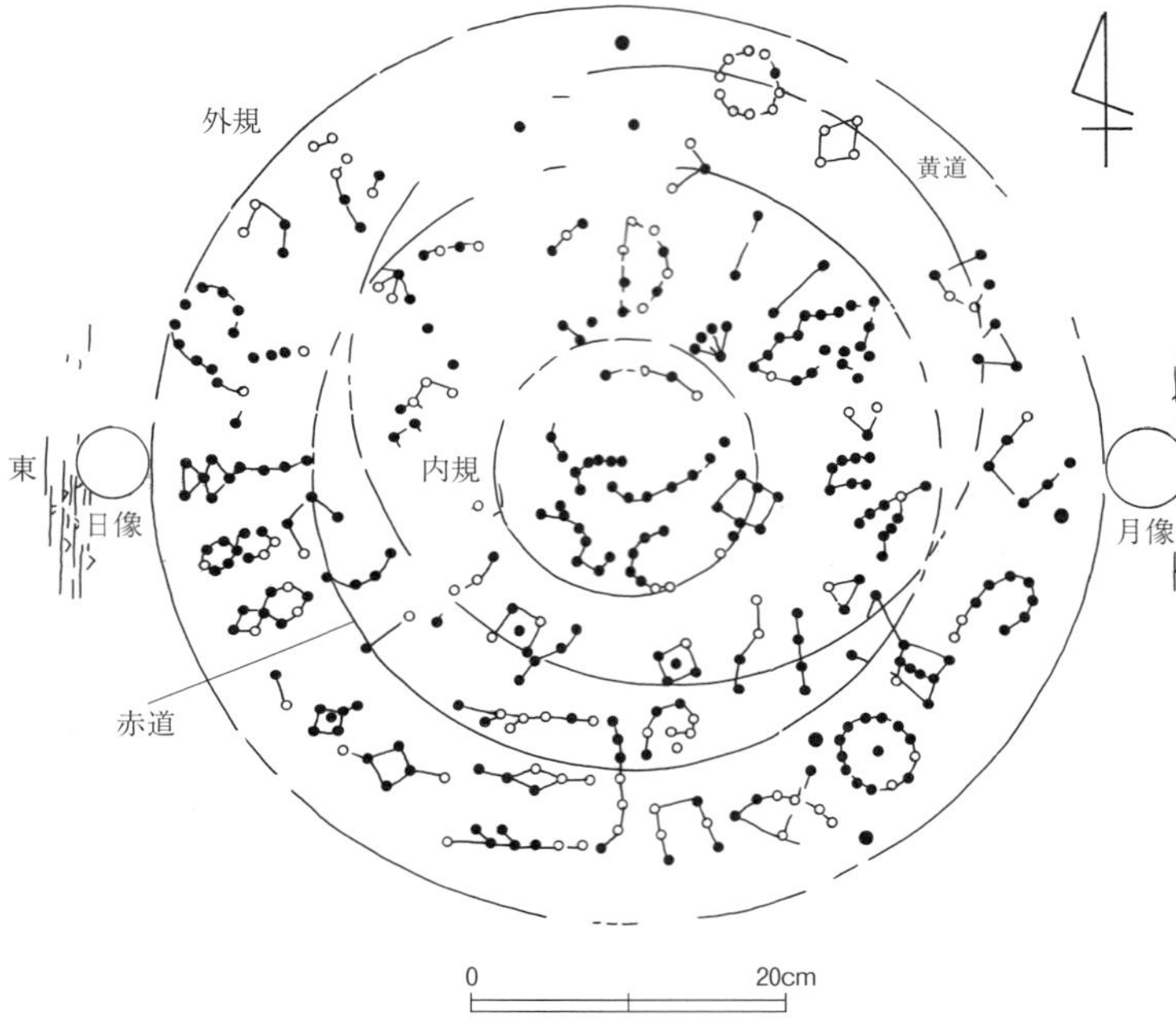

図5　キトラ古墳天文図（トレース）
黒丸は金箔が残る星、白丸は一部残存と痕跡が残る星。

天文図を描いた天井は、平坦ではなく四方に傾斜面をもつ屋根形状のつくりである。このため、日・月像は傾斜面に、星座は天井平坦面に描かれた。天井までの高さは一メートルあまりで、しかも東西の幅も同程度しかなく、成人が立つこともできないほどの狭小な空間である。壁画の制作は南壁以外は、石室内で行われたことから困難な仕事になったであろう。

なお図5・7の天文図で右を西とするのは、頭位を北にして棺の中から見上げたときの方位である。

1　キトラ古墳の天文図

天井に描かれた天文図（図5）は、南壁から八六センチ、北壁から八七センチのところで天井のほぼ中央に朱線の三本の同心円（内規・赤道・外規）と、赤道を横切る黄道計四本の円を描いた。

『晋書』天文志は上規・下規・赤道・黄道の用語で説明する。

周天は三百六十五度と五百八十九分の百四十五度である。その半分は地上を覆い、半分は地下にある。その両端を南極・北極という。北極は地上に出ること三十六度、南極は地下に入ること三十六度、両極はその距離が一百八十二度半強である。光極をめぐる直径七十二度は、いつもみえていて隠れることがない。これを上規という。南極をめぐる七十二度は、いつも隠れていてみえることがない。これを下規という。赤道は帯のように天にめぐらせた紐であり、両極からの距離がそれぞれ九十一度少強である。黄道は日の運行する場所である。（藪内ほか訳　一九七九）

つまり四本の円のうち、内規は一年を通じても一日を通じても地平線に沈まない周極星の範囲、天の北極から地平線までを半径として描いた円である（来村　二〇〇八）。外規は天の北極からは最遠の位置を占める真南の地平線を通る円である。一年を通じて出現する星の範囲である。内規と外規の中間の円が天の赤道である。星の運動はこれらに平行な円になる。黄道は天球上における太陽のみかけの通り道で、赤道と約二三度半の傾きをなす黄道円に沿って、一年で天球を一周すると解説し（宮島　一九九九）、このような円を描く天文図を円形星図とよぶ。

キトラ古墳天文図（以下、キトラ天文図）の黄道について、宮島一彦は星座に対する位置関係が間違っていると指摘する。この間違いの原因は、原図を頭上に黄道のずれの方位を決めるべきところを、地面においた状態で方位を決めたことによると推定した。

内規の直径は約一六・八センチ、赤道は約四〇・三センチ、外規は約六〇・六センチ、黄道は四〇・五センチである。内規と赤道・外規はほぼ同心円であり、共通する中心点からコンパス状の機器（中国の規に相当する機器）を使って描かれた。コンパス針の穴が天極星の近くに残っている。黄道の中心点は、内規の星座のひとつである紫微垣《しびえん》左垣《さえん》墻《しょう》の東端から、二つ目の位置の近くに残る。

中国や高句麗の天文図（淳祐《じゅんゆう》石刻天文図、天象列《てんしょうれつ》次分野《じぶんや》之図《のず》など）は、内規から放射状の線（赤径線）が引かれて、周縁には分野が示されている。分野は天体の方位と地上の方位を結びつけることで、天体の異常な運行を地上に反映させる、いわば予言を行うのに用いられた（来村 二〇〇八）。ところが、キトラ天文図は赤径線が引かれていないばかりか、外縁部の分野も示されていない。

星はどのように描かれたのか。文化庁報告は（二〇〇八）、①星の位置と星座線をヘラで下書きする、②星の位置に金箔を貼る、③星座線を朱で引く、とする。

一方、来村多加史の解説は復元的で詳しい（二〇〇八）。①まず大きなコンパスで四つの円を描く。②裏面に炭の粉を塗布した念紙をあてる。③星座の線と星の小円をヘラでなぞって漆喰面に転写する。④すべてなぞり終えたあと念紙をはがす。⑤小円で示した星の位置に円形の金箔を貼ってゆく。⑥金箔を貼り終えたあと、朱色で星を結ぶように線を引きなおす。

来村によって明らかにされた星の描き方で、興味深いのは念紙の存在である。実際に漆喰面には相当数の墨線が認められる。念紙の技法について、有賀祥隆は（二〇〇六）、以下のように説明している。漆喰下地に絵を描く順序として、まず「下当り」をつけるが、その方法の一つとして念紙があるという。この方法は、和紙の裏に木炭の粉末やベンガラ・代赭（赤色）などの色料を水で溶いて塗り、この念紙を下絵の下に重ね、下絵の輪郭を先の尖った尖筆などで擦り、壁面に移す方法である。この場合、壁面に溝ができるのでこの方法を筋彫ともいう。

星は金箔を貼ることで表現された。大小二種類あり、大多数は直径六ミリであるが、三星は直径九ミリである。大星は星座を構成しない単独星で、天狼星《てんろう》、北落師門《ほくらくしもん》、土司空《どしくう》である（奈良文化財研究所 二〇一六a）。特定のいくつかの単独星は、ひときわ大きく表現されるが、これは必ずしも実際の明るさの順によったものではなく、民俗的・宗教的な重要度によるものという（宮島 二〇〇七）。

星座の描き方について、現行の朱線の内側などにさらに薄い朱線（赤褐色）が観察されるものがある。『キトラ古墳天文図星座写真資料』（奈良文化財研究所 二〇一六a）で主なものをひろうと、①文昌《ぶんしょう》、②太微垣《たいびえん》・西蕃《せいばん》、③五《ご》帝座《ていざ》、④宗人《そうじん》、⑤庫楼《ころう》、⑥氐宿《ていしゅく》、⑦騎官《きかん》、⑧積卒《せきそう》、⑨造父《ぞうほ》、⑩塁壁陣《るいへきじん》、⑪天倉《てんそう》、⑫畢宿《ひつしゅく》・附耳《ふじ》、⑬九州殊口《しゅこう》、⑭参《さん》宿《しゅく》・伐《ばつ》、⑮軍市《ぐんし》・野鶏《やけい》、⑯柳宿《りゅうしゅく》、⑰張宿《ちょうしゅく》、⑱軫宿《しんしゅく》など多数に及んでいる。このうち⑦・⑧などは、内側に薄い朱線で現行の金箔に近接している。⑥・⑭はほぼ同じ位置で薄い朱線が観察される。ところが、五帝座では、約一センチ（外側の朱線は約一・七センチ）の線と四隅に直径三ミリの円まで描かれている。なお③の五帝座の外側の一辺は、朱線は書かれないのが本来の形である。⑰は四隅の金箔の内側に菱形に線を描き、内に二つの円い星を描いている。③・⑰についても、本来は念紙による下書きがあったわけで、内側に別の下書きが残るのは、下書きの時点で別の作業があったことを想定させる。

⑥と⑧の間や⑰は、本来なにも書かれない漆喰面に、コ字形やL字形のなかに円形を描くもの、あるいは四角のなかに円形を描くものなどがみられる。また、金箔の上に朱線が延びる八穀、文昌、虚宿、軫宿と、朱線の下書き線刻が金箔の下まで延びる氐宿、下書きと大きく位置がずれる太微垣・西蕃などが観察される。

2　キトラ天文図と淳祐天文図

中国の天文図とキトラ天文図の星座図形を、内規の星座と二十八宿に限って比較してみたい。中国の天文図は、蘇

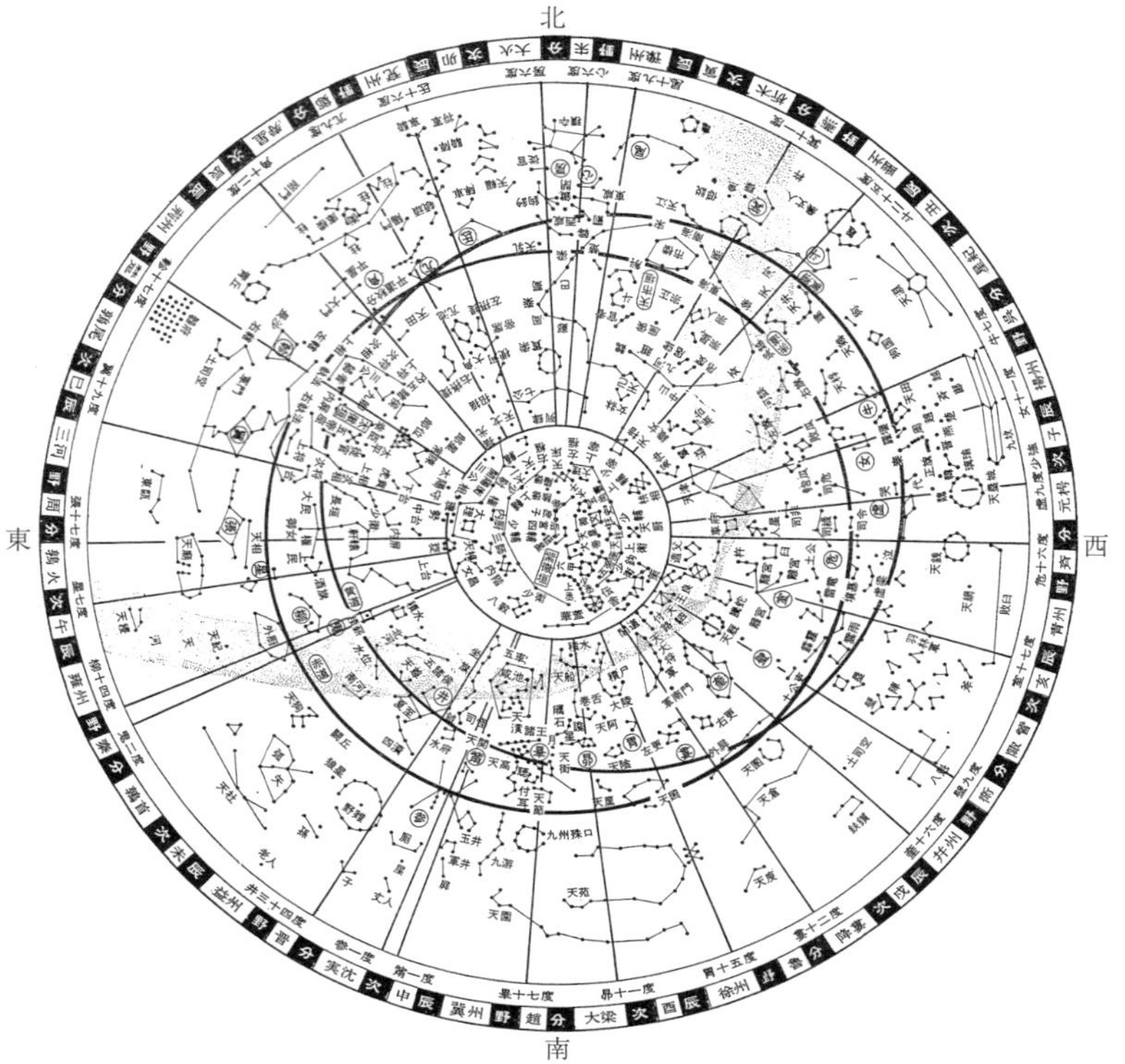

図6　淳祐天文図（野口1968一部改変、石刻図は天が西である）

州に現存する淳祐天文図（図6）である。一二四七年に石刻された天文図で、星座と共に星座名も刻んでいる。天の北極を中心に一四四〇星と、内規、赤道、黄道を描き、外縁に外規と各宿の角度（宿度）、分野が示されている。藪内は（一九七六）、この天文図は、北宋時代の元豊年間（一〇七八—八五年）の観測にもとづいて描かれたものを、王致遠が石刻したものであるという。

　まず、両天文図を比較すると、淳祐天文図の中心の内規と外規の円形線は細線であるのに対して、キトラ天文図では、内規・赤道・黄道・外規とも同じ太さの円形線が描かれている。ところが、両者の星図の違いは顕著である。キトラ天文図はもちろん古墳の石室内に描かれたものであり、本来は葬儀が終了すれば埋められて人目には触れない性質のものである。しかし、古墳は本来つくられた時代を色濃く反映した記念碑的性質があり、天文図など壁画の画題は、葬儀に参列した関係者の間には、共通する理解があったと考えられる。言い換えれば、なぜこの古墳に天文図が描かれたのかということが共有されていたのである。

これに対して、淳祐天文図は高さが二・五メートルの石碑の上段に星図を描き、下段には日・月や三垣・二十八宿・惑星などを解説する（若杉 二〇一五）。

淳祐天文図は天の北極圏をあらわす内規から外規に二八本の赤径線が放射状に引かれている。赤径線は各宿の距星をとおり、そのほかの星座はいずれかの宿に所属する。この間隔は一様ではなく、外縁に示された各宿の角度は、たとえば角一二度、亢九度と表示された角度に対応する。この宿度の外側にいわゆる二十八宿に対応する分野としての、地上における州や国の名が入れられている。

『史記』天官書の「軫」（南星座群に所属する）の説明は、「軫は車であって風を支配している。その傍らに一つの小さい星があり、長沙《ちょうさ》星という。星の光は明るくない方がよく、その明るさが他の四星と同じであるのがよい。もし五星が軫のなかに入ったら大乱が起こるしるしである」という。軫の示す分野は楚あるいは荊州であるが、天の各宿の異常な運行が地上に反映して、各分野に配当された地方に戦乱や自然災害が起こる予兆となる。いわば政治の世界と天文占いを結びつける役割を果たしたのである。

これに対してキトラ天文図は、赤径線も引かれなければ、宿度や分野などはすべて省略された天文図なのである。

星座数の違いも明らかである。淳祐天文図は一四四〇星を数えるが、キトラ天文図は現状では三五〇星、星座は二十八宿とそのほか四六星座である。淳祐天文図とキトラ天文図は星座数で約半数、星の総数では三分の一なのである。キトラ天文図は壁画を制作する当初から、原図をそのまま丸写しするという意図はなかったことを如実に示している。壁画に必要でないものが赤径線や宿であり、分野である。このことは来村も指摘する。したがって、淳祐天文図のように、多数の星座は描く必要がなかったのであり、このなかでどうしても外せなかったのが天極星と北極五星、二十八宿なのである。

3　キトラ天文図と淳祐天文図の天極・二十八宿

以下では、キトラ天文図と淳祐天文図の内規に描かれた星座と二十八宿の星座図形を比較検討する。

(1) 内規星座群と天極星

内規に描かれた天の北極の星座をみてみよう。キトラ天文図の北極五星は実際には六星描かれた。若杉智宏は（奈良文化財研究所　二〇一六）、古代中国の星座には、天極付近に六星の「鉤陳《こうちん》」があり、これと混同されたという。しかし、『史記』天官書は、天極星を太一（天帝）といい、北極五星とは区別する。「大象列星図」（『晋書』天文志訳注所引）でも、華蓋《かがい》の覆う下を天帝の居処として、天極星のことをさすのである。

キトラ天文図の北極六星を仔細に観察すると、六星はそれぞれが朱線で結ばれるが、右端の星形の下にコンパス針の中心点がある。つまりこの点が天極の中心であることから、この一星は、本来は天極星そのものをさし、それ以外が北極五星を構成した可能性がある。それが誤って六星すべてに朱線が引かれたことから、見かけ上六星になったと推量される（図7）。

天極星と北極五星は、その位置が動くことのない不動の星座として、天文図のなかでもっとも重要な位置を占め

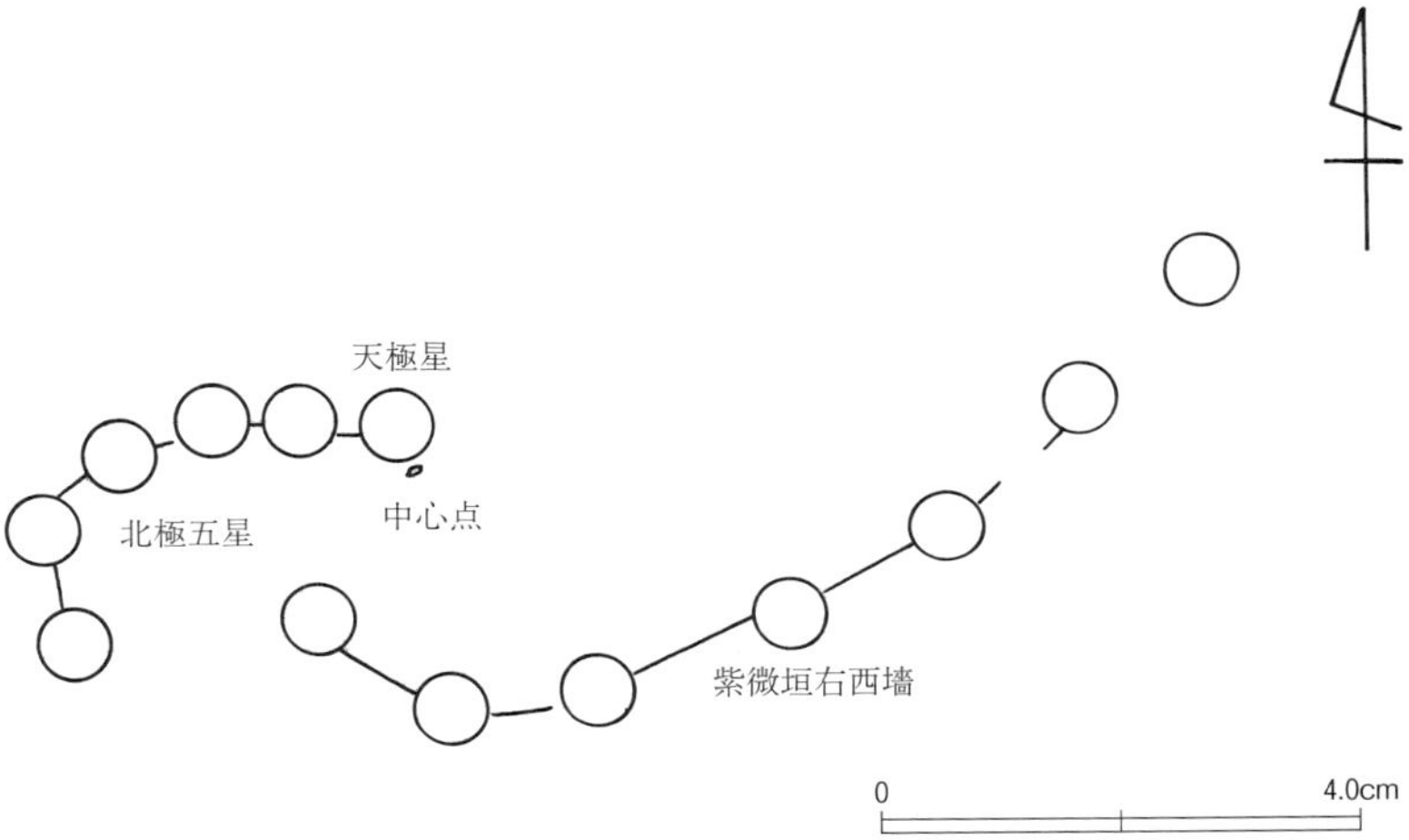

図7　キトラ古墳　天極星（一星）と北極五星が結ばれた星図（天極星の下にコンパスの中心点がある）（奈良文化財研究所 2016 トレース）

る。ところが淳祐天文図の天極星は中心には表現されず、中心からはずれた鉤陳の柄杓形の口のなかに一星があり「天皇大帝」と記す。北極五星は、内規の中心にあり、太子・帝・庶子《しょし》・后宮《こうき》・紐星《ちゅうせい》が直線状に並ぶ。ここには皇帝をはじめとする、宮中内の各々を示すべく配当された星座である。キトラ天文図には、天極星と北極五星の周囲に、四輔と総称される左・右の紫微垣と北斗七星、文昌、八穀の星座が描かれた。

北斗七星は、中国では古くから認識され、戦国時代（前四三三年）の漆器（楚国の曽侯乙墓から出土）の蓋上面の中央に「斗」の朱書があり、これは北斗七星のことである。左右には龍と虎を描き、「斗」の周囲には右回りに二十八宿名で星座名が記されている。現在知られる最古の二十八宿図である（林 一九九三）。

『史記』天官書は、「天帝の乗車で天の中央をめぐり、四方を統一し、陰陽の区別を立て、四季を分け、五行の活動をなめらかにし、二十四節気を動かす。これらのことはみな斗の役目である」というのである。つまり古代中国では、北斗七星は、天の北極に位置することで自然の運行を順調ならしめる重要な星座であると考えられた。

（2）二十八宿の星座群

二十八宿の名称と順序は、東方七宿の角から始まって、北方七宿、西方七宿、南方七宿にいたる。

東方七宿（東星座群）――角《かく》、亢《こう》、氐《てい》、房《ぼう》、心《しん》、尾《び》、箕《き》。
北方七宿（北星座群）――斗《と》、牛《ぎゅう》、女《じょ》、虚《きょ》、危《き》、室《しつ》、壁《へき》。
西方七宿（西星座群）――奎《けい》、婁《ろう》、胃《い》、昴《ぼう》、畢《ひつ》、觜《し》、参《しん》。
南方七宿（南星座群）――井《せい》、鬼《き》、柳《りゅう》、星《せい》、張《ちょう》、翼《よく》、軫《しん》。

以下では、キトラ天文図と淳祐天文図の星座図形を比較し、さらに河野健三（一九八八）の西洋天文図との対比も行った。

（3）東方七宿（東星座群）

角宿はキトラ天文図では、二つの星をつなぐ形で、淳祐天文図と同形である。亢宿はキトラ天文図では四星をく字形につなぐ星座である。淳祐天文図では三星でL字形につなぐ。亢宿で赤道と黄道が交わる。西洋天文図ではおとめ座に相当する。氐宿はキトラ天文図では、赤道上に位置し、四星でコ字形に開く形で星座をつくる。淳祐天文図では三星でく字形である。西洋天文図ではコ字形に開き、てんびん座に相当する。

次は房・心・尾宿の三宿で、西洋星座図のさそり座に相当する。房宿はキトラ天文図では、四星が少し屈曲しながら直線で結ばれ星座をつくる。さそり座の頭部である。淳祐天文図では二星である。心宿はキトラ天文図では、三星がL字形に屈曲して結ばれる。淳祐天文図もキトラ天文図に同形である。尾宿はキトラ天文図では、九星で婉曲するように結ばれて星座をつくる。淳祐天文図は八星でコ字形に結ばれるが、いずれもさそり座の尾の先端が上を向くのを表現したのだろう。箕宿はキトラ天文図では、四星でコ字形に結んで星座をつくる。淳祐天文図も同形であり、銀河のなかに位置する。西洋天文図のいて座に相当する。

『史記』天官書は、（シンボルは）青竜で房・心（の星宿が代表）である。さそり座に相当する星座で青龍の姿をみたのである。

（4）北方七宿（北星座群）

斗宿はキトラ天文図では、六星で枡形に結ばれるが、枡の部分の星は不明瞭である。南斗六星である。淳祐天文図と同形であり、柄杓の柄の部分は銀河内に位置する。次の牛・女・虚宿は、キトラ天文図では遺存状況が悪い。危宿はキトラ天文図では、赤道上に位置し三星でく字形に結ばれる。淳祐天文図も同形である。室・壁宿はキトラ天文図では、それぞれ平行して二星を結び星座をつくる。淳祐天文図の室宿は六星でT字形に結んで、さらに付星のつく複雑な図形である。室・壁宿は西洋天文図でペガスス座に相当する。

『史記』天官書では、玄武（がシンボル）である。虚・危の星宿（が代表）であるという。

（5）西方七宿（西星座群）

奎宿はキトラ天文図では赤道内に大きく描かれた星座である。一六星の多くが菱形に屈曲した星座をつくる。淳祐天文図では一五星であるが星座の図形は同じである。西洋天文図のアンドロメダ座に相当する。奎宿の外側では赤道と黄道が交わる。婁・胃宿はキトラ天文図では三星でく字形に星を結んで星座をつくる。淳祐天文図でも同形の星座をつくる。

昴宿はキトラ天文図では七星で外に広がるコ字形に結んで星座をつくる。淳祐天文図では、六星で変形した四角に結んで星座をつくる。キトラ天文図とは異質である。西洋天文図のおうし座の両角の部分に相当する。畢宿もおうし座の一画の星座である。キトラ天文図では、九星でＹ字形に星を結んで星座をつくるが、このうち一星は付星である。淳祐天文図もキトラ天文図によく似ている。觜宿はキトラ天文図では参宿の上にあって三星で三角形に結ぶ。淳祐天文図も同じ星座の図形である。

参宿はキトラ天文図では、七星で台形を二つ合わせたような星座である。外側の台形内に三星があり伐である。淳祐天文図は台形には結ばれないが、キトラ天文図と同形の星図である。三ツ星の部分が赤道上に位置する。西洋天文図のオリオン座に相当する。

『史記』天官書は、参は白虎であるとする。西方七宿のうち觜・参宿で白虎をみたのである。

（6）南方七宿（南星座群）

井宿はキトラ天文図では、縦方向に四星ずつ二列に並ぶ星座である。淳祐天文図では、なかの二星が横に結ばれて井桁に形作る。西洋星座図のふたご座に相当し図形もよく似ている。鬼宿はキトラ天文図では四辺を結ぶ四星の星座である。この中央に積尸気《せきしき》とよばれる一星が位置する。淳祐天文図とはよく似ている。柳宿はキトラ天文図では七星で右側にまるめた形の星座をつくる。淳祐天文図も同形でよく似ている。西洋天文図ではうみへび座の頭部にあたる。うみへび座は柳・星・張をもって一体とする星座である。

星宿はキトラ天文図では赤道をまたいで縦方向に結ばれた星座である。淳祐天文図では、四星で菱形とこれより三星でL字形の星座を結び、キトラ天文図とは異質である。張宿はキトラ天文図では、四星を菱形に結び、それぞれ二つの頂点から左右に一星を伸ばす形の星座である。淳祐天文図も同形である。翼宿はキトラ天文図では、左右に平行して三列に並ぶ星座である。赤道を挟んで内規と外規の星座は、八星ずつ結ばれて同形である。中央の星座は、菱形に結ぶ四星と左右に一星ずつ伸びる形の星座である。赤道から外規にかけて大きく表現されている。淳祐天文図では、左右に長く複雑に結ばれた星座をつくり、キトラ天文図とは異質である。軫宿はキトラ天文図では、四星で四角形を結びなかに一星がおかれる。淳祐天文図とはよく似ているが中心の星はない。

『史記』天官書は、（シンボルは）朱鳥であり、権・衡の星宿（が代表）であるとするが、柳は鳥の口、張は鳥の食物の入るところ、翼は鳥の羽であるとして朱雀をみたのである。

以上がキトラ天文図の二十八宿の各星座である。あとの時代に観測された淳祐天文図と比較したが、星座図形がまったく一致しない室宿、星宿、翼宿などがあるものの、多くの星座はよく通じている。キトラ天文図と淳祐天文図は時間的な隔たりがあるが、いずれも観測された星座図が原図であれば当然なのかもしれない。

4　四神像と獣頭人身十二支像

キトラ古墳の石室側壁の四方には、四神とよばれる獣像（図8）と、獣頭人身十二支像（以下では十二支像と記す）が描かれている。四神像はこれまで多くの研究があり、詳細はこれらの諸論によられたい。ここでは星座と密接に関連する事柄について取りあげる。

四神像（東から青龍・玄武・白虎・朱雀の順序で記す）はすべて遺存し、十二支像は、石室の壁を伝って入り込ん

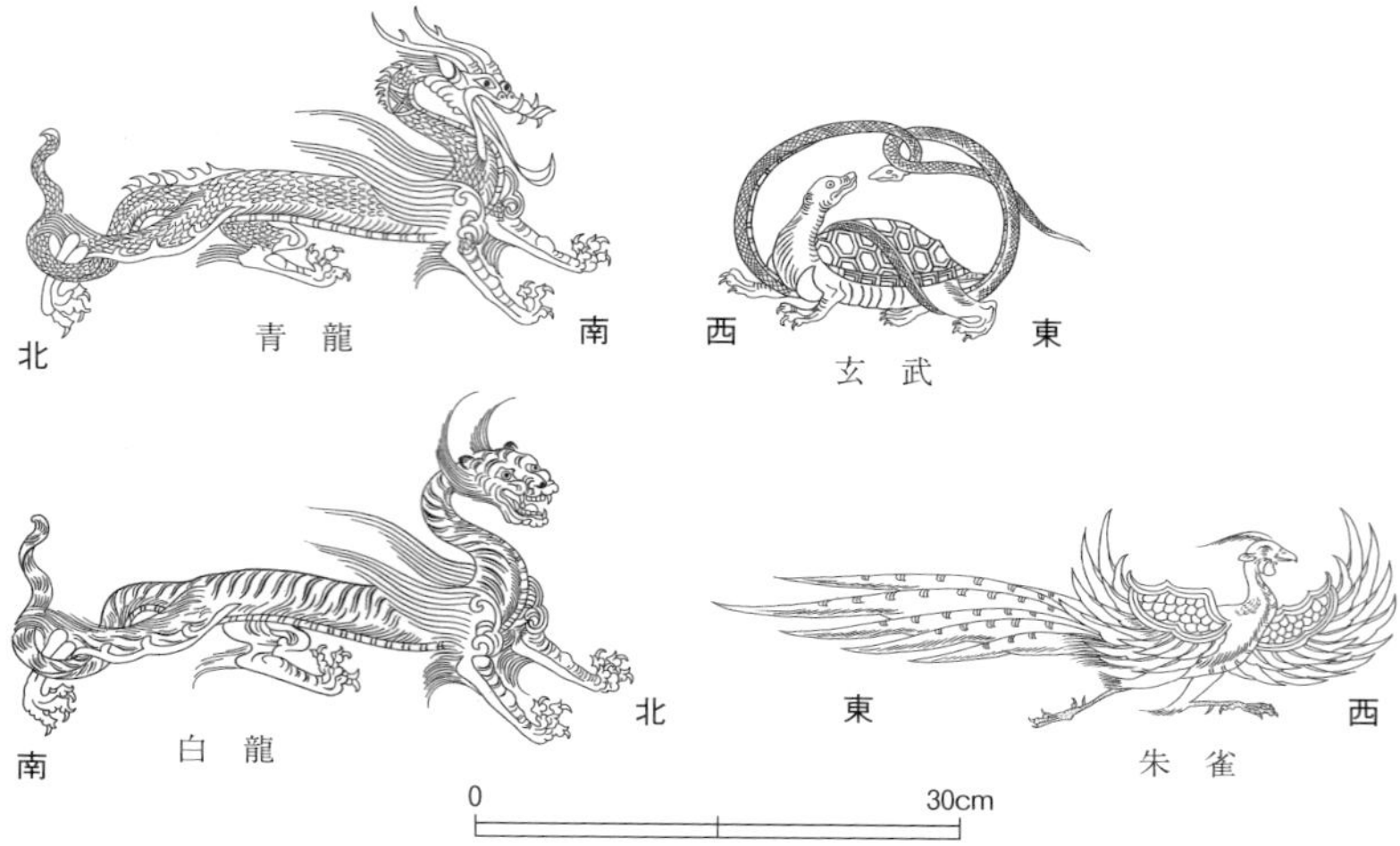

図8　キトラ古墳　四神図（東京国立博物館 2014、青龍の全体像は高松塚古墳の青龍から描きおこしたものである）

だ泥水などで消滅したものも少なくない。東壁は寅（遺存）、卯（消滅）、辰（消滅）、北壁は亥（部分的に遺存）、子（遺存）、丑（遺存）、西壁は申（消滅）、酉（消滅）、戌（部分的に遺存）、南壁は巳（消滅）、午（泥のなかに転写されて遺存）、未（消滅）の各壁面に三体ずつ描かれた。また、十二支像は、北壁の玄武の真下の子から、時計回りに丑へと各壁を一周し、最後に北壁の亥で終わる。

（1）東壁の青龍と十二支像（寅、卯、辰）

東壁の高さは南で一・一四メートル、南壁から北壁の間は床面で長さ二・三八メートルである。壁面の三分の二ほど泥が付着して、青龍は顔面と前肢を残すだけである。

青龍の顔面は、南壁から北へ九五・一センチ、前肢の右爪は、床面から七六センチの高さに描かれている。つまり壁面のほぼ中央で、床面から三分の二の位置にある。青龍の顔面は南を向き、目と口は大きく開けて赤く長い舌を出す。前肢は左右とも爪をみせて踏ん張る形をとる。頭部の角は生え際をみせる。青龍の姿は何かを威嚇するようである。青龍の真上には、内壁の斜面部に日像（太陽）が描かれている。

十二支像は、寅・卯・辰が描かれたが、寅だけを残して消滅していた。寅はほぼ原形を保っている。南壁から北に一・七三メートル、床面から四〇・二センチの位置である。つまり高さ方向では三分の一の位置で、壁面は三体を等分に配置するために、中央に一体と左右に六〇センチの間隔をおいて案分されたのである。

寅は体高一三・九センチと小さく描かれ、姿態は正面を向かずに、少し北を向く斜めの立像である。顔面は両目を見開き、口は大きく開けて牙をみせている。身体は襞のある服（長袍《ちょうほう》とよばれる裾広がりの服）をゆるめに着て腰部を帯で締めている。全体の色彩は薄墨色であろうが、V字形の襟と着物の裾は朱色でアクセントをつけている。左手は腰部にあてがい、右手に長柄の鉾をもつ。鉾先は鋭い剣菱形の切っ先を表現し、その下には椀形飾りと房飾りをつける。椀飾りから房にかけても朱色がみえる。

寅の描き方は、念紙を漆喰面にあて、その上をヘラで線を描いた凹線が全体によく観察されるので、天文図と同様の描き方である。

（2）北壁の玄武と十二支像（丑・子・亥）

北壁の高さは東で一・一五メートル、幅は床面で一・〇四メートルである。玄武は床面から七九センチの高さに描かれている。玄武の大きさは、左右二四・七センチ、高さ一四・九センチである。亀は東から西向きに歩くような姿態で、甲羅から蛇が絡みつく構図である。亀の首はがっしりと太く描かれるのに対して、蛇は全体に細身である。両獣は中央で互いに顔を合わせてにらみ合う。亀は耳の表現があり、甲羅は文字どおり亀甲紋をつないでいる。蛇は亀の身体をひと巻きする。亀の顔から身体にかけては、墨色の細線と黄色に彩色し、甲羅の亀甲文様は墨色と黄色、蛇は薄墨色と黄色である。蛇の模様の一部に緑青と赤色もみられる。亀の甲羅や身体の一部、爪の一部に念紙の上からなぞったヘラの痕跡がみられる。

玄武の下約二〇センチのところに、子が描かれその左（西）に亥、右（東）に丑が描かれている。亥は衣服の襟部分の朱色が確認されるだけで、全体の図像は失われている。子は顔が西を向き、尖った口元と、大きな耳の表現はネズミである。衣服表現は全身を表現するものの遺存状況が悪い。襟部分と裾に朱色を施す。子の前には朱色表現の二本の棒状のものがある。外側は朱色に塗られた鉤鑲（網干 一九七六）をもつ。丑は顔面が消失している。衣服も部分的に残り、襟は朱色を施す。右手には子と同形の朱色に塗られた武具をもつ。

（3）西壁の白虎と十二支像（申・酉・戌）

西壁は東壁とほぼ同じ大きさで、南の高さは一・一五メートル、幅は床面で一・〇四メートルである。白虎は北を向き、壁の高さ方向で約三分の二のところに描かれている。白虎の上方の斜め壁面に月像（月）が描かれている。白虎は胴体部分に泥水を被るものの、消滅するまでにはいたっていない。体長は前肢の爪先から後肢まで四一・七センチ、体高は二四・三センチである。ちなみに高松塚壁画の白虎の体高は四四・四センチあり、少し大きく描かれている。

白虎の顔面は大きく描かれ、持ち上げた上半身から胴体にかけては細身に表現されている。口は大きく開き上下の牙をみせ、赤く彩色された舌は下歯のところで巻き上がる。首から胴体にかけては虎斑紋を描いている。

尾は股間より右後ろ足に絡めて、尾端を真上に跳ね上げる。前肢はそろえて踏み込み、鋭い爪を三本出している。後肢は爪が三本で、左を前に、右をうしろ側に引く姿勢である。前・後肢の付け根には、朱色に塗られた蕨手状の雲気紋が描かれ、耳元や前・後肢には長い毛が描かれている。ことに前肢の付け根から胴体上方に伸びる毛は長く、高松塚壁画の青龍にある翼のようである。なお上半身の前側面から、胴の下部に連続する部分も朱色を塗る。また白虎の前肢の虎斑や爪、蕨手紋《わらびてもん》などにも、念紙の上をなぞったヘラの痕跡が確認できる。

西壁の十二支像には、申・酉・戌も描かれたはずであるが、前二者は消滅し、戌も衣服の襟元などを残すだけで全体像をみることはできない。

（4）南壁の朱雀と十二支像（巳・午・未）

南壁は西隅に大きな盗掘穴が開けられていたが、朱雀はほぼ完全な姿で残されていた。壁の高さは一・一五メートル、幅は床面で一・〇四メートルである。朱雀は床面から七八センチの高さのところに描かれている。

朱雀は西を向き、全体の表現は両方の羽を大きく開き、尾羽も広げ気味である。羽の間は三九・二センチ、風切羽の先端と足の爪間の高さは一五センチである。首を高くもたげて、後方に長く伸びる冠羽《かんう》と鋭い目、閉じられた嘴、耳状飾り羽（耳垂れ）、赤く塗られた二枚の肉垂れなどは大きく描かれて、まさに雄鳥の姿である。左肢は前で踏ん張る形、右肢は後方に伸びて足裏を返し掌《たなごころ》をみせている。羽の部分は雨覆《あまおおい》と翼羽《よくう》、風切《かざきり》羽が三重に丁寧に表現され、上方に羽ばたこうとしているようである。尾羽は五枚で羽に斑点模様が描かれている。

朱雀の色彩は、文字どおり足の部分以外は全体に薄く朱色を施す。網干と有賀は、飛び立とうとする姿であろうと観察した。山本忠尚は（二〇一〇）、画面には現れていない別の一羽と対面する姿（雌雄一対の朱雀）であろうと考えた。中国壁画墓の朱雀は、雌雄が基本であるという。しかし、キトラ古墳壁画には一羽しか描かれていない。原画がそうであったとしても作画にあたっての選択があったのであろう。

南壁の十二支像である巳・午・羊のうち、午を除いては消滅していた。午も調査時点では、漆喰壁にへばりついた泥に付着した状態で発見された。つまり午の絵は壁には残っておらず、図像が反転した形で泥の表面に付着したように確認されたのである。脆弱な泥であれば消えていたはずで、奇跡的としかいいようがない。

午の遺存部分は、顔面から首にかけて縦約一四センチ、横約八センチで下半身は失われていた。顔面は頭部から両耳と長い馬面を表現する。身体は朱色に塗られた長袍を着ている。右手には長柄の鉾をもち、切っ先は剣菱形をしてその下に椀を伏せたような房飾りをつけている。この飾り部分も朱色に塗られている。午の衣服や鉾飾りには、ヘラ押さえの痕跡が確認できる。

以上が、キトラ古墳壁画の四壁に描かれた四神と十二支像である。十二支像は高松塚壁画にはないモチーフである。これについて来村は（二〇〇八）、十二支像は上部に描かれた四神や天文図の二十八宿とみごとに呼応して、天地連携の秩序が出現しているといった。つまり十二支像によって、方位を表現したとみるのである。一方、山本は（二〇一〇）、中国では壁画に現された十二支像はほとんどなく、しかも立位の像は、当初は墓誌や俑に表現されたが、これらは七三〇年代にようやく出現したという。つまり十二支像は、キトラ古墳の築造年代より古い図像は中国では見当たらないといわれた。

5　キトラ古墳の日・月像

日・月像は、屋根型天井の斜面に描かれている。これは天井平坦面の端まで外規の朱線が書かれたために、日・月像を描くスペースがなくなったことに関係するのだろう。東斜面に日像《にっしょう》、西斜面に月像《げっしょう》が描かれた。各々は直径五・三センチの円形で、前者は金箔、後者は銀箔を貼る。円形の中心点は、内規や外規の中心点を東西に延長した軸線上に一致する。これは天文図を描く基準になる割付線を同じにして、日・月の割付を行ったのである。おそらく、壁画全体の割付の基準になっていると考えられる。

日像の下部には、横に八本の朱線が直線で描かれている。朱線は粗く二～五ミリの間隔を開けて、そのなかに三角形状のものを五か所に描いている。色彩を施されていたと推測されるが退色が著しい。

日像のなかに鳥を描いたとするのは、文化庁報告（『特別史跡キトラ古墳発掘調査報告』二〇〇八、以下『報告』と記述する）や来村である。『報告』は、日像中に黒い鳥の羽が認められるので、三本足の鳥を表現していたとする。一方来村は、残存部分にカラスの尻尾と左翼の先端がみえ、中国や高句麗の類例から、それが太陽に住むとされる三本足のカラスであることは間違いないと観察した。

『キトラ古墳壁画フォトマップ資料』（文化庁ほか 二〇一一）の実物大写真では、金箔表面が細かくひび割れたように荒れていることから、羽の先端らしき二条の黒線がわずかに認識できる程度である。

月像も円形表現で直径は日像と同じ五・三センチである。月像は銀箔を貼って表現する。月像下部には朱線が七本ほど認められ、その間には三角形状のものが描かれている。銀箔はほとんど失われ、『報告』ではそのなかの図像は失われたとする。これに対して来村は、カエルや兎の足の一部、台の一部、樹木の根などを観察している。『キトラ古墳壁画フォトマップ資料』をみる限り、どの部分を図像の一部として有効であるか確認することは難しい。

来村の指摘のように、日像の一部にでも烏の羽が確認できれば、古代中国の日・月像内の定形のデザインである、太陽には三足烏、月には蟾蜍《せんじょ》と仙薬を搗く兎、そして桂樹が描かれていたと想定できよう。

6　キトラ天文図の特徴

キトラ古墳壁画は、天文図と四神（青龍・玄武・白虎・朱雀）および、方位を象徴する十二支像である。このうち天文図の特徴を、おもに星の表現について例記する。

①内規や赤道・外規・黄道などの円は、コンパス様の器具で描かれた。星は、念紙とヘラ状の器具で円形のあたりがつけられ、その上に金箔を貼ることで表現された。星と星は朱線でつなぎ星座が表現された。

②日・月を表現するために金銀箔を貼り、その下に雲と山岳を表現する。

③星の描き方は、下記のとおりである。まず内規・外規など四つの円を描く。次に星と星をつなぐ線を下書きする。次に星の下書きの上に金箔を貼って、金箔を朱線で結ぶのである。

④キトラ天文図は、円形図のなかに星座を配置する円形星図である。中国の天文図は、内規から外規に向かって赤径線を引き外規の外縁に宿を表示するが、キトラ天文図では赤径線や宿は省略されている。したがって分野説を示す天文図ではない。

⑤内規には天帝の居処である天極星と北極五星のほか、北斗七星や紫微垣などの星座が限定的に描かれている。

⑥星数は現状では三五〇星を数え、直径九ミリ（三星）の星と、直径六ミリの星で表現される。

⑦中国の現存する淳祐天文図と、キトラ天文図を比較したが、星図形の一致する星座が多い。わが国には中国から招来された天文図があり、壁画制作に際してはこの原図から忠実に写し取ったのであろう。しかし、もとの星座をすべて描いたわけではないだろう。そのなかでも、内規の天極星とその周囲にある二十八宿を中心とした星座を選択的に描いたと理解できる。

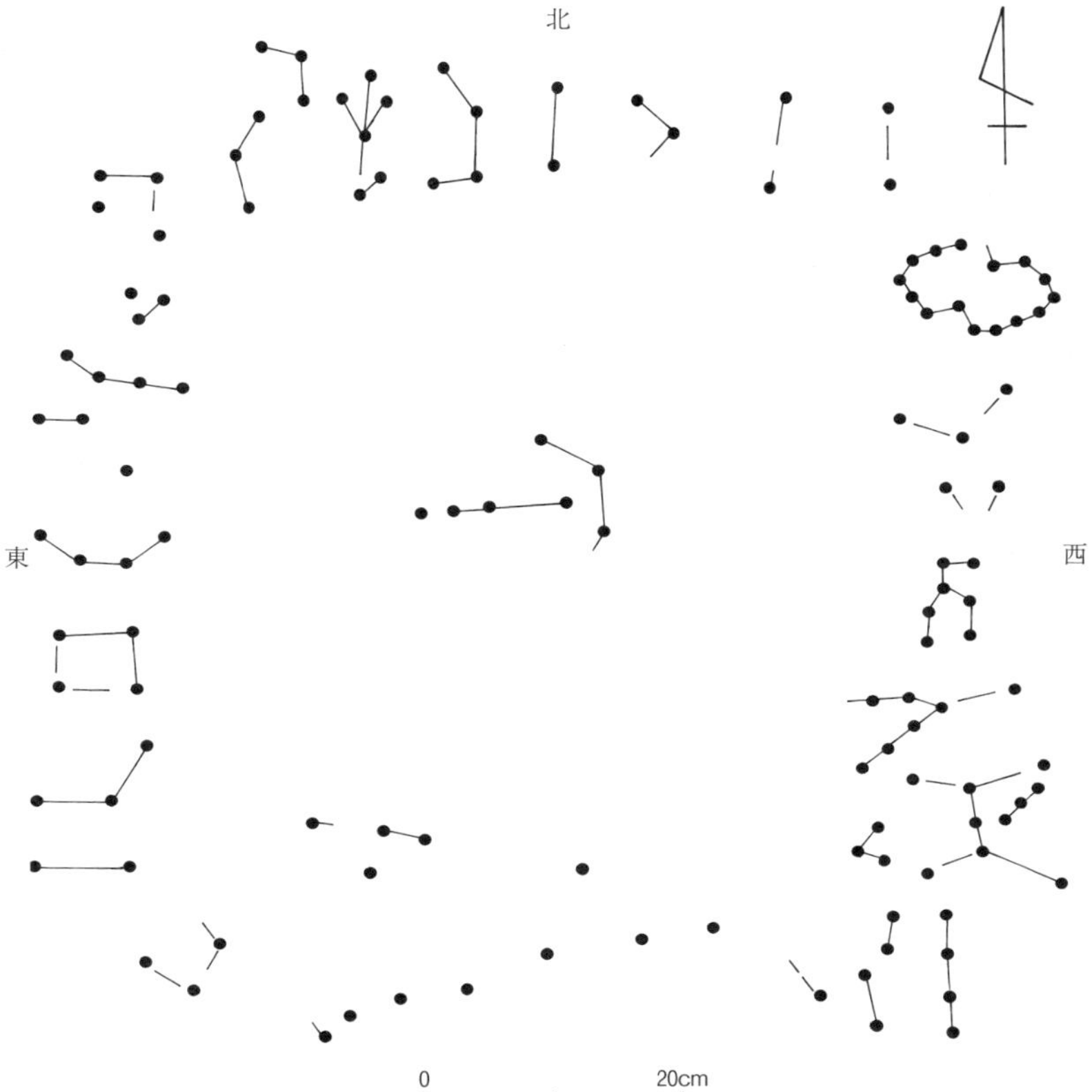

図9　高松塚古墳　星宿図（奈良文化財研究所 2016 一部改変）

二　高松塚古墳

高松塚古墳は、宮内庁の管理する文武天皇陵付近から、西に延びた丘陵がく字形に屈曲した頂部の南斜面を造成して築いている。このような古墳の立地はキトラ古墳と同じである。墳丘盛土は丁寧な版築を用いている。墳丘は背後に堀をもつ二段築成の円墳で、下段部直径二三メートル、上段部直径一七・七メートルで周壕がめぐる。高さは南から計測すれば八・五メートル以上あり、北の溝からは三・六メートルである。墳丘規模はキトラ古墳に比較すればひと回り大きい。

石室は墳頂から約三メートルの位置にあり、凝灰岩の切石を一五枚で組み合わせた横口式石槨を埋葬施設とする。石室の主軸方位は南北にあるが、西に一・六度振れている。

石室の規模（内法）は、南から北への奥行きが二・六五メートル、幅一・〇三メートル、高さ一・一三メートルである。石室は各部で微妙に計測値が異なる。これは古墳が築造されたあとの地震による影響である。壁面全体は床面を含めて漆喰が塗られ、四面の側壁と天井に壁画が描かれたのはキトラ古墳と同じである。

天文図の描かれた天井は均一な平面で、南壁から九二センチと、北壁から九四センチの間に描かれている。北極五星の描かれた部分は、天井部の中心点に一致する。天文図の表現は、キトラ天文図は円形星図であるのに対して、高松塚天文図は、中央に北極五星などを配置し、その周囲四辺に星座群を配置した方形の星宿図である。日・月は天井には描かれず、日像は東壁、月像は西壁の各々中央に配置された。このような日・月像の配置もキトラ天文図とは相違する。

1　高松塚古墳の天文図

高松塚天文図（図9）は、石室天井の中央と東西南北の四辺に分けて描かれている。以下では、中央と東から反時計回りに北・西・南の順序で説明を行う。この方位観は藪内の以下の説明（一九七五）によるものである。中国では赤道近くに、天を一周して二十八宿の星座を選び、それを二十八宿とよんだ五行説に従って、天の北極付近を中央とおよび、二十八宿を七宿ずつ東北西南の四方に分けることが古くから行われていた。

星座の観察は、①『壁画古墳高松塚─中間報告─』（奈良県教育委員会　一九七二）、②『国宝高松塚古墳壁画』（文

化庁 二〇〇四)、③『高松塚古墳壁画フォトマップ資料』(奈良文化財研究所 二〇一一)を利用した。①の天文図の写真全体図は縮尺不同である。②は原寸の七〇パーセント全体図と部分的な星の拡大写真(原寸大も含む)を掲載する。③は十分の一の縮尺写真で統一されている。このため観察は主に②を利用する。

星の表現は、まず星の下書き円を書き、その後、直径八ミリの金箔を貼った。星間を結ぶ朱線は最後である。キトラ天文図にみられた単独星はなく、金箔の大小の違いもない。星数は現状では一一八星(③による)を数える。中央の星座群では天極星は剝落で確認できない。北極五星(四星が残り朱線で結ぶ)と四輔(一星が残る)だけである。キトラ天文図では、内規に天極星を中心にして二つの紫微垣と北極五星、北斗、文昌、八穀などが描かれたのと対照的である。

天極の周囲には、東・北・西・南に直線状にその方位に特徴的な星座を宿として選定し、各七星座ずつ配置した。一見すれば非常にシンプルな天文図で天極と二十八宿に限定している。このような天文図に込められた意図とは何か。あるいはキトラ天文図との違いはどこに原因があるのか。改めて後述したい。

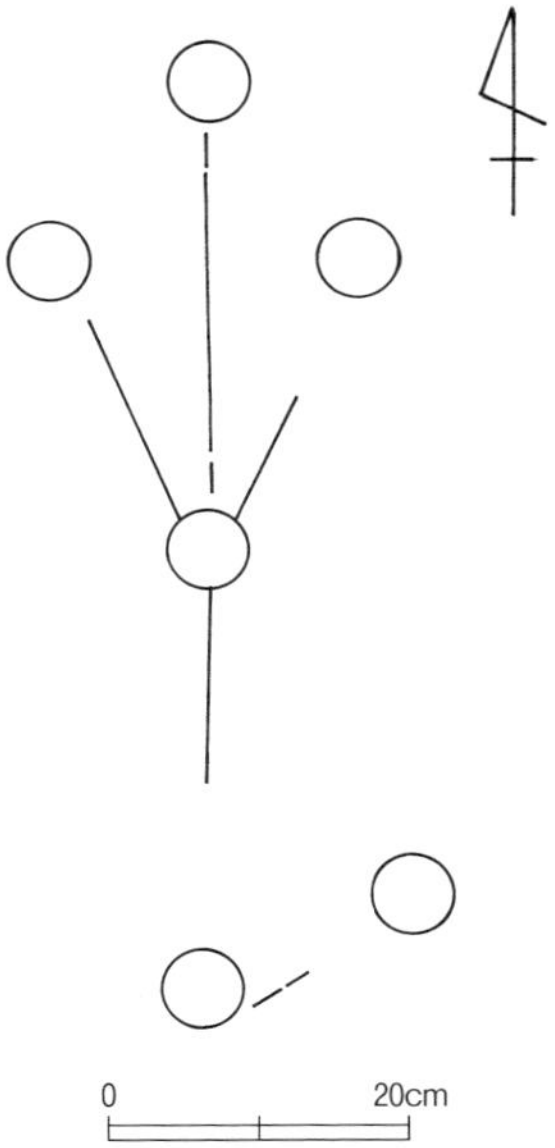

図10　高松塚古墳　北星座群牛宿(文化庁 2004 トレース)

高松塚天文図の星の表現について、来村は(二〇〇八)、星の金箔が剝がれ落ちた箇所も朱線が続いていると指摘する。つまりキトラ天文図の場合と違い、高松塚天文図はいきなり朱線で星座を描いたあと金箔を貼り付け、念紙による壁面へのあたりの省略を考えたのである。

しかし原図から起こした下絵(念紙)なし

で、星座を正確に描くことなどできるだろうか。②資料の拡大写真で検討したい。まず②資料図版八六の西星座群をみると、金箔の周囲に沿って凹線の溝を確認することができる。撮影時のライティングによって溝が明瞭に浮かび上がったのだろうが、この一か所にとどまらず同じような凹線がいくつもみられて、これらは念紙の上をヘラでなぞった痕跡なのである。

②資料図版八八（図10）の北星座群の拡大写真は、金箔がはがれて墨線だけが円形に残っている。朱線はこの墨線にあたってはいるものの、円形の内側までのびて交叉するような線引きはみられない。来村の想定では、この星の部分は三本の朱線が円形内で一つの点になっていなければならない。この交点が金箔を貼るあたりになるからである。しかし、朱線が円形内まで引かれていないのは、②資料図版八四や八五、八六などでもみられる。つまり星をつなぐ朱線は、金箔を貼ったあとに引かれたことを示す。以上のような観察で、高松塚天文図の星の描き方はキトラ天文図と違う手法が用いられたことが判明した。

2　北極五星と二十八宿

高松塚古墳の調査後、同古墳の天文図についていち早く解説した熊田忠亮（一九七二）作成の二十八宿の各星座と西洋の星座名の対応表は興味を引くものであった。二十八宿はキトラ天文図のものと基本的に同じであり、ここでは西洋の星座との対応関係をみる。

（1）天極星と北極五星（中央星座群）

天極星は星座図の中央付近にあるのが本来である。位置的には北極五星の紐星と后星の南側である。この部分は漆喰の剝離がないため、金箔本体が剝落したのだろう。北極五星の后星も剝落している。北極五星は太子・帝・庶子・后宮（剝落）・紐星が直線状に並び、その傍らの四輔（紫微垣）は、北極五星をコ字形に囲む星図（二星剝落）である。これらは、中国皇帝の居処とされた紫微垣のなかに収まり、ここが天極の中央であることを示す。ただキトラ天文図に存在した北斗七星は星宿に含まれないため省略されている。また帝は西洋天文図では小熊座β星にあたる。

（2）東方七宿（東星座群）

角・亢宿でおとめ座に相当し、女神の両翼の星座に一致するのだろう。角宿の距星は一等星のスピカで左の星になる。氐宿はてんびん座に相当する。ややいびつなコ字形に開くが、氐宿は四辺を閉じる星図である。房・心・尾宿は西洋天文図ではさそり座を構成する。房宿が頭部、心宿が体部、尾宿が尾部に相当する。キトラ天文図とは星図としては一致するものの、高松塚天文図では各々が横に配列されたために星図は一致しない。箕宿は東星座群と北星座群のどちらに属するか意見が分かれている。しかし東西南北の四辺に七星座を配置するという原則に立てば、箕宿は東星座群に属し、いて座の一部に相当する。

（3）北方七宿（北星座群）

斗宿は六星で柄杓形に星を結ぶ星座である。北斗に対して南斗とよばれて、西洋星座ではいて座と結ばれる。牛宿は花びらが開いたように六星で星座をつくる。やぎ座に相当するが、この星座は逆三角形に結ばれているので、牛宿の図形とは異質である。

次に女・虚・危宿でみずがめ座からこうま座、ペガスス座に相当する。虚宿は二星を結び、女・危宿も三星を結ぶだけの単純な星座で、西洋星座の図形とは一致しない。室・壁宿もそれぞれ二星を結ぶ単純な星座である。並行する二辺を四角形に結ぶと、ペガスス座に相当し、大四辺形を構成する星座である。秋の代表的な星座で北極星を見つけ出す指標ともなる。また西洋天文図では壁宿の一星は西星座群の奎宿の一つでもある。

（4）西方七宿（西星座群）

奎宿は北西隅にあり十五星を二つの菱形として結んだ星図である。残り方も良好で星が集合していることが知られる。アンドロメダ座に相当するが、人間の頭部と四肢をつくる星座であるので、奎宿の図形とは異質である。ところが、ボーデの古星図（藤井 二〇〇二）は、アンドロメダ姫の身体を取り巻くように星々がちりばめられて、奎宿の星図によく似るのである。ここはアンドロメダの大銀河M31などが存在し、古代中国でも星々の集中するところとして観測されたのだろう。

婁・胃宿はともに三星をく字形に結ぶ星座である。おひつじ座に相当し、両角と尾を結ぶ単純な図形である。ただ中国の天文図のように二つに分ける要素はない。昴宿は七星を結ぶ星座で、すばる星としてわが国でも古来からよく知られた星座である。おうし座プレアデス星団に相当し、牛の上半身から両角を結ぶので奎宿の星図とは異質である。畢宿は八星でY字形に結ばれた星座である。ここもおうし座に相当する。

觜・参宿のうち、觜宿は参宿のうちにあり三星を三角に結ぶ。参宿は七星でH字形に結ぶ星座である。H形の内に伐とよばれる三つ星が入る。西洋天文図では、觜宿と参宿でオリオン座に相当し、中国の星図とほぼ同じ線を結ぶ。冬の星座の代表で、わが国でもオリオン座を鼓星とよび、オリオンの右肩（ベテルギウス）を平家星、左足先（リゲル）を源氏星に見立てた標識的な星座である。

（5）南方七宿（南星座群）

井宿は四星が一列に結ばれて並行する星座である。ふたご座に相当し二人の兄弟を貫く形で星々をつなぎ、頭部で並行する二本をつなぐ図形である。冬の時期には、オリオン座とふたご座にかけて流星群が定期的に出現することで知られる。

南星座群は井宿より東側の遺存状況が悪い。このため二十八宿名と対応する西洋星座名を示しておく。鬼宿（かに座）、柳・星・張宿（うみへび座）、翼宿（コップ座）、軫宿（からす座）である。柳・星・張宿は南星座群のほぼ中央を占拠するように、うみへび座の頭から尾まで長く伸びた星図である。

以上、西洋天文図の星座の図形に一致するものがいくつも見出されることがわかった。氐宿―てんびん座、斗―南斗六星、奎宿―アンドロメダ座、昴宿―スバル座、觜・参宿―オリオン座、井宿―ふたご座などは、星の数が多く複雑な星座であるにもかかわらず、多くの一致点が見出された。

ところが、星座図形に関して専門家からはいくつかの疑問が示されている。藪内は（一九七五）、淳祐天文図と比較すると、東方では星座の向きが似ているが、西方では、たとえば婁、胃、昴の向きが逆になっていると指摘する。宮島は（二〇〇一）、觜と参の関係について、觜宿（オリオン座の顔）は実際の位置関係と同じく、参宿（オリオン座の胴）より内側に描かれているが、それらと伐（オリオン座の剣。これは二十八宿には属さないが、参宿とセットで描かれている）と合わせた星の配列は、裏返しであるという。このような星図の逆転は、画工が壁面に対して念紙を裏返したときに発生したのであろうとする。しかし、念紙は一枚ものであっただろうから、部分的な逆転などは生じないだろう。

3　二十八宿と四神

東西南北の四辺に配当された星座群と、青龍・玄武・白虎・朱雀の図像の対応について、林巳奈夫は（一九八七）、各七宿のなかの限定された宿に四神をあて、四神とは、天の四方の星座を代表する星について想像された動物であるという（図11）。『史記』天官書に記すように、東方の青龍はさそり座の尾の巻き上がった龍に、南方の朱雀はうみへび座、コップ座の辺の小さい星の翼を広げた鳳凰（朱雀）に、西方の白虎はオリオン座の目立った星を上からみた虎に、玄武は子馬座のα（アルファ）、みずがめ座β（ベータ）、α、ペガスス座のθ（シータ）、ε（イプシロン）をつないだ形を亀の甲に見立てたという。

林は『説文解字』を引いて（一九九三）、龍は鱗のある動物の長であるとする。春分になれば天に登り、秋分には淵に潜む動物であるという。つまり古代中国では、青龍は魚族の長として天と地を一年に一回往復する動物であると考えたのである。

玄武が、亀と蛇が絡んでいる図像であるのは、漢代には亀に雄がなく、蛇をその雄とするという考えがあったから、亀の雌雄の絡み合う姿があらわされたと指摘されている（林　一九七三）。陰陽和合の象徴的な動物形で表現された四神は、二十八宿のなかの特定された星座に観想した姿なのである。

（1）東壁の青龍

東壁の高さは南で一・一メートル、幅は床面で一・〇三メートルである。青龍は東壁のほぼ中央に描かれ、顔面を南に向ける側面像として描かれている。青龍は高さ三〇・二センチ、幅四〇・七センチあり、真上には日像とその南に男子群像、北には女子群像が描かれている。

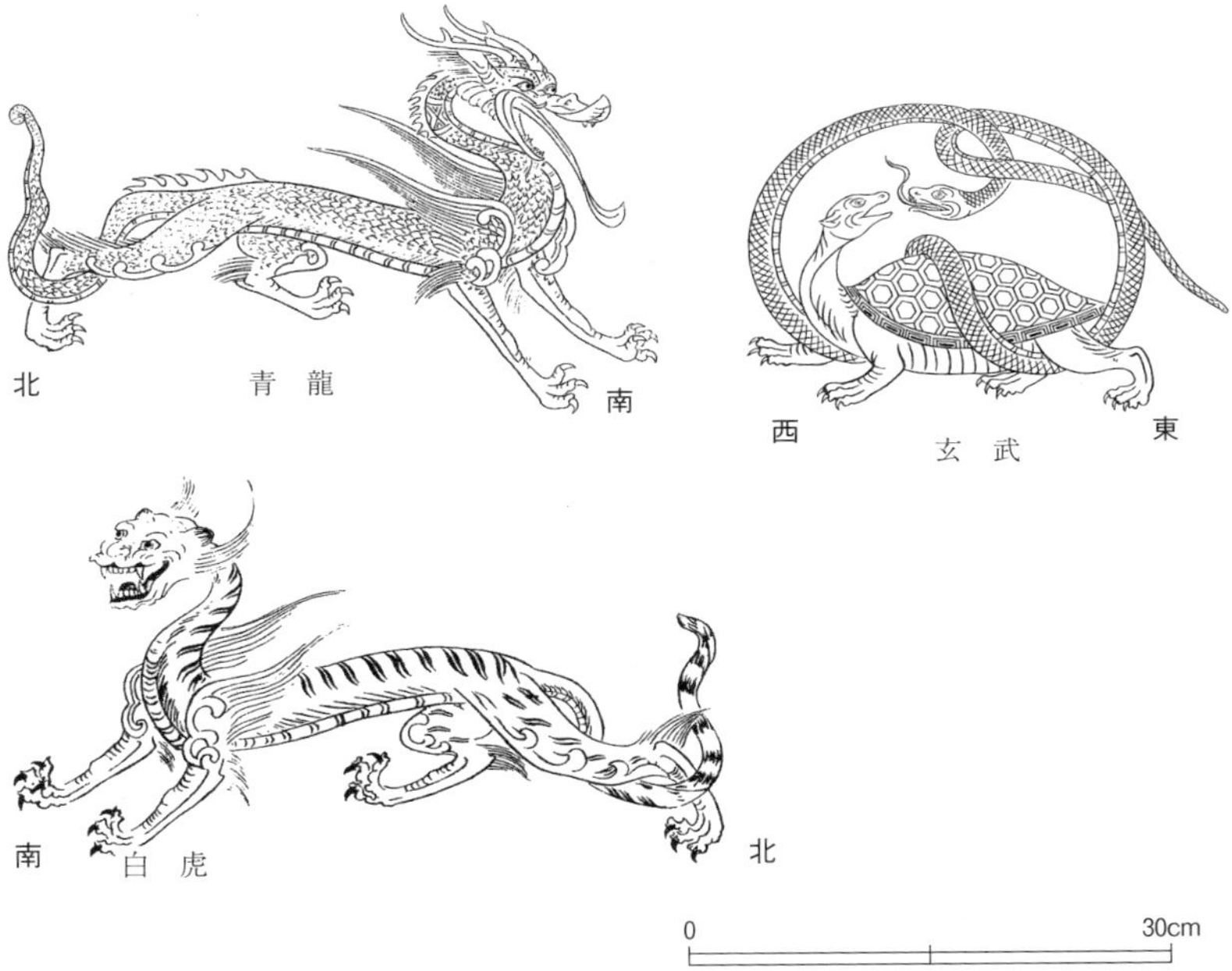

図11　高松塚古墳　四神図（明日香村教育委員会 2009）

青龍は大きく口を開けて長い舌を出し、首はS字状に胸まで屈曲する。胴部は細身に描かれ、尾は股間を通して左後肢に絡めて跳ね上げる。うなじと尾の付け根あたりには、赤く塗られた背びれのような突起物が描かれている。頭部には鹿角のように二本の白い角をはやし、首の外側にはうしろに長くたなびく両翼と、斜め十字の首飾り様のものをつけている。四肢の表現は、前肢は前に突き出して、爪は左肢が四本と右肢は三本で鉤形状に鋭く尖る。彩色は赤く塗られ、胴体には緑色に塗られた小判様の鱗が、鎧をまとうように全身に描かれている。

首にある斜め十字の文様を帯状首飾りであると指摘した山本忠尚は（二〇一〇）、この模様をもつ青龍は、尾が後肢に絡まる図像が多いという。

龍の首飾りであれば、天にあって龍を御す

るのは何ものなのであろう。林は『説苑』の興味深い話を引く（一九九三）。

昔、白龍が清冷という所の淵にくだり、魚に化けた。漁師が弓で射て目に命中させた。白龍は天に昇って天帝に訴えた。天帝は言った。そのときお前はどこにいたのだ、と。白龍は言った。私は清冷にくだって化けて魚になっていました。天帝は言った。魚は本来人の射るものだ、射た者に何の罪があろうか、と。

ここでいわれるのは白龍なのだが、この龍は天帝のところに居るものであり、天地を行き来して淵に降れば魚になったのである。このような説話から、首飾りをもって龍を制御するのは天帝であるといえる。

（2）北壁の玄武

北壁は東の高さは一・一三メートル、幅は床面で一・〇三メートルである。壁のほぼ中央に亀と蛇の合体した玄武が描かれているが、玄武の画面中央付近は削られて亀と蛇の顔面は失われている。亀の四肢は西を向いて歩行するようで、前肢は三本の鋭い爪をみせる。甲羅は一部残るだけである。亀に絡まる蛇の姿も、楕円に取り巻いて後方に伸びる尾が残る。キトラ壁画に描かれた玄武と、高松塚壁画の構図はほぼ同じであるが、大きさに違いがあり、前者は幅（亀の前肢から尾端まで）二四・七センチであるのに対して、後者は三〇・一センチである。高さも（亀の後肢から蛇体部まで）前者は一四・九センチであるのに対して、後者は二〇・二センチである。絡まる蛇が緑色であるのに対して、亀の四肢と甲羅の亀甲紋は墨色である。

（3）西壁の白虎

西壁は北の高さが一・一三メートル、幅は床面で一・〇二メートルである。白虎は西壁のほぼ中央に描かれているが、直上には月像、南には男子群像、北には女子群像が描かれている。

白虎は南を向く姿でキトラ壁画の白虎とは向きを異にする。一部の欠損を除いてよく残っていたが、壁面へのカビの発生以降は劣化した部分もある。キトラ壁画の白虎と基本的には一致する。

4　青龍と白虎の描き方の共通性

青龍と白虎は図像としてはまったく別物であるが、顔面や胴部の形、あるいは四肢などの形はよく似ている。画像処理された成果をみると（坂田ほか　一九九二）、青龍と白虎は顔面や胴体、四肢などが重なりあって一致するという。これは二つの動物に共通するパーツを組み合わせて、一つの図像を作成したことになる。もちろん青龍や白虎に特有の表現が描かれたことはいうまでもない。このような共通するパーツの組み合わせは、青龍・白虎に限ったことではなく、男女の顔面部分についても同様の技法が指摘された。

共通する下絵の部分図と念紙の存在、あるいは下絵の縁をなぞってあたりをつける技法などが、狭い石室内で効率よく短時間に壁画を描いた技術的な下地なのだろう。

5　高松塚古墳の日・月像

東壁の青龍の真上には日像、西壁の白虎の真上には月像がそれぞれ描かれている。日像は一部を残して削り取られているものの、直径約七センチの円形の金箔が貼られた。月像は直径七・三センチの円形の銀箔が貼られ、東西の対面する壁に対して、太陽と月を象徴する陰陽の世界観を表現したのである。

日・月像の下部には、細い朱線が横方向に幾筋も入れられ、これは雲を象徴するといわれる。その合間には山岳を象徴する三角の山形を描いている。山岳は緑と青色で塗り分けられている。キトラ壁画の山岳表現も三角形状を呈する。

朱線の描き方について、直線定規を使って平行線を引いたと想定されたが（来村 二〇〇八）、模写を担当した方からはフリーハンドで描いたことを示唆された（二〇一三年十月二十四日、今井珠泉氏の教示による）。

6　高松塚天文図における星の表現―キトラ天文図との違い―

高松塚天文図では、星は念紙の使用であたりをつけ、その上に金箔を貼り、その後に星と星は朱線でつないで星座とされた。

キトラ天文図は四本の円を描いて星座を配置する円形星図であるのに対して、高松塚天文図は二十八宿を直線状に七宿ずつ東西南北に配置した方形星図である。中心の星座と四辺に配置された二十八宿の図形は、『晋書』天文志の説明するところであるが、現在では高松塚天文図より古い方形星図は見つかっていない。

高松塚天文図の星数は現状では一一八星を数える。キトラ天文図の半数にも満たない。星の大小の区別はなく、直径八ミリの大きさに統一されている。

高松塚天文図の二十八宿の中心には、天極星は欠落しているが北極五星と四輔が描かれている。したがって、この星図は天極を強く意識しているといえよう。

三　星と日・月を表現する金銀箔

キトラ・高松塚天文図で共通する素材として使用されたのが、星と日・月を表現する金銀箔である（ただし銀箔は月像のみの使用である）。

まず金銀箔の基本的な事項について金箔を例示して整理しておきたい。承知のように金という金属の性質は、いつまでも錆びずに黄金色に輝くという点である。このため古今東西をとわず貴金属として特別視された。銀が年月が経過すると黒く変色することと好対照である。また、銀にも共通する性質であるが、展延性に優れていることから、きわめて薄く延ばすことが可能である。

金は一グラムあたり数平方メートル、長さでは約三千メートルまで延ばすことができるという。銀は一グラムで約二千二百メートルである。また、銀も金につぐ展延性をもった金属である。現代の金箔の製造工程は北川和夫（一九八六）によると以下のようである。

①箔打ちの前段階は、「延べ（ノベ）」とよばれる約五五ミリ角の金の薄板（厚さ〇・〇四ミリ）を澄打紙《ずみうちかみ》に交互に数百枚重ねて打つ。澄打紙とは楮《こうぞ》と稲藁を原料とした特殊な紙である。

②「延べ」から打たれた金の薄板から、厚さ〇・〇〇三ミリの「澄《ずみ》」と称される箔ができる。北川はこの段階で箔という言葉を使用する。しかし、箔打ちはさらに次の工程がある。

③澄を五五ミリ角に切断し、箔打紙と交互に一六〇〇枚ほど重ねて、最終的には約〇・〇〇〇三ミリの厚さに仕上げられる。これが金箔として製品化されるのである。もちろん北川がいうように、この箔は製箔機械によるもので、

古代では延ばしうる箔の厚みに限界があったことはいうまでもない。

ちなみに現在日常的に使用するアルミ箔の厚みは、〇・〇一五～〇・〇二ミリが標準的なものである。①の「延べ」に近い薄板段階に相当する厚みである。

製品化された金箔は、金九四・四パーセント、銀四・九パーセント、銅〇・七パーセントが標準である。合金元素を添加する理由は、ごく薄い箔にしても黄金の色調を低下させないためと、箔打紙への箔の付着を低減させるためであるという。したがって、純度の高い金は薄く延びるほど加工が困難になるという。高松塚古墳の金箔の組成は、金九八・二パーセント、銀一・八パーセントであり金の純度が高い。厚みについては計測値の報告はなく、どのような技術水準であったのか検討ができない。

次に日本と中国、朝鮮半島の古墳における金銀箔の使用をみることにする。

1　日本の古墳で使用された金箔

名　称	種　類	使用実態	年　代
①キトラ古墳	金・銀箔	星・日・月	七世紀末葉～八世紀
②高松塚古墳	同	同	同
③石のカラト古墳	金箔片	用途不明	同

この三例は、石室の断面構造などを考慮すると、①・③→②の築造順序が推定される。③は奈良市の郊外にある古墳で、平城京に遷都した七一〇年以降に築造されたとの見解もあり、石室構造のみで築造年代を決めるのは容易では

ない。③から出土したのは金箔片であるため、本来どのように使用されたのか不詳である（金子 二〇〇五）。これら三基の古墳は、七世紀末から八世紀にかけて、時期の隔たらない築造である。高松塚古墳では、星や日像以外にも木製の棺台の表面に金箔を使用した（岡林 二〇一一）。

古墳以外では、明日香村に所在する飛鳥池遺跡から金箔片と金の粒、銀片、銀の針などが出土したが、銀箔は出土していない。この遺跡から金・銀のルツボも出土し、また方鉛鉱（金・銀を含有）も出土したことから、金・銀の製錬と精錬、箔の製造まで一貫した工房であることがわかる（松村 二〇〇〇）。

同工房の操業は、天武七年（六七八）―持統八年（六九四）ごろまでであり、それ以降は藤原京に移動したという（奈良文化財研究所 二〇〇七）。キトラ・高松塚古墳で使用された金銀箔は、藤原京内の工房で製作されたものなのだろうか。

檜隈寺跡（七世紀末）周辺遺跡の調査では（長谷川 二〇一四）、銀坩堝が銅坩堝とともに出土した。この遺跡は檜隈寺所用の工房であろう。

2　中国の墳墓で使用された金銀箔

名称	種類	使用実態	年代
①懿徳太子墓	金箔	三足烏・蟾蜍を描く	七〇六年
②章懐太子妃房氏墓	金銀箔	星座	七一一年
③銭寛墓	金箔	星座	九〇〇年

中国において天文図が墓の内部に最初に描かれた事例は、西安市の西安交通大学付属小学校の構内で確認された前漢後期（紀元前一世紀〜紀元前後）の墓である（李　一九九二）。次章で詳しく触れるが、アーチ形の天井に二重の同心円が描かれ、星は白円で表現されたのが初期の星座表現である。この時期以降の事例は、汪勃によれば（二〇〇二）、唐代以降も長く描かれた。金箔の使用は①までまたなければならない。日・月のなかに三足烏と蟾蜍を金箔で表現したものであるが、星には用いていない。②で興味深いのは、章懐太子墓は七〇六年に築造されたが、このときは前室と後室の天井に、銀灰色の下地の上に石灰で星が描かれた点である。ところが、七一一年に死去した章懐太子妃が合葬された際に、後室の天井の星座に金銀箔を貼り付けて改変したという（汪　二〇〇二）。これは、星が石灰の白から金銀箔へと変化したことを示す事例である。しかし、これ以降の金箔使用による星座表現は、③の年代まで途絶えている。

3　朝鮮半島の古墳で使用された金箔

名称・地域	種類	使用実態	年代
①真坡里四号墳（高句麗）	金箔	星座	六世紀後半
②西上塚（百済陵山里古墳群）	金箔片	不明	六世紀中〜七世紀中ごろ
③陵山里七号墳	同	同	同
④　同　東四号墳	同	同	同

高句麗の古墳で天文図を描くのは二一基を数え、築造は四世紀から七世紀初頭までという（汪　二〇〇二）。

高句麗の天文図については章を改めるが、金箔表現は①の真坡里四号墳でみられる（小泉 一九八六）。陵山里古墳群は、百済の王都が熊津から泗沘に遷都した期間（五三八—六六〇年）に築造された王墓で、②から④まで出土している（東・田中 一九八九）。しかし、調査が古く、金箔がどのような用途で使用されたのか不詳である。

以上がわが国と中国、朝鮮半島において、金銀箔で表現された天文図である。このなかで、抜きんでて古い使用例が高句麗の真坡里四号墳である。内容は後述するがこの一例にとどまる。このあと、約一世紀の空白期間があり、中国の①・③とわが国の二例となり、中国と日本はほぼ同時期の使用である。

次章ではわが国の天文図のもとになった、中国壁画墓の天文図を検討したい。このことで、中国では天文図がどのように描かれ、それがわが国にどのように影響し、壁画古墳の天文図の成立を促したのか検討する材料としたい。

第二章　中国壁画墓に描かれた天文図

これまでのキトラ・高松塚天文図の研究は、天文学の研究者により進められて多くの成果が蓄積された。資料の特殊性が反映しているのだろう。中国の天文図との比較資料として淳祐天文図（一〇七八―八五年の間に観測された星図）や、天象列次分野之図（朝鮮半島に残る星図で一三九六年石刻）が資料とされてきた。考古学の分野では、網干善教（一九九九）や来村多加史（二〇〇八）、最近では、飛鳥資料館の特別展（二〇一一、二〇一五）でも右記の天文図を資料とした。このような研究傾向のなか、汪勃（二〇〇二）は高句麗と中国の壁画墓の天文図を資料とした。第Ⅱ部第一章では、キトラ・高松塚天文図と淳祐天文図や西洋天文図の星座の比較を行ったが、改めて中国の墳墓内に描かれた天文図の特徴を把握したい。

ただし、中国の天文図のなかで画像石や磚、木板などに描かれた星座図は部分的であることから省略した。また銭寛墓（九〇〇年）以降の資料も割愛した。

天文図の描かれた壁画墓は、前漢後期から唐代まで継続するものの、三国期から十六国期の間は資料的には断絶する。これは墓に天文図が描かれないのか、報告がないためなのか判然としない。五〇〇年以降は北魏、北斉の時期を

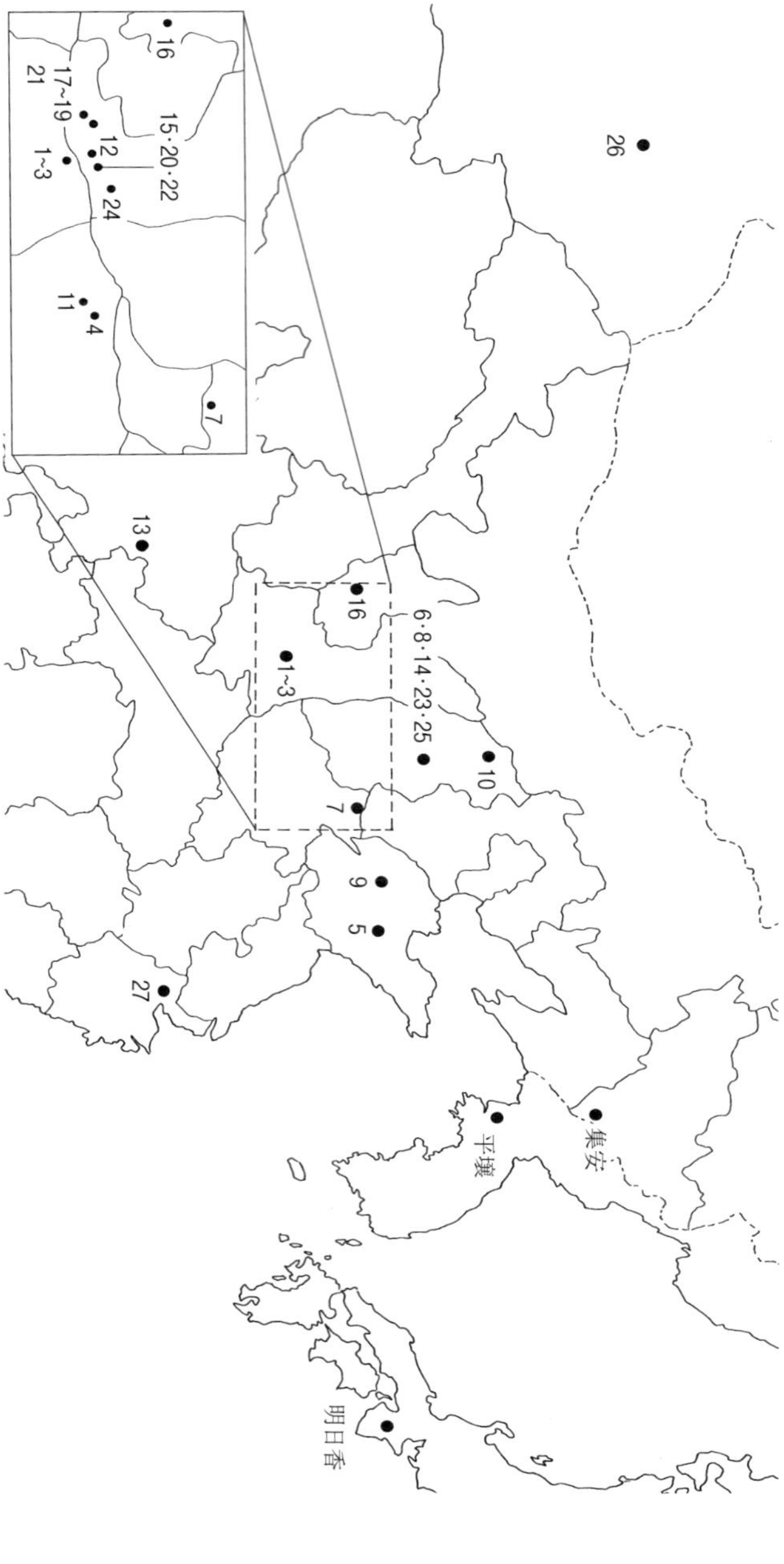

図12　中国壁画墓　天文図の分布（番号は表6に対応する）

表6　天文図を描く中国壁画墓

	遺跡名	埋葬年代	墓主	所在地
1	西安交通大学墓	前漢後期	—	陝西・西安市
2	西安翠竹園墓	100年代	—	〃・〃
3	郝灘墓	200年代	—	〃・〃
4	元叉墓	526年	江陽王元叉	河南・洛陽市
5	崔芬墓	551年	崔芬	山東・臨朐県
6	九原崗墓	550年代	—	山西・忻州市
7	湾漳墓（武寧陵）	560年	文宣帝高洋	河北・磁県
8	婁叡墓	570年	婁叡	山西・太原市
9	道貴墓	571年	張道貴	山東・済南市
10	水泉梁墓	570年代	—	山西・朔州市
11	潼関税村墓	618年代	—	陝西・潼関県
12	李寿墓	631年	李寿	陝西・三原県
13	冉仁才墓	654年	冉仁才	四川・万県
14	太原南郊唐墓	650～680年代	—	山西・太原市
15	李鳳墓	675年	李鳳	陝西・富平県
16	梁元珍墓	699年	梁元珍	寧夏・固原市
17	永泰公主墓	706年	李仙恵	陝西・乾県
18	懿徳太子墓	706年	李重潤	〃・〃
19	章懐太子墓	706年	李賢	〃・〃
20	節愍太子墓	710年	李重俊	〃・富平県
21	章懐太子妃房氏	711年	房氏	〃・乾県
22	李邕墓	727年	李邕	〃・富平県
23	温神智墓	730年	温神智	山西・太原市
24	恵陵	742年	譲皇帝李憲	陝西・蒲城市
25	金勝村第6号墓	750年代	—	山西・太原市
26	アスターナ墓	7C中葉～8C中葉	—	新疆・トルファン市
27	銭寛墓	900年	銭寛	浙江・杭州市

経て、隋・唐代に継続する。蘇哲は（二〇〇七）、壁画墓の存在について、三国時代から五胡十六国時代にかけて中原地域ではまれであるという。現在報告のある壁画天文図は五九基を確認できるが、すべての資料に天文図が掲載されているわけではない（表6）。

天文図が描かれた墓の分布（図12）は、陝西省や山東省、山西省が中心であり、皇室墓が多く発掘されている陝西省は中心地の一つである。ただ調査報告のなかで天文図の記述は概要を記すのみである。

一　中国壁画墓の天文図

以下、中国の壁画墓に描かれた天文図を紹介する。（　）の数字は表6に対応している。

（1）西安交通大学墓（前漢後期〜紀元前一〇〇年ごろから紀元前後、陝西・西安市）

この墓は地下式の磚積み単室墓で、墓室は長方形を呈し南北に主軸をおく。墓室の規模は南北四・五五メートル、幅一・八三メートルである。天井は高さ二・二五メートルで四壁から上部は穹窿形を呈する。側壁と天井の境界には、四壁を貫いて朱色で帯状に線を二本引いている。

天文図（図13）においては東西壁の境界に引かれた朱線から、上部の穹窿天井いっぱいに黒線で円圏が二重に描かれ、天空をあらわす。円圏の内外に日・月像や星座、四神、そのほか人間や鳥、動物、雲気紋などが描かれている。内圏は南北二・二メートル、東西二・二八メートルの大きなものである。天井が内湾するためコンパスのような機器は使用せず、フリーハンドで描かれ線の太さは一定しない。日像は南によって直径三〇センチの朱色の円に黒線の縁取りがされている。中央には南に頭を向けた烏が黒色で描かれており、両翼を大きく広げて飛翔する。報告は金烏と

図13　西安交通大学墓天文図（李 1991）

する。これに対して内圏の北寄りに、直径一六・五センチの円が黒線と朱線が重なるように描かれ、このなかに白色の下地に、黒線で兎と蟾蜍が描かれて月像を象徴している。

内圏はこのほかに、五羽の鶴と、内圏を埋め尽くすように雲気紋で満たされている。雲気紋は白線の縁取りのなかを群青と緑色によって天空を表現する。

外圏は南北径二・六八メートル、東西二・七メートルのややいびつな大円を描き、内圏と外圏の間には四神と星座、人間や動物、鳥などが描かれている。外圏の外には雲気紋と西北隅に三足烏が描かれている。

四神のうち東には青龍が描かれている。頭部は剥落しているが、二本

図14　西安交通大学墓天文図の玄武（呂 2009 トレース）

の角と四肢、胴部、尾は完全である。左の前・後肢は後方に伸び、右は前屈するように構えている。色彩は龍の縁取りと鱗は黒色、そのなかは白色である。注意されるのは、龍の両角の先端や四肢、尾の先端などに、黒線でなかを白色に塗る八星が表現されている点である（左後肢の星は朱色）。

北には玄武にあたるところに、五星を黒線でつないだ五角形の星座が描かれ、そのなかに屈曲する細い線で描かれた小蛇がいる（図14）。二本の細いひげ状のものがあり、亀蛇の合体した図像ではない。玄武の姿が成立する以前のものと考えられ、興味深い。ちなみに、四川省蘆山発見の石棺画像石（西暦二一二年埋葬銘あり）には、青龍・白虎と玄武が描かれている。この玄武は亀にまきつく蛇の図像である（林　一九九二）。

西の白虎は顔面から胴部にかけて剥落が多い。顔面のあご部分とあごから生えたひげ、胸から前肢にかけて特有の虎斑がみられ、また、後方には尾の先端部も確認できる。白虎は胴部の縁取りと虎斑は黒線で描き、そのなかは白色で彩色される。注意されるのは、青龍や玄武でもみられたように、白虎を囲うように星が連結されて星座をあらわしていることである。現在では五星が確認できる。

南では朱雀が両翼を大きく広げる。三つ又になった尾羽はいまにも飛翔しようとする姿である。觜から胴、羽の縁取りは黒線で描き、そのなかは白く塗られる。ここでも朱雀を囲むように七星が結ばれて星座をあらわす。以上が四神とそれを示す星座である。

このほかの星座について、東方の青龍の角の先から、南、西、北にみる。星はフリーハンドで黒線の円を描き、そのなかは下地として白色（一部には朱色）を塗る。星と星は黒線で結び、星の大きさは三・八〜四・一センチである。

　青龍の双角の先端に各々一星があり、ここから右に六星が結ばれている。この星座の右は朱雀である。朱雀と白虎の間には、四星を結ぶ四角形の星座がある。その隣には二人の人物が輿を運ぶ姿が描かれている。輿に乗る物体は、半円形の土饅頭のようで何をあらわすのか判断しがたい。報告ではこの星座が鬼宿であるとする。鬼宿は輿鬼ともよばれて、輿上の物体は死霊をあらわすようである。鬼宿の中央には一星があり積尸気《せきしき》にあたる。これは積み重なった死体から立ち上がる妖気であるという。半円形の物体の上には揺れるような線が立ち上がり、積尸気を表現する。

　白虎を囲む星座の右には、鳥が描かれフクロウをあらわすという。フクロウの前には三星を結ぶ星座があり觜宿であるという。さらに、フクロウの足元の三星から背後にある星を結ぶ黒線も確認できる。これは白虎を囲む星座の一画になる。

　觜宿の右には、右前方に向かって歩く人物が描かれ、その左手に七星で結ばれた星座を握っている。畢宿であるという。この右には走る兎が描かれている。兎の前方は剝落の部分が広い。

　西北から北へは、六星で結ばれた圭宿（奎宿に同じか）があり、このうちにも動物様のものが描かれているが図像は不詳である。この右は四星が確認できるが剝落が著しい。

　玄武までは五星で星座をあらわすものと、四星であらわすものがあり、報告では左を室宿、右を危宿とする。危宿の右が前述した玄武である。

　玄武の右前には、正面を向いて座る人物が描かれ、この人物を囲むように背後に一星と、前に二星が描かれている。報告はこの人物を女性とみて女宿であるとするが、男女の区別は難しい。

　女宿の前には右向きの動物が描かれている。顔面は剝落があり確認できないが、胴から四肢、尾にかけては牛の表現である。一部に角もみえる。牛の胴部には三星があり星座をあらわす。角の部分にも一星があり牛宿であるという。牛の前には、人物が描かれているが剥落があり三星がみえる。報告では牽牛ではないかとする。この前にも右に歩く人物が描かれ、背後に一星と左手から伸びる六星があり星座をあらわす。斗宿であるという。斗宿の前には座る人物がいて、手のところから五星がＹ字形に結ばれる。

以上が、円圏のなかにあらわされた星座のなかの人物や動物、鳥などである。西安交通大学墓の天文図の特徴として、以下５点があげられる。①十八以上の星座が描かれている。②動物や鳥の多くは、星座のなかにいて右方向に進むように描かれている。青龍や朱雀、玄武なども星座のなかに表現され、これらは星座を具象化したのだろう。③人物も手の部分などと星座が結びついている。鬼宿とされるところでは、二人の人物が何ものかを輿に乗せて運んでいる。しかし、個々にみえる人物はあくまでも人間であって鬼神や仙人の類ではない。④内圏に表現された南寄りの位置にある日像と、北寄りの月像は、のちの時代の方位観とは一致しないが、四神と二十八宿の配置は一致する。⑤内圏の中央は雲気紋で満たされるが、天極星や北極五星などは描かれていない。つまりこの天文図には、天の中心は表現されていないのである。

（2）西安翠竹園《すいちくえん》墓（前漢後期、一〇〇年代、陝西・西安市）

西安市の南郊で調査された、前漢から王莽期にかけての四基の墓のなかで、一号墓がもっとも規模が大きく、墓室に壁画が描かれていた。墓は地下式の磚積み墓で、南北に主軸をおくが入り口を北にする。墓室は長方形を呈する単室墓で、壁面の高さは約二・二メートルあり、ここから穹窿天井をつくる。壁面は全体に漆喰を塗る。

天文図は全体の判明する図面がない。奥壁に近い天井の東には、朱色で描かれた円のなかに黒色であらわされた烏がいて日像を表現すると報告されている。天井頂部付近に、朱色の丸い六星が確認できるが星は結ばれていない。報告では西に月像が描かれて蟾蜍がいると説明するが、図面などでは確認できない。月像の上にもいくつかの朱点の星がみられる。報告書の図面には雲気紋のなかに七星、三星、単独星などが描かれているが、これらも結ばれていない。天井頂部付近の東には青龍、西には白虎が描かれている。

（3）郝灘《かくたん》墓（後漢前期、二〇〇年代、陝西・西安市）

この墓は未報告であるため天文図の全体が未詳である。呂智栄（二〇〇九）の比定した星宿名にしたがって星座をみる。なお写真では円圏は確認できない。星は朱線で円を描き同色で結ぶ。

畢宿は天井西の中段に、白い服を着た人物の前に描かれている。手の表現はあるが、前述の西安交通大学墓のように手で星をもってはいない。星座は八星をフォーク状に結ぶ。箕宿は天井南西に、緑色の服を着て座る人物の前に、四星がコ字形に結ばれる星座である。これも人物とは少し離れている。

斗宿は天井の南東にあり、赤い服を着た立ち姿の人物の前に描かれている。人物とはいうものの顔面は兎である。七星が縦方向にあり枡形を大きく描く。牛宿は天井の東南にあり、頭部は不鮮明ながら左を向く様子が描かれている。星は胴部の中央に縦に三星が結ばれている。牛の前には一人の人物が描かれ、牽牛であろうというが不鮮明である。

虚・危宿は、天井の南に描かれている。四星を菱形に結ぶ星座で、なかには上下二段に、左に走る二頭の鹿が描かれている。西安交通大学墓の虚宿では五星を結んだ星座のなかに小蛇が描かれ、玄武に比定された星座である（図15）。室・壁宿とするのは、天井の南に描かれた星座である。四星で四角に結ばれ、なかに左方向に歩く亀が描かれ

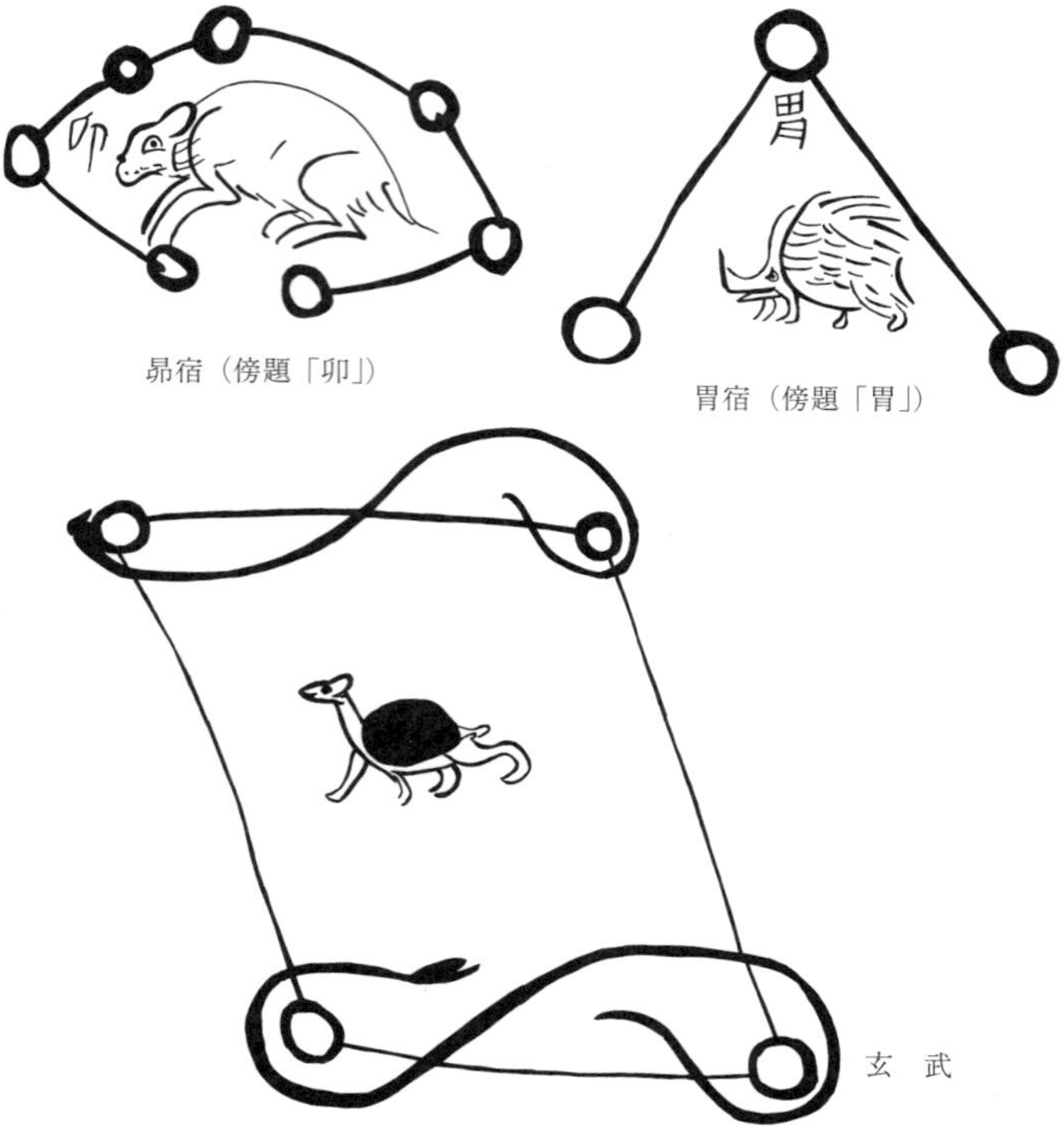

図15　郝灘墓天文図（呂 2009 トレース）

ている。亀を描くのは西安交通大学墓にはない。注意されるのは、星座の上下の星をS字状に黒線でカーブを描くが、下部の左は蛇の頭をあらわす点である。報告は二匹の蛇が星に絡まるところから、亀とともに玄武を表現するという。亀蛇の絡まない興味深い図像である。

　奎宿は天井の南西部に描かれた星座である。八星が台形に結ばれて星座をつくり、なかには頭を右にする蛇が描かれている。頭から尾まで黒線で縁取り中は朱色を塗る。胃・昴宿とするのは、天井の南西に描かれている星座である。まず「胃」の傍題の書かれた星座は、三星を三角形に結び、そのなかにハリネズミ様の動物を描いている。この右に「卯」の傍題のある七星を楕円形に結ぶ星座がありなかに猫を描いている。これらのハリネズミや猫も西安交通大学墓にはない画題である。

参宿とされる星座は天井の西に描かれている。左に昴宿、右に畢宿が描かれた中間にあたる。星座表現が二重になり、外は四星を菱形に結び内は七星を結ぶ。このうちの一星は立ち姿の虎の胸にある。西安交通大学墓にも白虎を囲む星座が表現されているが、虎は立ち姿という異形であり、顔面や虎斑などは黒線で縁取られ、なかは白く塗られている。口のなかや目の隈取り、耳などは朱色が施されている。狼宿は天井の西に描かれた星座である。狼とはオオカミのことであろうが、図像は頭を背に向けて左前方に疾走する。頭部付近に一星が単独星としてやや大きく描かれている。弧矢は天井の西に描かれた星座である。立ち姿で左を向いて弓を引く男が描かれ、その周囲を八星が結ぶ。弓を引く前方には逃げる狼が描かれている。

以上が郝灘墓の星座である。前述したように、天文図の全体が判明するものがなく、したがって、各々の星座の位置は不詳である。しかし、西安交通大学墓と同じように星座と人物や、動物との関係を示すような表現は共通する。個々の図像でも、玄武は蛇と亀の関係性を示唆するようで興味深い。また、星座とそのなかに書かれた動物に傍題の付されたものが二例あり、星座に対する名称と図像を一致させる事例として貴重である。ただ、ここにみられるのは、ハリネズミと猫であり、後世の星座図像にはつながらない。

斗宿とされる星座は、七星が結ばれて北斗七星を表現するが、天井の東南に描かれ方位を表現するとはいえない。このことは、西安交通大学墓でも東北方向に描いていることに通じることで、厳密にはまだ星座と方位観は一致していない段階であろう。

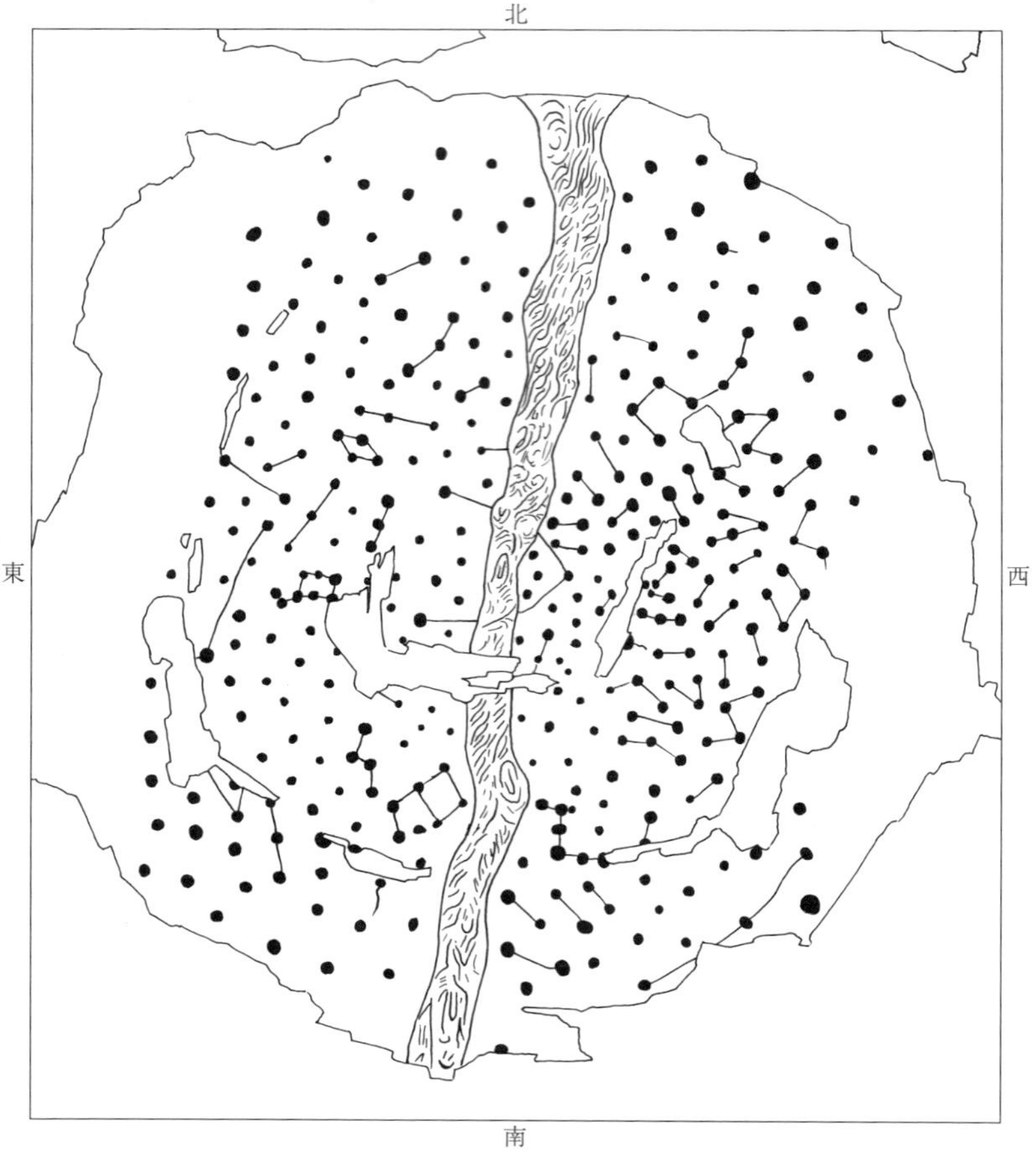

図16　元叉墓天文図（王ほか1974トレース）

（4）元叉《げんさ》墓（五二六年、河南・洛陽市）

洛陽市郊外の北魏墓で、直径三五メートル、高さ二〇メートルの円形を呈する。墓室は方形の磚積み単室墓である。墓誌が出土し北魏江陽王元叉で五二六年に埋葬された。墓室は南北に主軸をおき、四壁と天井には漆喰が塗布されて壁画が描かれている。

天文図（図16）は天井頂部に描かれる。特徴は南北に屈曲する銀河を朱線で縁取り、なかは黒線で渦巻く水流を表現する点である。報告は「天河」であるというが、まさに銀河は天空の河をあらわす。星は朱色によってフリーハンドの円を描いている。星数は報告では三〇〇ほどあるという。このなかで星と星を結んで星座を表現するのは、銀河の西では三七星座、東では一八星座、銀河をまたぐ一星座、東から銀河に入る一星座の合計五七星座である。単独星は西では六八星、東では九六星で合計一六四星である。

報告は二十八宿とその他の星座名を比定している。ただ北に位置する北斗七星以外は判然としない。たとえば、銀河をまたぐように大きく表現された星座を五車とするが、この星座の比定の根拠を、洛陽の冬あるいは夏に天頂に輝くからだという。単独星については、天の円周に沿うように星を散在させているだけのように見受けられる。星の大小についても、星を区別するように意識されたものではなく、二星を結んだ星座に大小のあるものが散見される。銀河をまたぐ五車付近が天井頂部であるが、二十八宿を意識した天文図であれば、ここに帝星や紫微垣が描かれているはずであるが、天極の星座は描かれていない。

なお天文図西の下には、雷神のもつ小鼓が五鼓円形に連なって描かれている。東には雲気紋のなかに雷神に相対するように二匹の神獣がいるという。

（5）崔芬《さいふん》墓（五五一年、山東・臨朐市）

墓室は切石積みの単室墓である。石灰岩の板石で築かれた壁面は漆喰が塗布され、四壁と天井に壁画が描かれている。天井は四壁から内に傾斜する穹窿形を呈する。墓室におかれた墓誌から五五一年に埋葬されたことがわかる。

壁画（図17）は四壁に屏風型式に人物群が描かれ、上部に日・月像と四神、星々が描かれた。

東壁では中央に大きく青龍が描かれ、その前方の二本の樹木の間に円を描き、そのなかに鳥が描かれている。金烏

北

南

図 17 崔芬墓天文図（呉ほか 2002 一部改変）

であるといわれ日像をあらわす。星は青龍の上に黒点で描かれるが詳細は不詳である。

このほか、北、西、南壁には、玄武・白虎・朱雀が描かれ、西壁には白虎の前にある二本の樹木のなかに円が描かれ、そのなかに蟾蜍と兎が描かれて月像を表現する。星は東壁と同じように各々の詳細は不詳である。

（6）九原崗墓（五五〇年代、山西・忻州市）

墓室は方形の磚積み単室墓で、石室の主軸を南北におく。天井は高さ九・三メートルの高い穹窿形を呈する。四壁と天井は石灰を下地として壁画を描く。壁画（図18）は画題によって第一層から三層まで区分され、そのうち天文図は第一層の天井頂部に描かれている。

東壁では中央の円のなかに三足烏が描かれて日像をあらわす。星は散在して一九星が描かれているが結ばれていない。北壁では中央に七星で結ばれる星座がある。枡形を四星でつくるが、柄の部分はL字形に結ぶ。北斗七星を描いたのだろう。この周辺には単独星として一二星がみられる。

西壁では中央に円の一部が残存する。なかに蟾蜍が描かれて月像をあらわす。星座は南に偏って五星でコ字形につくる。このほかは単独星で三一星がみられる。南壁は一四星が散在して単独星としてみられる。星に施された色彩などは不詳である。

なお、墓道西壁には小鼓をもつ雷神が表現され、左肩には口が大きく開く袋を担いでいる。四神は第二層に描かれているというが内容は不詳である。

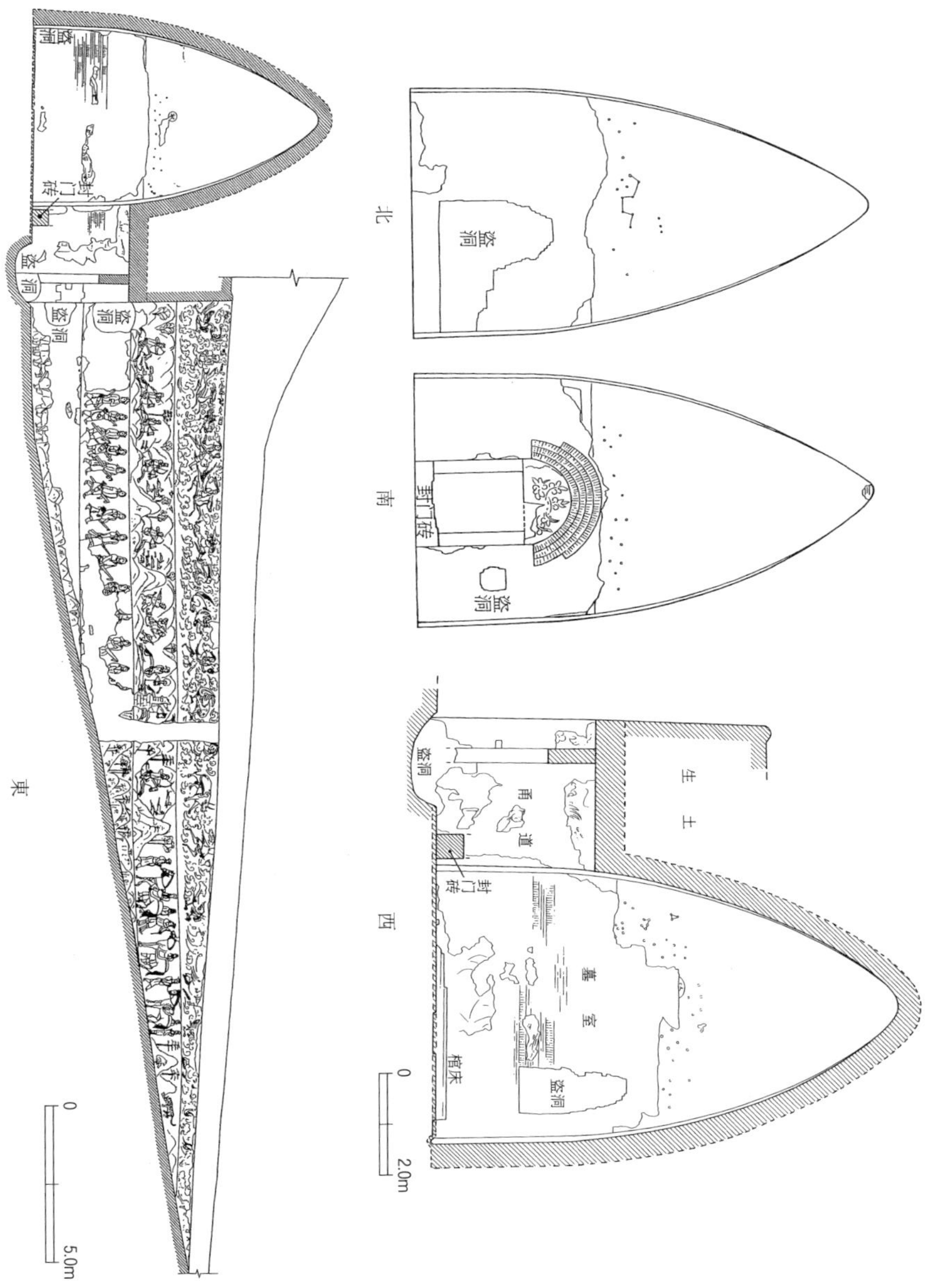

図18　九原崗墓天文図（張ほか2015一部改変）

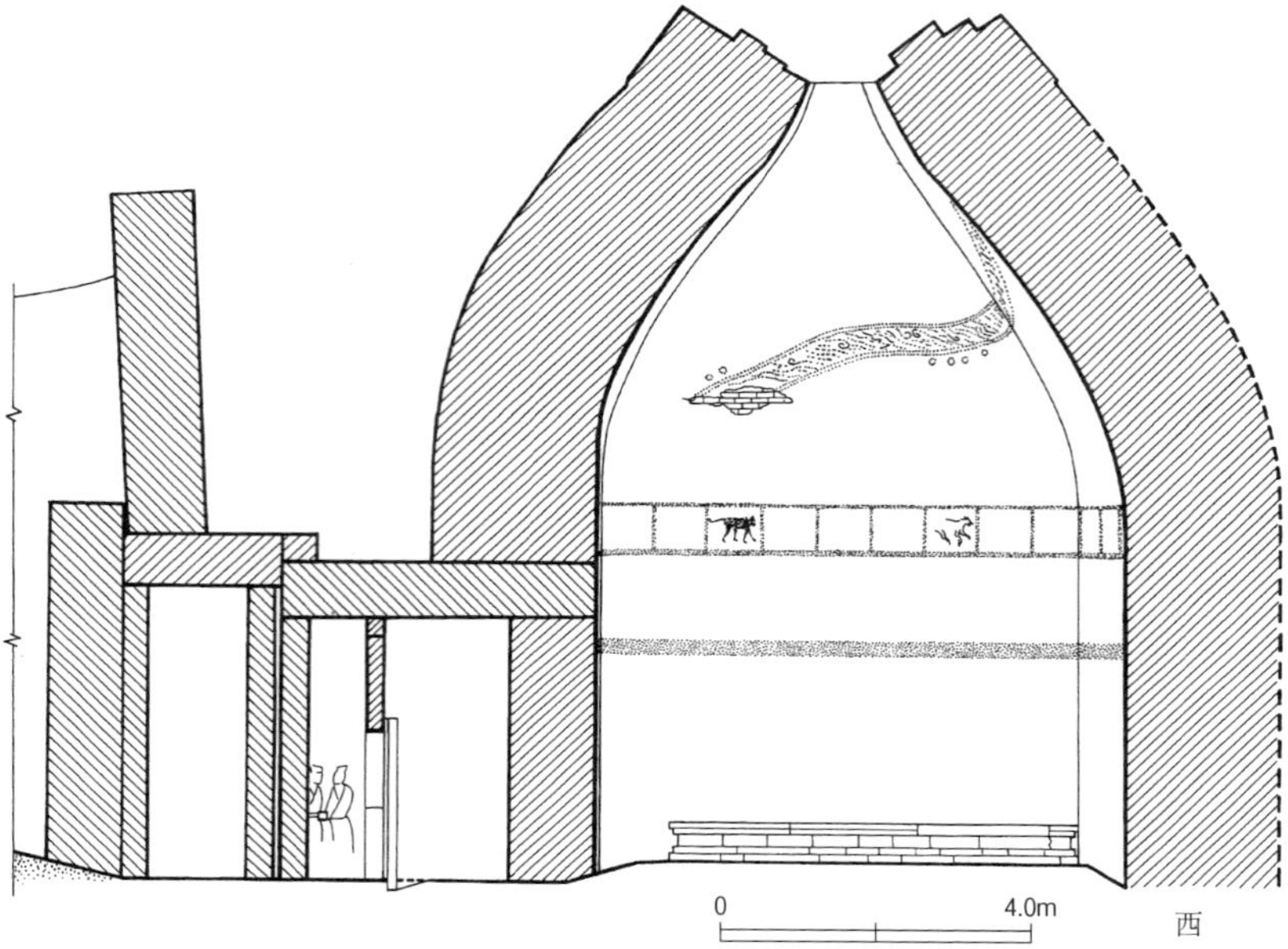

図19　湾漳墓天文図（黄ほか2003一部改変）

（7）湾漳《わんしょう》墓（五六〇年、河北・磁県）

この墓は北斉初代皇帝の文宣帝高洋の武寧陵に推定されている。墳丘は円形で直径が一〇〇メートル以上あり、南側に一体の神道人が残されている。墓室は磚積み単室墓であるが規模が大きく天井は穹窿天井を呈して、高さは一二メートルである。床面から約四メートルの高さに帯状の四角い枠が引かれ、そのなかに十二支像が各方位に対応するように描かれている（図19）。

天井には銀河がうねるように描かれ、白い縁取りとそのなかには波紋を描いて流水を表現し、先端部は二股に分岐する。その周囲にも星は描かれているが詳細は不詳である。

（8）婁叡《ろうえい》墓（五七〇年、山西・太原市）

墓室は磚積み胴張り方形単室墓で、墓主は武平元年に死亡した北斉東安王婁叡である。墓室の四壁から二・八メートルで内傾する穹窿天井を呈する。天井下部には、四神と十二支像や雷神が描かれ、上部には銀河と星座が描かれているが、剥落が多く全体像は明らかではない（図20）。

銀河は南西から中央でL字形に屈曲して北東にかけて描かれている。幅は四〇～六〇センチあり天頂を二分する。銀河のなかは線条痕のような文様が幾筋も入れられて、流れを表現する。色彩は不詳である。

星は模式図からは一〇九星を数え、大小の違いが表現されている。そのなかで五星座が星を結んでいる。興味深いのは、丸く描かれた星から尾状のものが描かれている点である。一五星が確認でき、流星を表現しているという。天文図に流星をあらわすのは異例である。星は朱（紅）色と白、灰（黒）の三色があるというが、区別が判然としない。

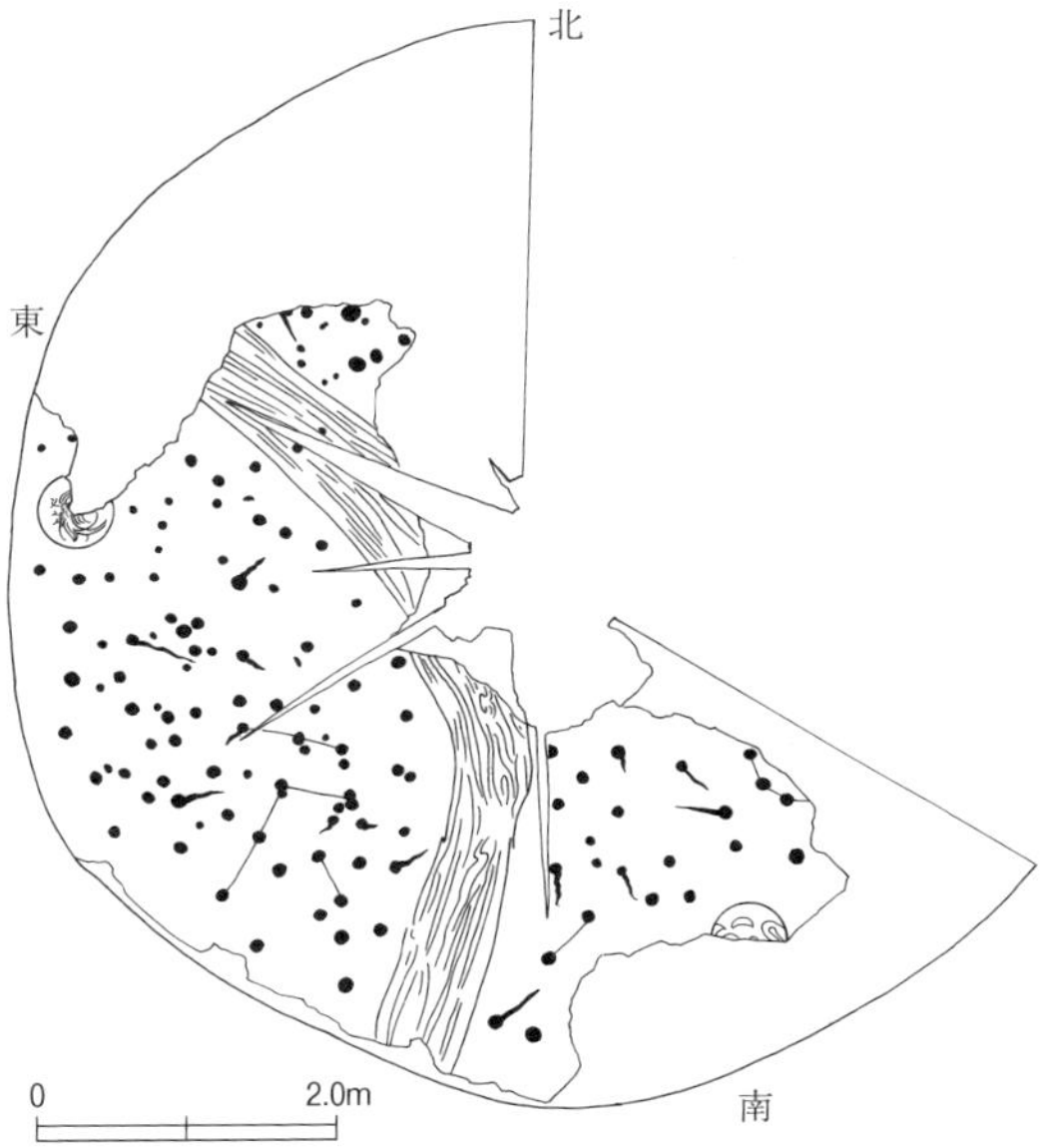

図20　婁叡墓天文図（陶ほか 2006 トレース）

天井東端には、円のなかに三足烏が描かれ日像をあらわし、西端には蟾蜍を描く月像がある。月像の下には、十二支像のうちの寅、卯、北壁には子、丑が描かれ、さらに、東壁の寅の下には雷神が描かれている。雷神は正面を向き、右手と両足に槌をもち、周囲に八個の連なる小鼓をもつ。

（9）道貴墓（五七一年、山東・済南市）

墓室は青頁岩の板石を積んで構築した単室墓であ

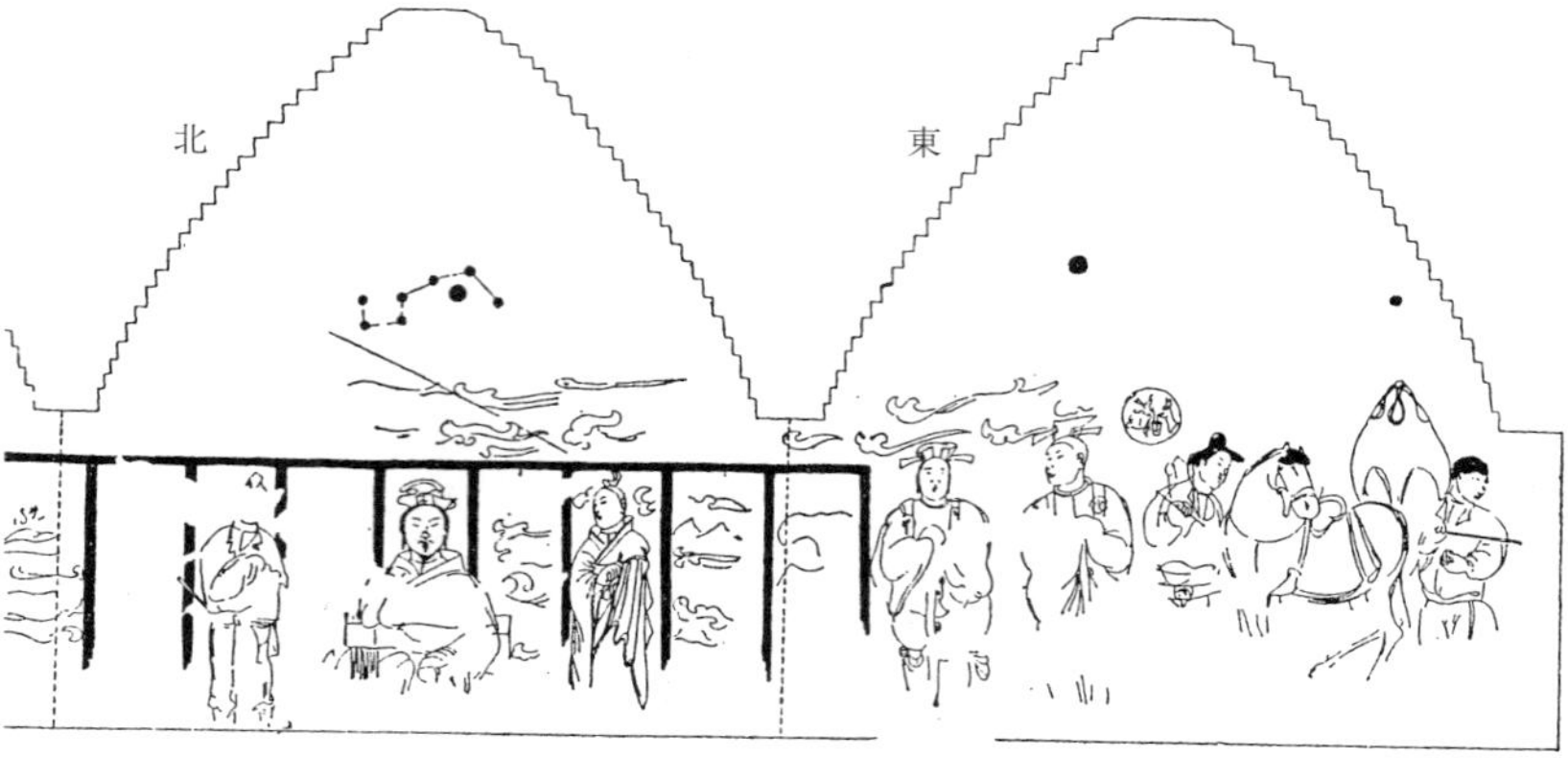

る。奥室の平面形が奥壁部分で狭くなる台形を呈する。天井の高さは約三メートルであるが、床面から壁は垂直に立ち上がり、約一・五メートルより上部は穹窿天井である。墓室北壁の正面に墓主が座る姿で描かれている。

天文図（図21）は、星がすべて朱色（赤褐色）で描かれている。東壁では中央やや左寄りに大星が一星と、右端に小星が各々単独星として描かれている。壁に描かれた人物群像に近い位置には、円を描いたなかに蟾蜍と兎がいて月像を表現する。

北壁では中央に大星一星と、これを中心にして七星を結ぶ北斗七星が描かれている。西壁では中央に日像として円を描いて、なかに黒色の鳥を描く。ここでは日・月像の方位は逆転している。星は左に二星と右に一星を描く。

南壁では奥室への入り口上部の中央に大星一星、右に四星を結ぶ星座、および左端に一星が単独星として描かれている。この墓の星座表現は、北斗七星が判明する程度である。星の描き方には、大小のサイズの違いはあるものの詳細は不詳である。

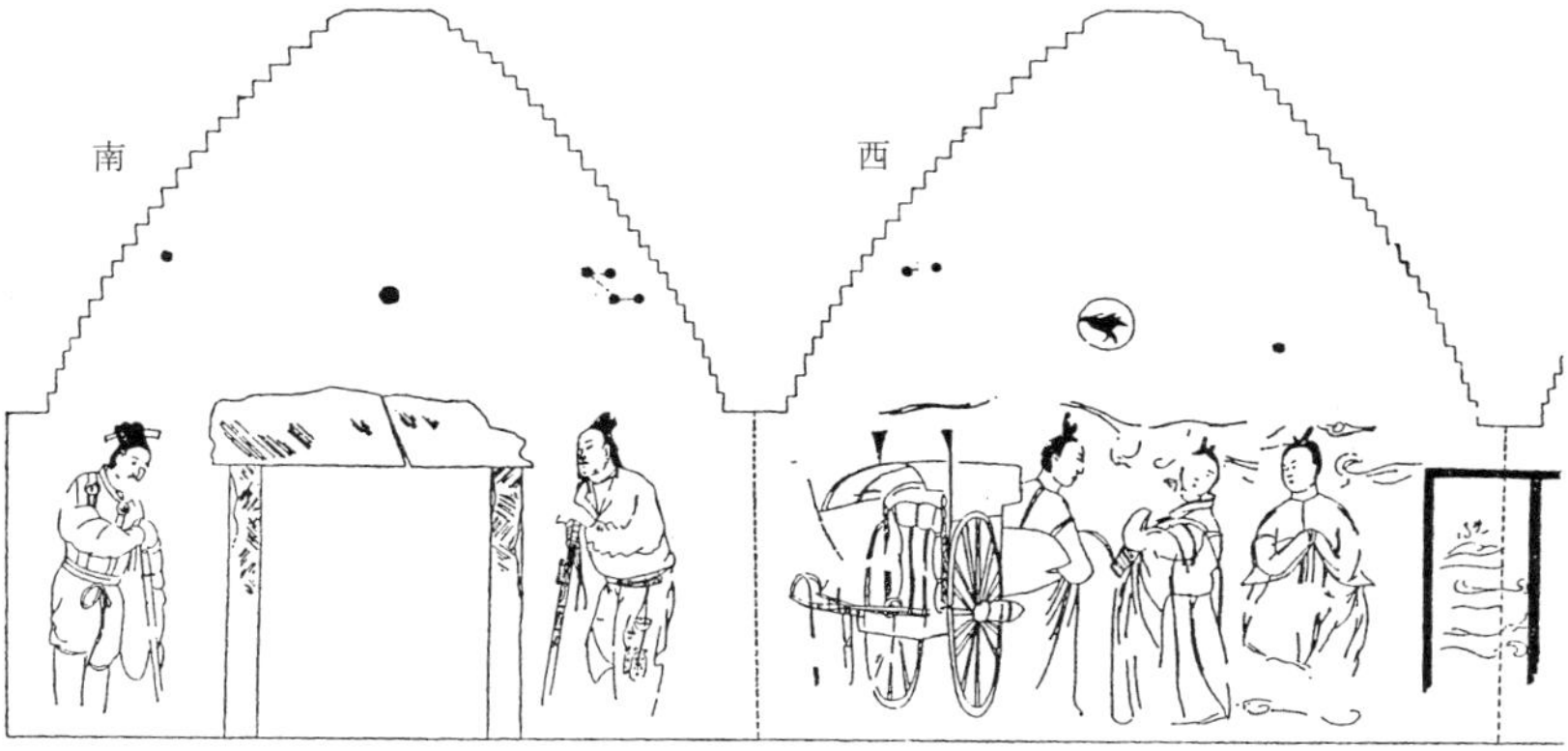

図21　道貴墓天文図（韓ほか1985一部改変）

（10）水泉梁墓（五七〇年代、山西・朔州市）

墓室は磚積み単室墓で平面形は胴張りを呈する。墓室の壁は約二メートル立ち上がり、これより上は穹窿天井である。見上げた天井は丸く、表面を深い灰色に塗りこめて蒼天をあらわすという。天井頂部を二分するように、南西から北東に屈曲する銀河が描かれている。銀河のなかはうろこ状の波紋を表現し、両側に白い点で星々を描いているが詳細はわからない。

天井東下部の日像は、黒線で丸く縁取りそのなかを白く塗り、そのなかに朱色の鳥が描かれる。西には円形のなかに蟾蜍と兎が描かれて月像をあらわす。さらに天井下は二段に分かれて四神と十二支像が描かれている。

（11）潼《どう》関《かん》税《ぜい》村墓（六一八年代、陝西・潼関県）

墓室は南北に主軸をおく磚積み単室墓である。墓室の平面は円形を呈し、壁面の二・七メートルより上は穹窿天井になる。天井以外の部分は、漆喰がすべて剥離し、壁画は残っていない。

天井は煙の煤で燻されて全体に黒色を呈し、その上に白い漆喰で銀河と星々を描いている（図33）。銀河は北東から南西にかけて天

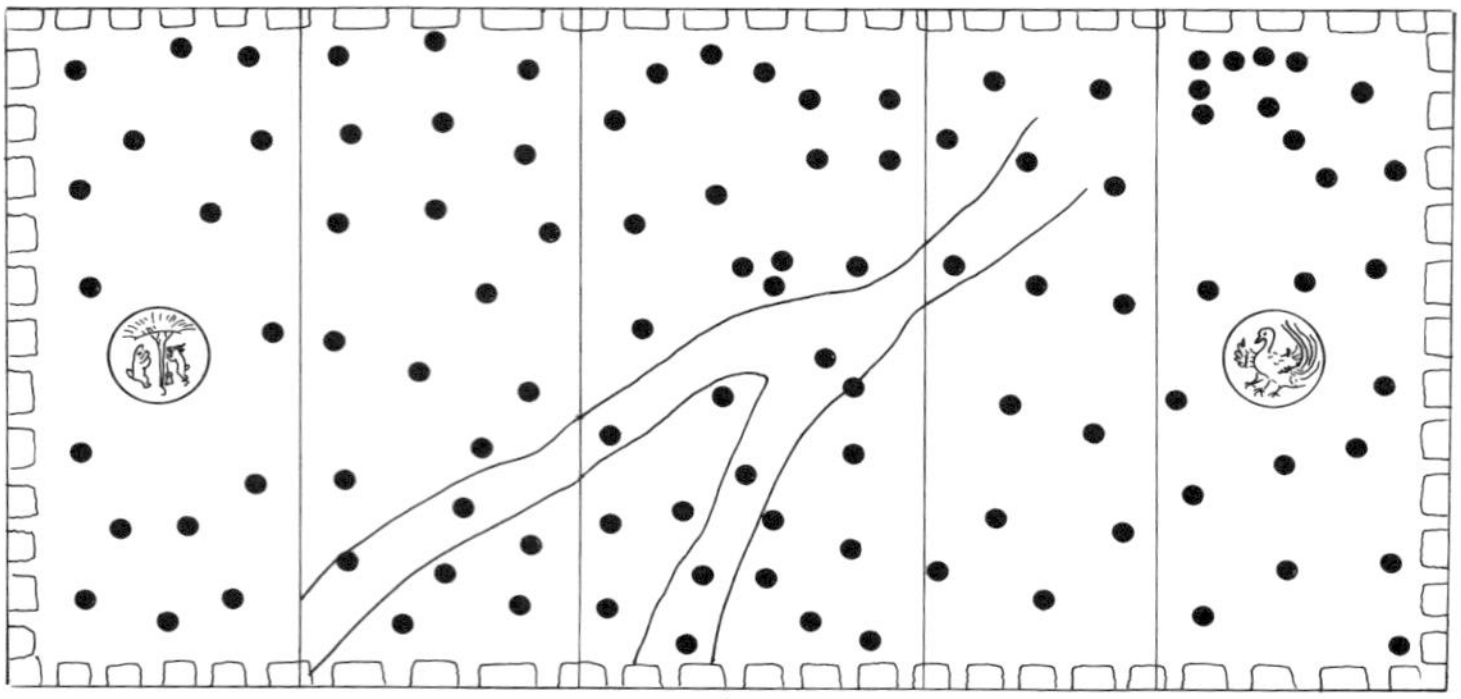

図22　李寿墓天文図（潘2009トレース）

井頂部を斜めに横断する。幅は四〇～六〇センチで、なかは幾筋もの直線状の線が流れを表現している。

銀河を挟んだ北と南には多数の星が描かれ、模式図では北は二五六星、南は二一七星の合計四七三星がある。これらの星々は結ばれていない。北東隅には一五星が群在し、西にも一三星が群在する。しかし、北斗七星などの模式的な星座はみられない。報告では銀河の北東隅と南西隅に日・月像が描かれているという。

(12) 李寿墓（六三一年、陝西・三原県）

李寿は唐高祖李淵の従弟にあたる。墓の規模が大きく、墓室全長は四四メートルあり、墓室は磚積み単室墓である。初唐期の壁画が描かれているため注目されているが天文図の記載はない。潘鼐（二〇〇九）の論文に引用された天文図（図22）を参考にすると、中央に二股に分岐した銀河が描かれ、その周囲に一〇五星が描かれている。方位は不明ながら両端に円があり、そのなかには右に三足烏、左は樹木を中心に蟾蜍と兎が描かれて、それぞれ日・月像をあらわす。

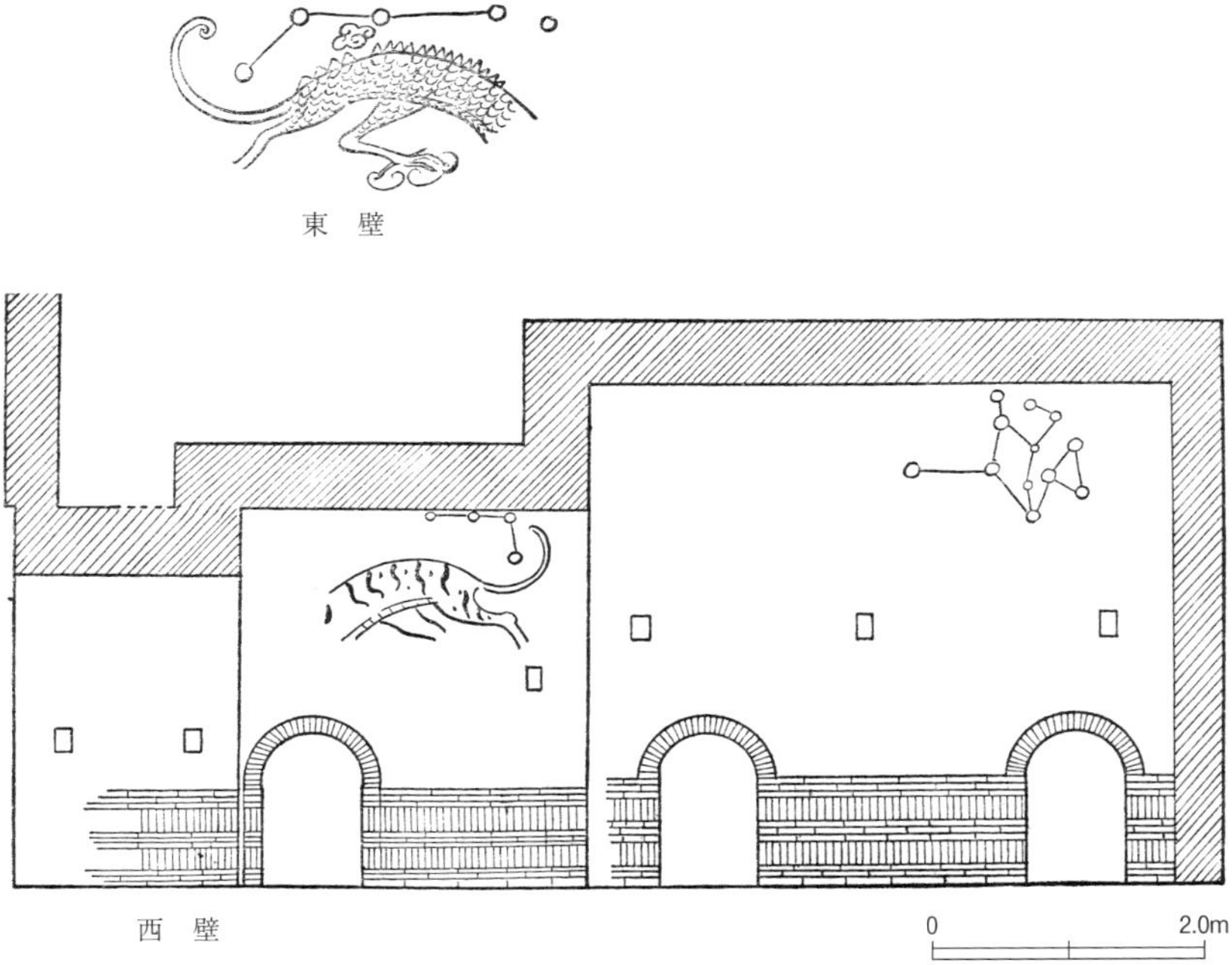

図23　冉仁才墓天文図（高1980一部改変）

（13）冉仁才墓《ぜんじんさい》（六五四年、四川・万県）

墓室は南北に主軸をおく磚積みの単室墓である。壁画墓であるが詳細な報告がない。天文図（図23）は甬道《ようどう》東壁に青龍を描く。その上に五星があり、このうち四星が結ばれて星座をつくる。西壁には白虎の胴部と尾などが残り、その上に四星を結んで星座をつくる。墓室西壁にも一二星が複雑に結ばれて星座をつくる。

（14）太原南郊唐墓（六五〇—六八〇年代、山西・太原市）

墓室は南北に主軸をおく磚積み方形単室墓である。天井頂部は工事により破壊されていたが穹窿天井を残していた。四壁と天井は漆喰を塗布して壁画を描いている。

天文図（図24）は東西南北の各中央に四神が描かれ、四神と連続する珠紋の間に星が描かれているが、いずれも結ばれていない。

図24　太原南郊唐墓天文図（寧 1988 一部改変）

東壁では青龍の背の上に円が描かれ、そのなかに三足烏がいて日像をあらわしている。星は三三星が描かれている。北壁では玄武の上に四八星が描かれている。西壁では白虎の前に三日月が描かれているが、なかにはなにもいない。白虎の上には四二星が描かれている。南壁では朱雀の上に四九星が描かれている。

(15) 李鳳墓（六七五年、陝西・富平県）

李鳳墓は22の李邕墓のなかに記した。

(16) 梁元珍《りょうげんちん》墓（六九九年、寧夏・固原市）

墓室は南北に主軸をおく磚積み単室墓である。天文図は墓室天井に銀河と月像、北斗七星などが描かれているが、詳細な報告がない。

銀河は白色の帯状に湾曲するように南から北に描かれている。銀河を挟んで東西に星が描かれ、北西隅に丸い太陽と、南西に三日月が描かれている。太陽の北に七星があるところから北斗七星をあらわすのであろうが、星は結ばれていない。銀河の中央付近とその東にはそれぞれ三星と四星がある。報告では、これらは大星であるという。模式図でも星の大きさに大小の区別をつけて描かれている。小星は画面いっぱいにちりばめられて天空を表現するのだろう。月は白色で描かれるのに対して太陽は不詳である。

(17)～(19) 唐皇室関係の墓（七〇六年、陝西・乾県）

⑰永泰公主《えいたいこうしゅ》墓から⑱懿徳太子《いとくたいし》墓、⑲章懐太子《しょうかいたいし》墓までは埋葬年代が同じである。これは各々死亡年を異にするもの

の、武則天が失脚した翌年に復権が許されて乾陵（高宗李治）の陵園内に陪葬墓《ばいそう》として再葬されたことにかかわる。このため墓は太子墓、公主墓として規模の大きい複室墓が採用され、壁画は墓道から甬道、墓室にかけて壁面いっぱいに描かれた。天文図は前・後室天井に描かれたが、いずれも詳細な報告はない。

⑰永泰公主墓

永泰公主（李仙蕙）は中宗李顕の七女である。七〇一年に死を賜り十七歳で死亡した。墓室の天文図は、前・後室の天井頂部に描かれたと報告するが詳細は不詳である。潘は（二〇〇九）天文図の模式図を描くものの、同図が前・後室のどちらに描かれたものかわからない。方位も不詳であるが貴重な図であり参考にする。天文図（図25）は天井頂部を横切る銀河が描かれ、このなかは波紋のような文様がみられる。銀河を挟んで大小の星が多数描かれているものの星座はつくらない。銀河の右端には、円のなかに三足烏を描いて日像をあらわす。その下には山岳文様が描かれている。来村は（二〇〇八）、キトラ・高松塚壁画の山岳文様に共通するという。銀河の左端にも円を描きその下に山岳文様がみえるものの、円のなかに何が描かれているのか不詳である。

⑱懿徳太子墓

懿徳太子（李重潤）は中宗の長子であるが七〇一年に杖殺された。中宗（李顕）復位後に懿徳太子に追贈された。天文図（図33）は後室天井頂部に銀河を描き、東に金烏、西に蟾蜍を描くというが詳細はわからない。申秦雁の復元天文図では（二〇〇二）、天井頂部を銀灰色に塗られた上に、白灰色の銀河を大きく描き、左右に星が多数描かれた。図の左端の円は、なかに三足烏がいるので日像をあらわす。しかし蟾蜍のいる円は確認できない。申秦雁は「その上に金を貼る」とするが、金で蟾蜍と三足烏をあらわして貼ったのであろう。金箔であれば天文図のなかでは初期の事例として貴重である。

⑲章懐太子墓（21太子妃房氏墓）

章懐太子（李賢）は高宗の第二子である。六八四年に配流のあとに自害した。死後章懐太子に追封されて乾陵に陪葬された。同墓は七一一年になると妃の房氏が追葬された。

章懐太子の時の天文図（図33）は、後室天井に銀河が描かれ、これを挟んで東西に星が描かれた。報告では日・月像や星を金箔で表現しているという。汪勃は（二〇〇二）前述したように、金箔を貼るのは、七一一年に追葬された房氏の天文図であるという。同氏の復元図では、銀河の左（東）の円のなかに三足烏を描く日像と、その下に横線がみえる。これも山岳文様なのであろう。星に大小の区別があり、日像付近には星座が描かれている。潘によると金・銀と黄色によって星が表現されたという。銀河の右（西）の円のなかには樹木が描かれている。報告は（陝西省博物館一九七二）桂樹と薬を挽く兎、蟾蜍だという。

以上の三墓の特徴としては、日・月像の下に山岳文様を入れることで、星や日・月像に金銀箔を使用するという二点があげられる。いずれもキトラ・高松塚壁画の表現に共通する。

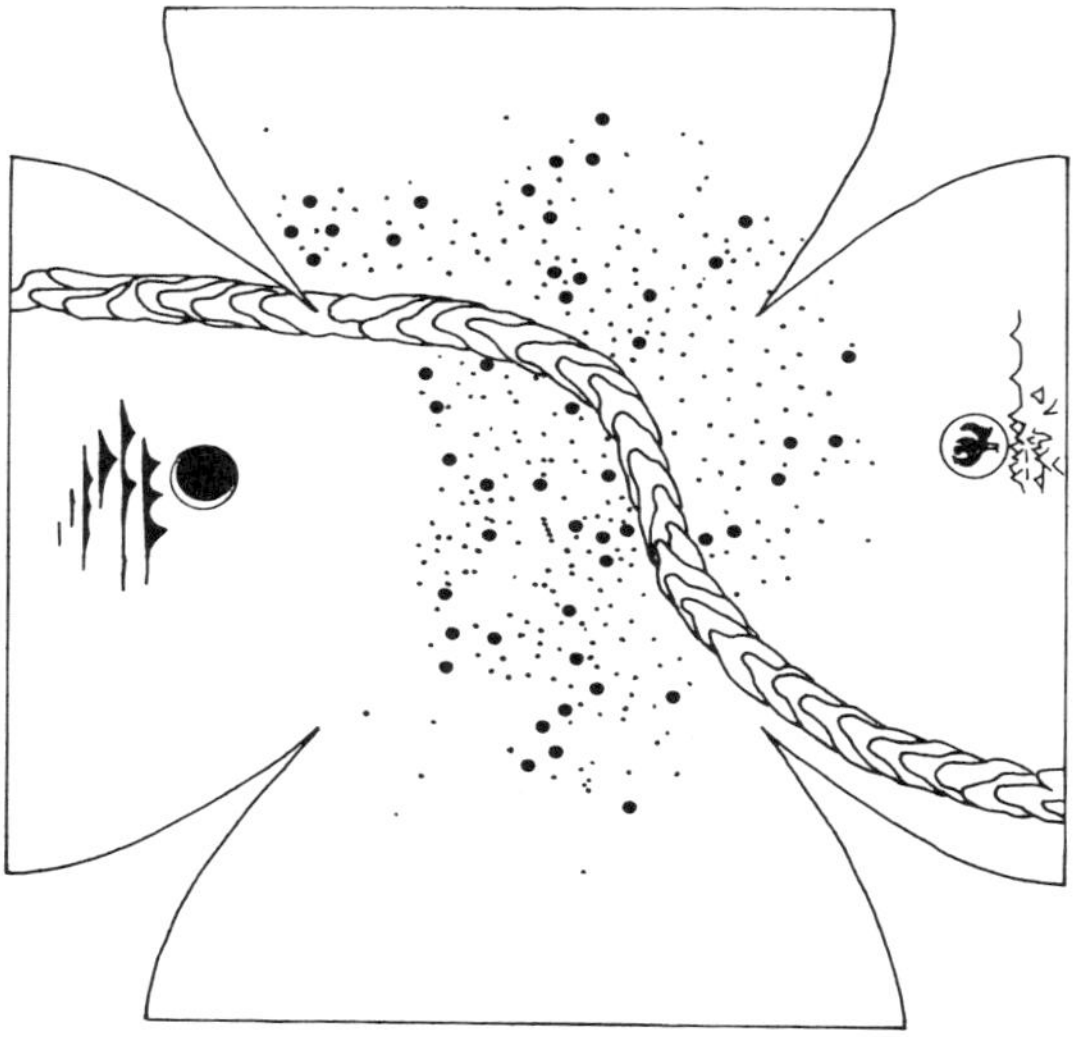

図25　永泰公主墓天文図（潘2009トレース）

図26　節愍太子墓天文図（胡ほか2004トレース）

（20）節愍太子墓《せつびんたいし》（七一〇年、陝西・富平県）

節愍太子は中宗李顕の第三子である。七〇七年にクーデターが発覚し殺害されたが、睿宗李旦により太子に追封され定陵（中宗李顕）に陪葬された。

天文図（図26）は、後室天井に灰藍色を下地として塗り、その上に星を描いた。銀河も白色で、東から西にかけて少し湾曲する。復元図によると、銀河の南では五六星、北では五二星である。南東隅に星の集中するところがあるが、星々は結ばれていない。東端に、朱色の円の地に黒色の三足烏が描かれており、日像をあらわす。西端には三日月が描かれている。

（22）李邕墓《りよう》（七二七年）・（15）李鳳墓（六七五年）（陝西・富平県）

李鳳は唐高祖李淵の十五番目の男子である。虢《かく》国王に封ぜられて、死後は高祖の献陵に陪葬された。李邕は李鳳の摘孫にあたり嗣虢王となり、死後は李鳳墓の南西二五〇メートルに墓が営まれた。いずれも唐皇帝の皇室関係者であり墓の規模は大きい。

李鳳墓の天文図（図27）は詳細が明らかではないが、報告は星と三日月を描く図をのせている。

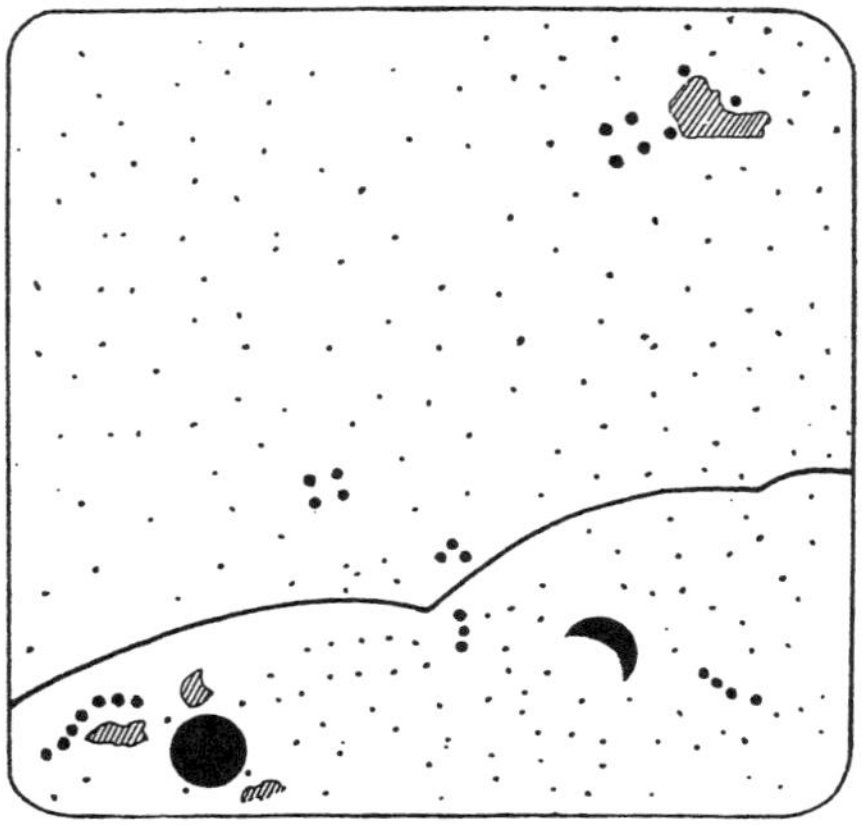

図 27　李鳳墓天文図（富平県文化館ほか 1977）

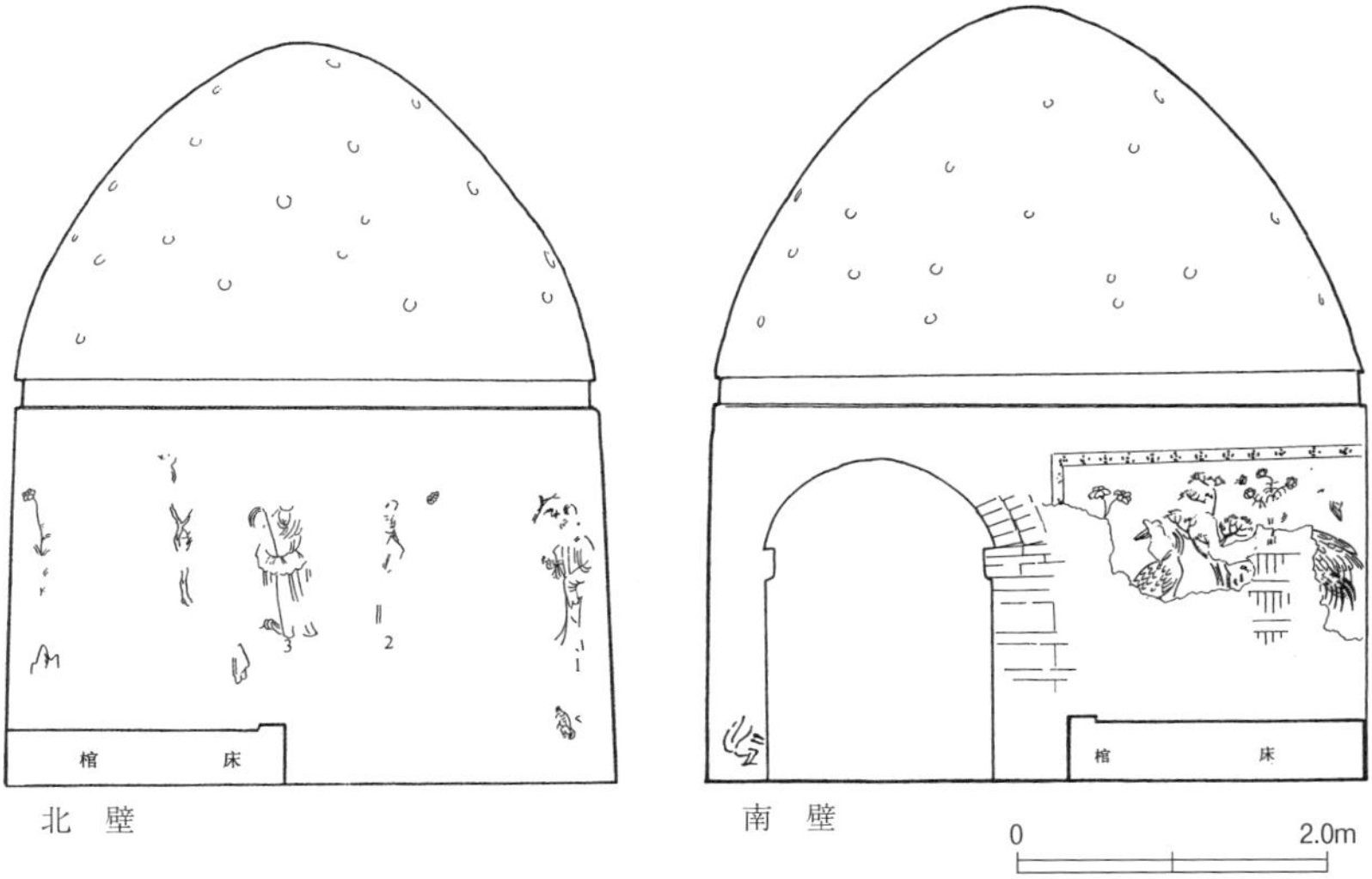

図 28　李邕墓天文図（孫ほか 2012 一部改変）

李邕墓は前後二室の複室墓である。天文図（図28）は後室の天井に漆喰が塗布され、その上に青灰色が塗られ白色の星が多数描かれた。復元図は簡単なもので詳細は不詳である。日・月像は描かれなかった。

（23）温神智墓（七三〇年、山西・太原市）

墓室は南北に主軸をおく磚積み単室墓である。墓室四壁は少し内傾して穹窿天井を呈する。高さは天井頂部まで三・一四メートルである。壁には漆喰が塗布されて壁画を描く。墓室四壁と天井の境には梁状の描写が四周をめぐる。天文図は東西南北に四神を描き、その上に星が描かれた。

東壁では中央に南を向く青龍を黒色（部分的には朱色）で大きく描く。その上に大きい円を一つ描くが太陽だという。星は黒線で円を描き、太陽の周囲に一五星が確認できる。星々が結ばれないのはほかの方位の星も同じである。北壁では中央に玄武が描かれて亀は西を向く。蛇は亀に二重に絡み、お互いの顔はにらみ合う。星は一七星である。西壁では白虎が南を向いて大きく描かれている。黒色（部分的には朱色）で姿を縁取り、毛並みも黒で波打つようである。上方には三日月が描かれ、報告はそのなかに一人の人物がいるというが確認できない。東壁の太陽のなかにも何かを表現するが不詳である。星は一九星が確認できる。

南壁は中央に朱雀が描かれているというが、壁面の剝離で確認できない。なお同地域のＴＣ二〇〇一Ｍ一号墓にも天井に四神と天文図を描くが、剝離が多く報告はない。

（24）恵陵（七四二年、陝西・蒲城市）

唐皇帝睿宗《えいそう》の橋陵の陪葬墓として営まれた譲皇帝李憲墓である。李憲は睿宗の長子でありながら、武則天により不

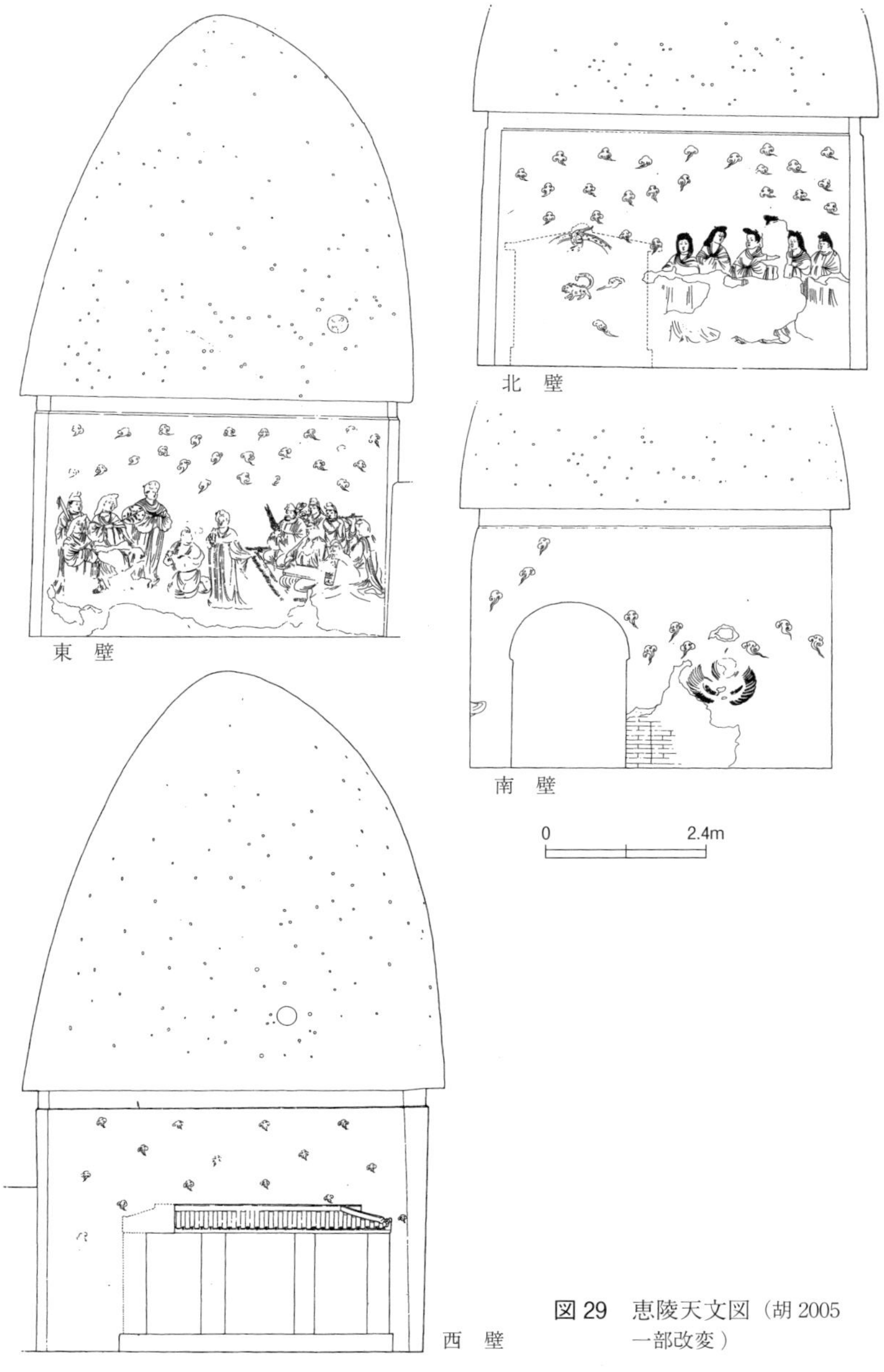

図 29　恵陵天文図（胡 2005 一部改変）

遇な半生を過ごし、死後に皇帝の諡号が贈られた。墓は単室墓で規模が大きく「恵陵」の陵号をもつ。

天文図（図29）は天井に描かれたが、馬志軍（二〇〇九）の解説によると、天井は下から油か蠟燭を燃やして、その煤を壁面に付着させて黒い下地とし、この上にまるめた漆喰を貼りつけて星を表現したという。星々は結ばれていない。天井南東隅には、直径約三〇センチの朱色を塗る円を描き太陽をあらわす。西北隅にも直径約三〇センチの白の円を描き月をあらわす。

(25) 金勝村第六号墓（七五〇年代、山西・太原市）
金勝村墓は、北斉・初唐期からの壁画墓がいくつか報告され、このうち天文図を描くのは北斉壁画墓、三三七号墓、焦化庵墓などがあるものの資料は未見である。

六号墓は南北に主軸をおく磚積み単室墓である。壁面に漆喰を塗り壁画を描いている。墓室四壁と天井の境には、梁状の帯が四壁をめぐり、その上に四神が描かれ、東西には日・月像が描かれた。東は朱色で円を描きそのなかに黒色の鳥が描かれて日像をあらわす。西には白虎の背の上あたりに三日月が描かれた。

星は西天井の白虎の上に描かれている。北天井の玄武の周りにも星がみえるが詳細は不詳である。

(26) アスターナ墓（六五ＴＡＭ三八号墓、七世紀中葉～八世紀中葉、新疆・トルファン市）
アスターナ地区には四二基の古墓があり、そのうちの三八号墓が壁画墓である。墓室の遺構図がなく構造などの詳細は不詳である。

天文図（図30）は後室の天井の四壁上部に描かれたようである。星は白色の丸点であらわされ、白線で結んで星座とした。

北東壁には白色の円が描かれ、このなかに鳥を描いて日像をあらわした。これに対して南西壁には、白色の円のなかに桂樹と、杵をもち仙薬を挽く兎が描かれて月像をあらわす。このほか月像の西には三日月が描かれている。日・月像は星座群の北と南の一隅に位置する。

星座は東西南北の四辺に一列に配置され、東は七星座、北は六星座（あるいは七星座）、西は七星座、南は七星座が各々配置されて二十八宿をあらわした星図である。中央には円形の五星があるものの星座を構成していない。また天極星や北極五星などは描かれていない。西隅から東にかけて白線が幾条か引かれて銀河をあらわすという。

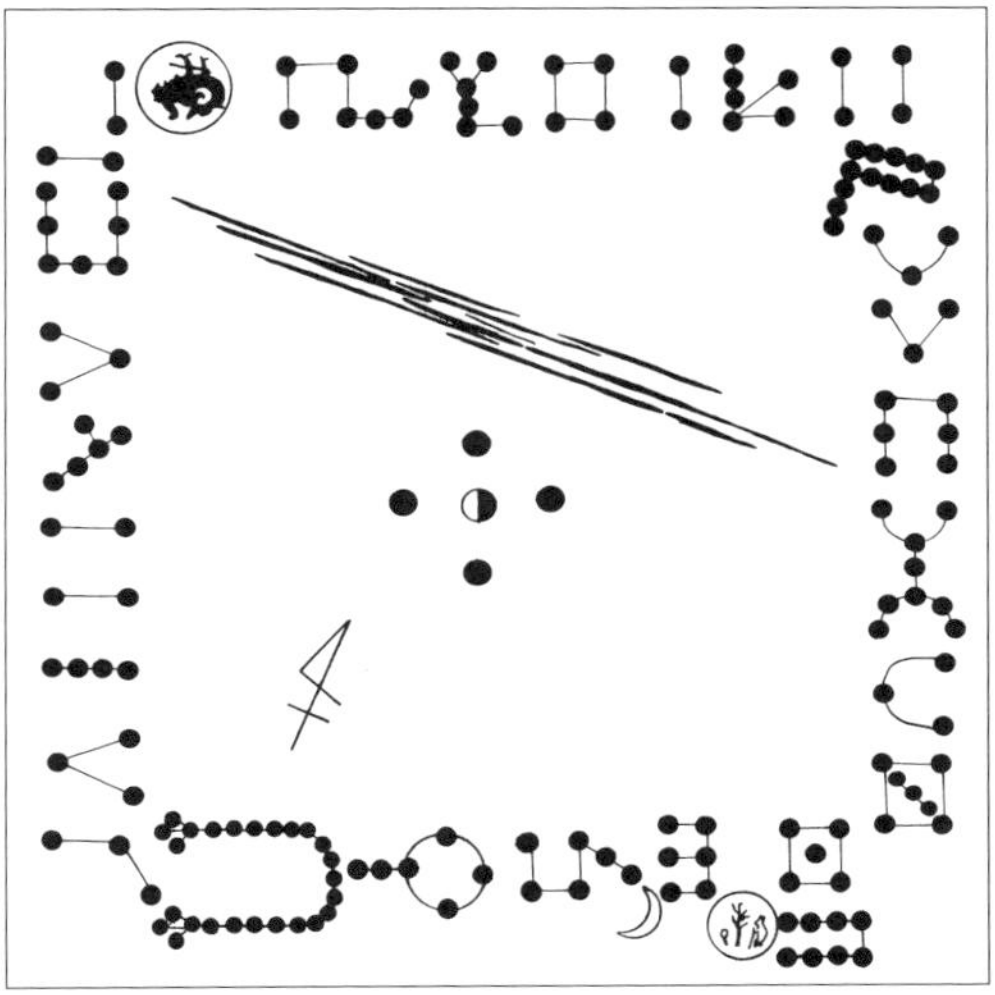

図 30　アスターナ墓天文図（李ほか 1973 トレース）

星座は日・月像の方位が逆転している。また星座グループのうち、北西隅の日像の横には、七星を柄杓形に結ぶ星座があり北斗七星である。南の三日月のところには、六星を柄杓形に結ぶ星座があり南斗六星をあらわす。これら二星座は方位に一致する。

南星座群では、月像の東にある八星を結ぶ星座は井宿（ふたご座）であろう。東星座群では、南から三番目は参宿（オリオン座）、北端の多数の星の集まりは奎宿（アンドロメダ座）である。天文図を四辺に配置する中国では唯一の星宿図であり、高松塚古墳の星宿図が方形星図であるという点では

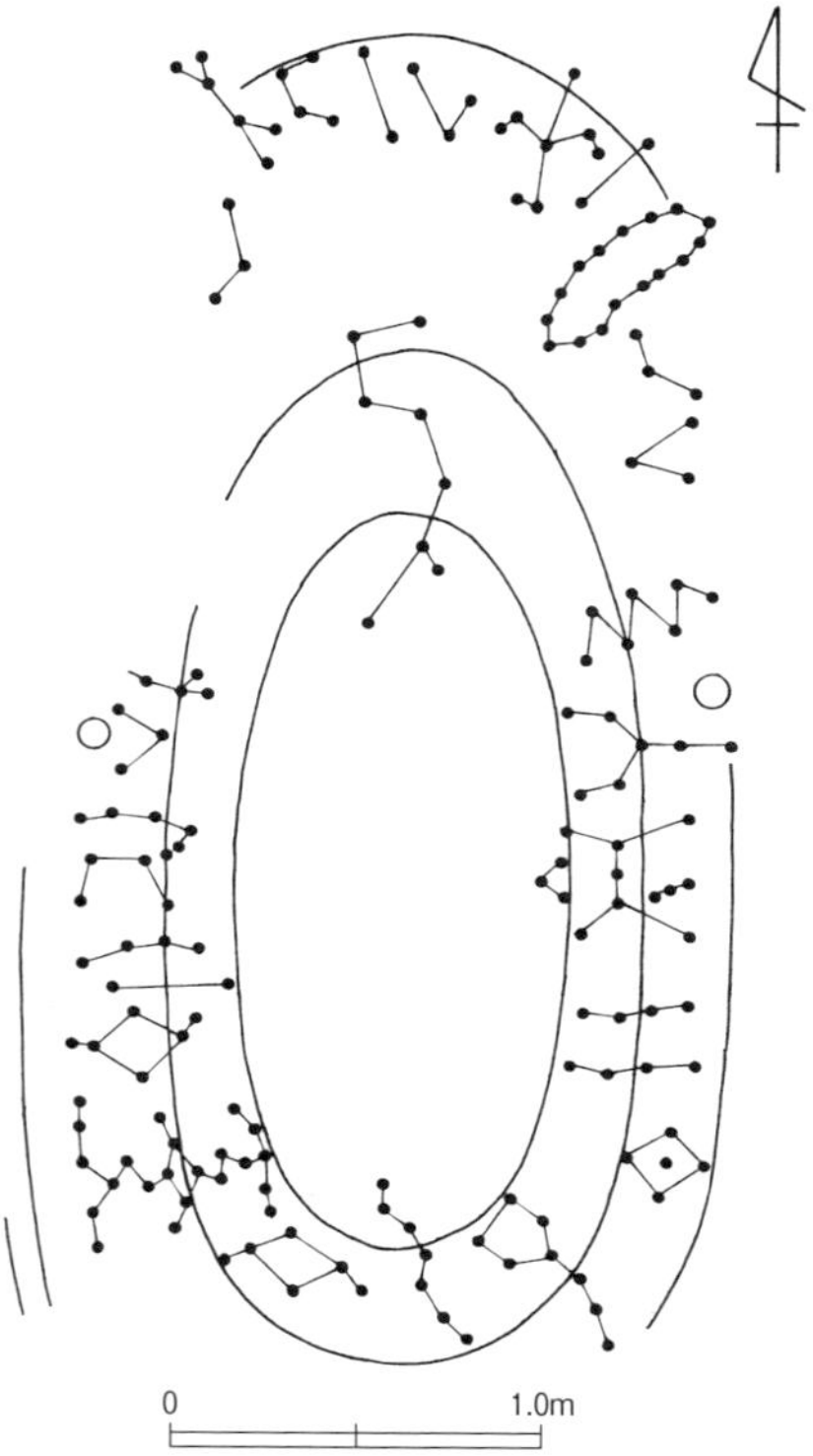

図31　銭寛墓天文図（陳ほか1979トレース）

一致する資料といえる。しかし壁画墓が中国の西域にあることから、高松塚古墳とのかかわりはないだろう。

(27) 銭寛墓（九〇〇年、浙江・杭州市）

唐末期の墓である。墓室は南北に主軸をおき、磚の表面に漆喰を塗布して壁画を描いている。天文図（図31）は穹窿天井の頂部に四重の楕円を描いて、そのなかに星座を配置した。星は金箔を貼るが、現存するのは一七〇星で、朱色で星を結ぶ二九星座と、一五四星の付星がある。西の昴星に接して、青白色の円を描く月像がある。東は心宿とする星座に朱色の円を描く日像がある。報告は星座ごとに二十八宿の比定を行っている。

特徴的なのは、天頂北方向で内圏から外にかけて北斗七星が大きく描かれている点である。このほかにも星座の特徴から、昴星以外にもいくつか特定される星座が存在する。しかし、内圏中央の天頂には、天極星や北極五星などは描かれていない。

以上が、中国の壁画墓に描かれた天文図である。時代は前漢から唐代までのものを集成した。各種報告のなかで天文図の掲載されていない資料を含めると五〇例以上になるが、星図は二七例（追葬による改変を含まない）である。地域的には山東・山西から陝西省にかけての中原地域に集中する。隋・唐代は、皇帝陵が二例のほか、太子・公主墓などの墓の調査が相次いだことで壁画の内容も豊富である。

二　中国壁画墓の天文図の特徴

1　時代的特徴

前漢期から唐代までの壁画天文図は、資料的には三国時代から五胡十六国時代（二二〇—四一九年）までの報告が少数にとどまる。

まず前漢から後漢時代の天文図において、全体の判明するのは西安交通大学墓のみである。この天文図の特徴は以下のとおりである。

①朱線によって天井いっぱいに二重の円圏が描かれた。この円が天文図の内規や外規などにあたるのかわからない。円形によって天空を認識するという天文学的知識によったことは明らかであろう。

②内圏では南に日像、北に月像を配置する。これはあとのものとは方位が異なる。

③星座は内圏と外圏の間に描かれたが、同時に四神も各方位にしたがって描かれた。

④星座図の特徴は、星座のなかにそれを象徴する動物や鳥が描かれた。これはほかの星座にも通じて、星座の具象性を表現したのであろう。

⑤玄武に相当する星座では、蛇が一匹描かれている。このような事例は郝灘墓でも同じである。玄武という亀と蛇

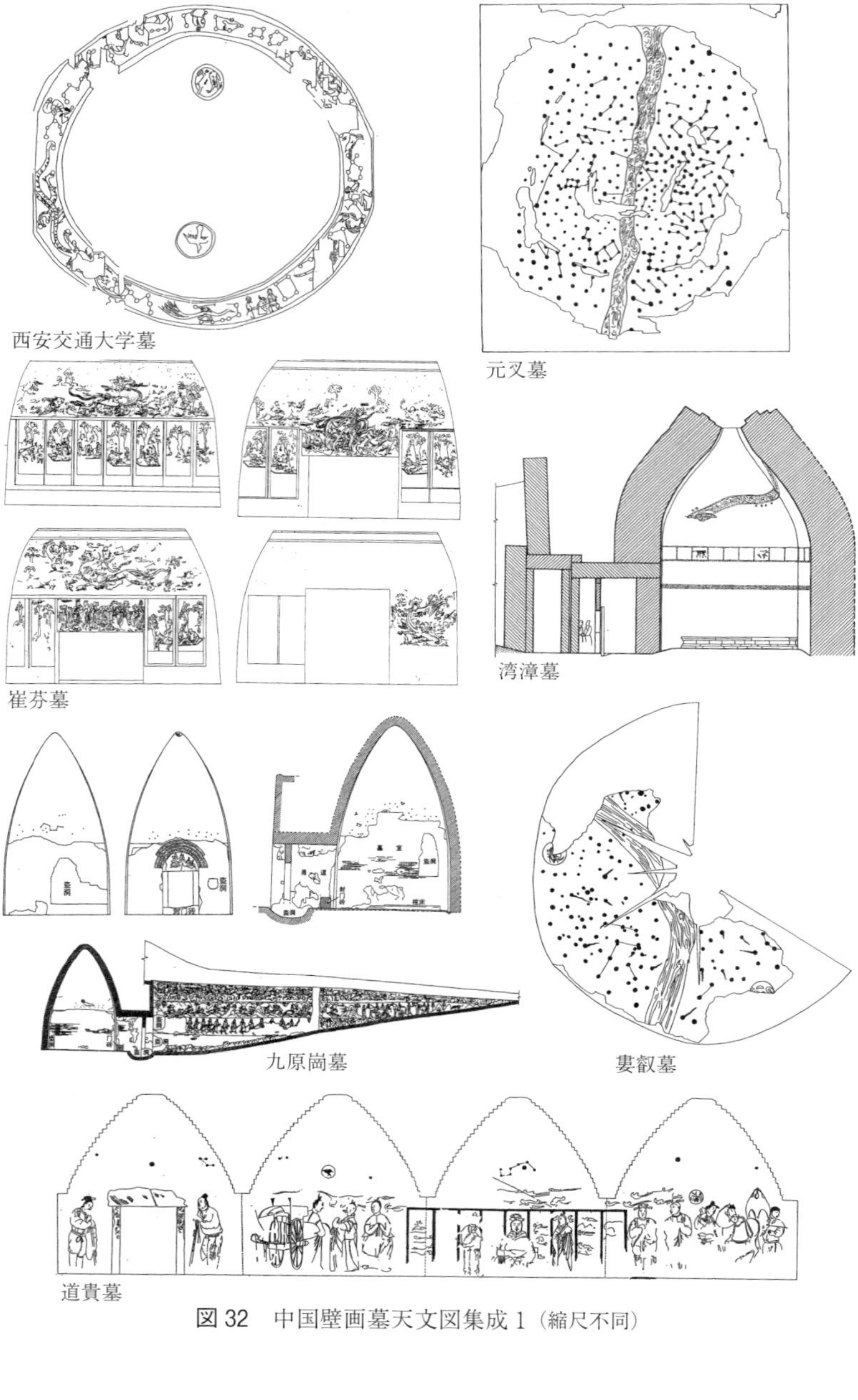

図 32　中国壁画墓天文図集成 1（縮尺不同）

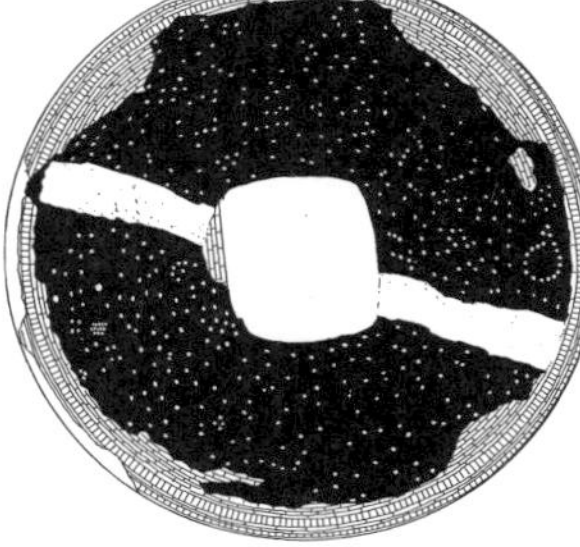

潼関税村墓（王霞ほか 2013）

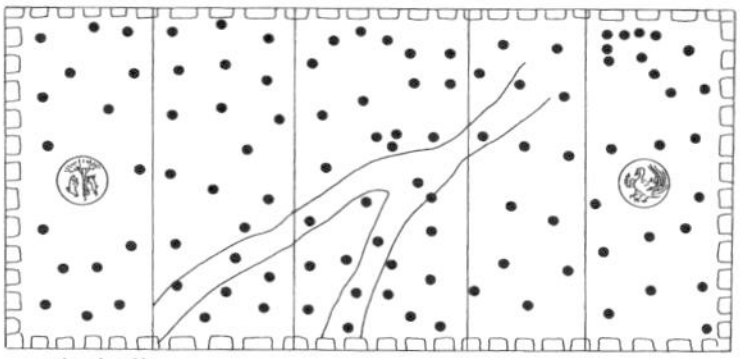

李寿墓

太原南郊唐墓

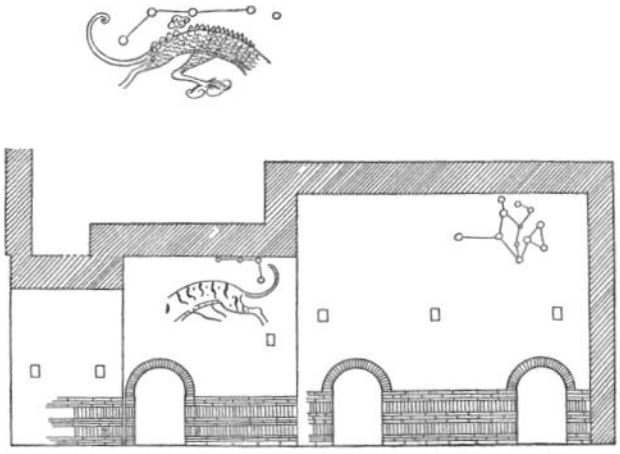

冉仁才墓

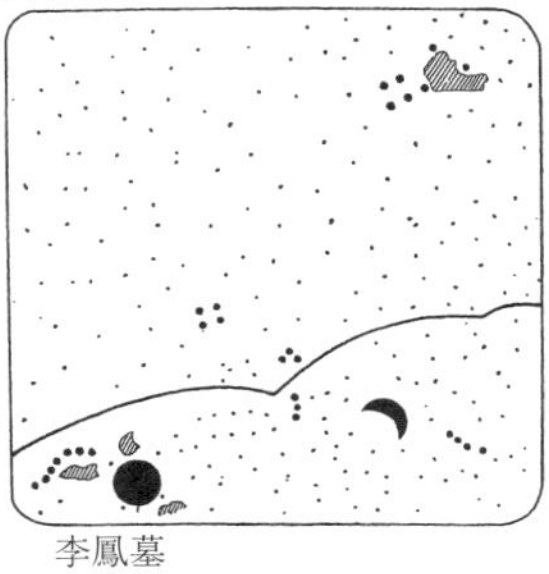

李鳳墓

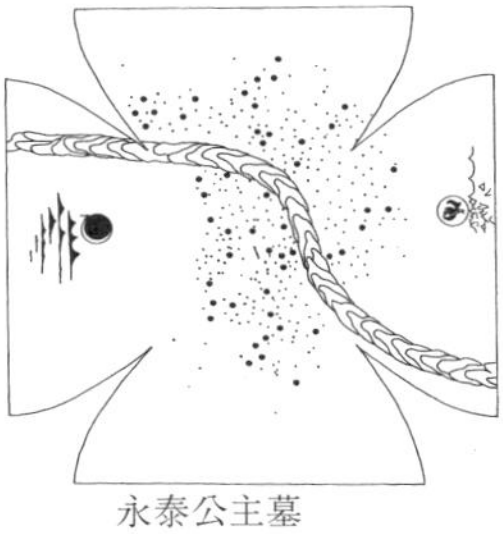

永泰公主墓

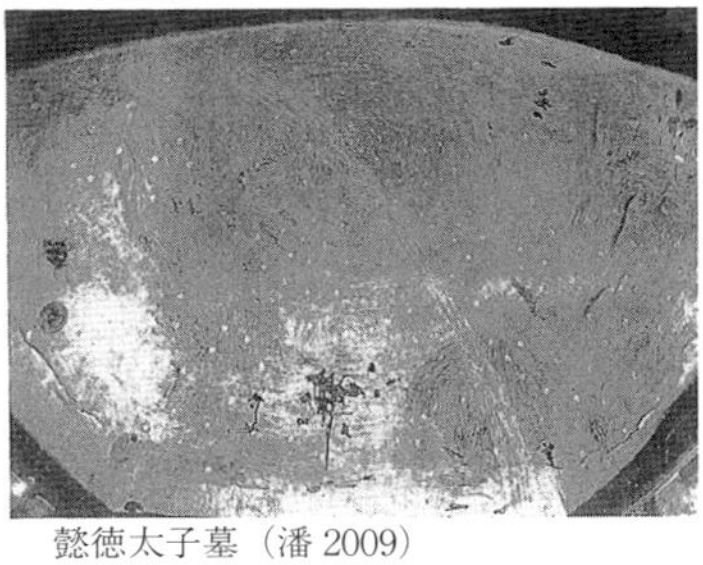

懿徳太子墓（潘 2009）

章懐太子墓（潘 2009）

図 33　中国壁画墓天文図集成 2（縮尺不同）

節愍太子墓

李邕墓

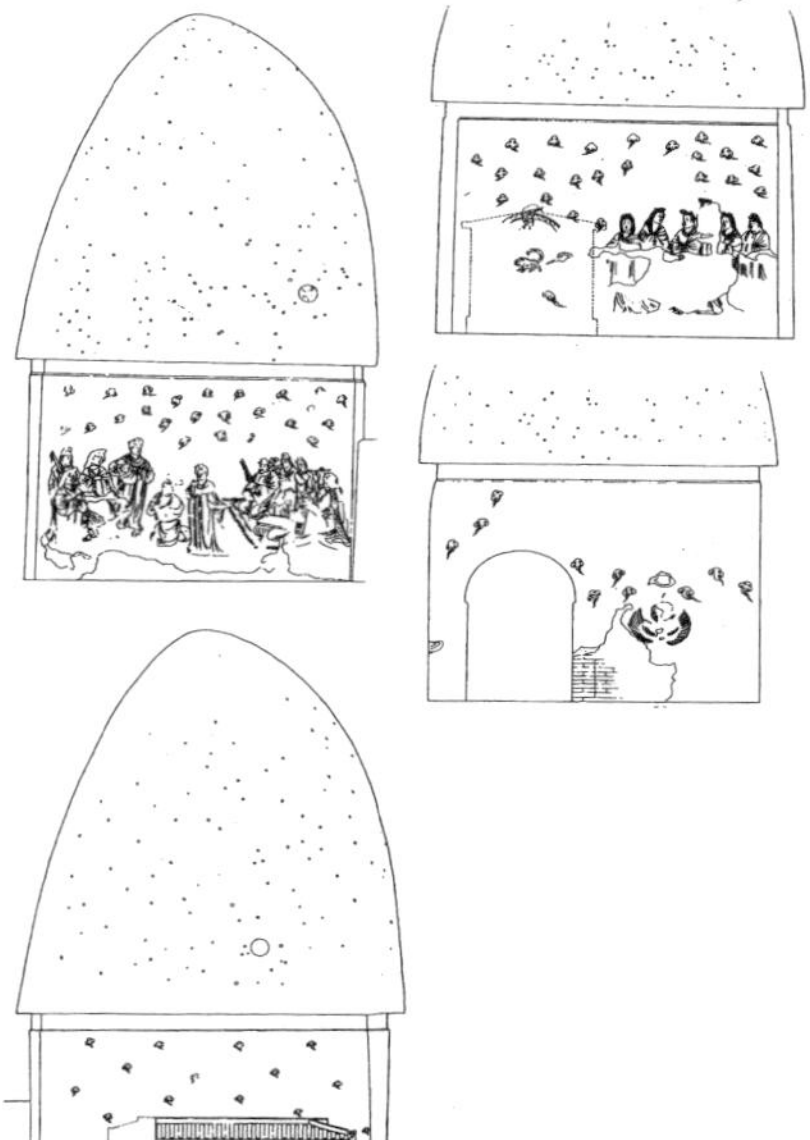

恵陵

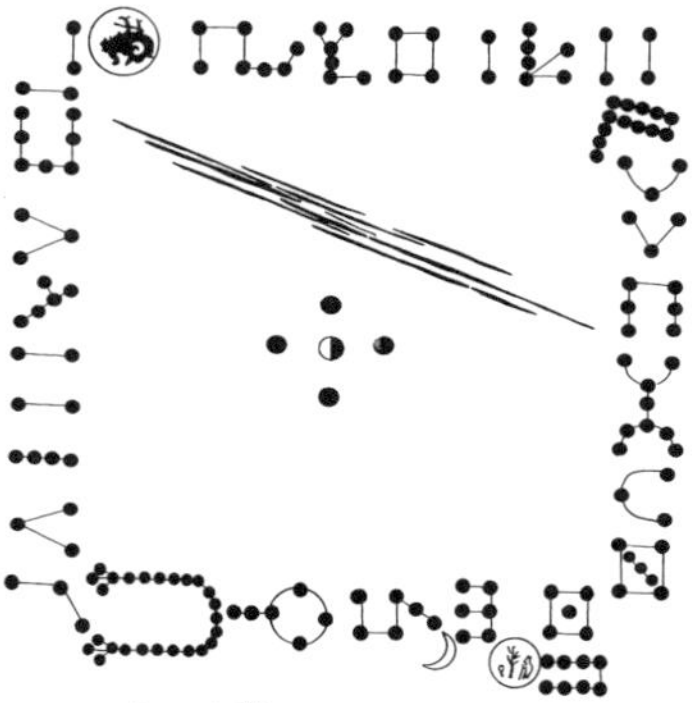

アスターナ墓

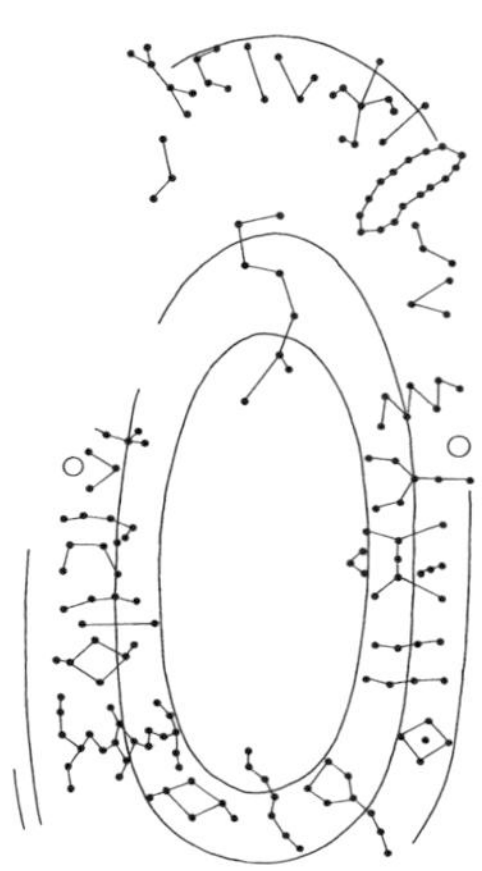

銭寛墓

図 34　中国壁画墓天文図集成 3
（縮尺不同）

の絡まる図像の原初的な姿を示唆する。

⑥人物像にも、星座と深くかかわるような表現がみられるのはこの時期の特徴であろう。このことは画像石の天文図などにも見出せる。

⑦内圏の中央は雲気紋で満たされるばかりで、天極星や北極五星などの天極の星座は描かれていない。また、のちの天文図で多く描かれた銀河も描かれていない。

北斉・北魏墓から唐墓の天文図のなかで星座の全体が判明するのは、元叉墓と冉仁才墓、アスターナ墓、銭寛墓の四例に限られる。このほかは、おおむね満天の星空を描き、そのなかに銀河を象徴的に描いたにすぎない。以下では、画題のテーマごとの特徴をみる。

2　画題の特徴

(1) 北斗七星

北斗七星は北極の近くにある星座で、『史記』天官書には天帝の乗る車であるとする。さらに天の中央をめぐり、四方を統一する星座として、あるいは、二十四節気を掌るとして星座のなかでもとりわけ古くから認識された。『晋書』天文志では日・月五星の要であり、北斗の七つの星が明るいときは、その国は栄えるとされたのである。

ところが、壁画天文図で確認できるのは、前漢期の西安交通大学墓と郝灘墓、北斉の元叉墓、道貴墓、盛唐期のアスターナ墓などに限られる。隋・唐代墓には天文図の中心的なテーマとしては描かれなかった。

（2）銀河

銀河に対する観念は、大林太良によると（一九九九）、『詩経』に雲漢といい、あるいは天漢とよぶのは、地上の漢水になぞらえたのであるという。『史記』天官書には、「星は金気の散乱したものであり、本来は火である。星が多く現れると国の吉兆であり、少ないときは凶兆である。漢（天の川）はまた金気の散乱したものだが、本来は水である。銀河中に星が多いと水害が多く、少ないと旱害があるという」とあって、天の川を水の流れる川とみて星の数で吉凶を占ったのである。川と見立てた表現は、元乂墓や婁叡墓、永泰公主墓などの銀河をみても明らかである。ただ後漢までの時期の天文図のテーマではなかったようである。

（3）流星

婁叡墓の星の表現は、長い尾を引くようで流星であろうと考えられた。このような星の表現は特異である。しかし、天文現象としての流星や彗星の出現は、『晋書』天文志が「流星の類で音を立てて炬火のように地平に落ちてゆき、……それが落ちる国は平和で喜びごとがある」とする以外は、兵乱や大水害といった凶事をさした。

（4）天極星

中国の壁画天文図のもっとも重要なことは、初期から中央にあるべき天極星や北極五星などは描かれなかったという点である。古代中国では、宇宙の最高神としての天を認識し、天が天文図のなかの天極であったはずである。そこには宇宙の最高神としての天帝（あるいは天皇大帝）が宇宙の中心を占めるとするが、このような象徴性は省かれたのである。

以上が中国壁画墓の天文図である。汪勃は（二〇〇二）、唐代の壁画天文図の特徴の一つに、正確な天文図であり紫微垣を描いているとする。しかし、同氏の掲げる高松塚天文図と中国天文図の星形比較表の北極・四輔をみる限りは空欄なのである。崔芬墓では天文図は天井には描かれず、四神と同じ壁面に描かれた。蘇哲は（二〇〇七）、崔芬墓独特の構図であるとするが、すでにこの時期の天文図は本来のものではない。唐代になるとさらに夜空を表現することに傾斜し、恵陵では漆喰をまるめてそれを星に見立てたのである。これは正確な天文図とはとてもいえない。

三　中国の天文図とキトラ・高松塚天文図の影響関係

キトラ・高松塚天文図の源流地である中国の壁画天文図を通覧した。そこにはキトラ天文図と同様のものが描かれ、淳祐天文図に比較できるものを期待した。ところが、キトラ天文図のような円形星図もなければ、高松塚天文図のような二十八宿天文図もあとの時代をまたなければならない。なによりも、内規の天極星や北極五星は一貫して描かれていないのである。

天文図は、北魏・北斉から唐代になると、星座図を正しく配置するよりは、星空を描くという方向に転換した。果たしてこれが天文図とよべるものなのか。ここには、第Ⅰ部第一章で詳述した、天命思想とのかかわりにおける星座表現などは皆無なのである。北魏江陽王の元乂墓、北斉皇帝高洋の湾漳墓、譲皇帝李憲の恵陵などは、正統な天文図を描いていてもよいはずである。ところが既述したように、元乂墓・湾漳墓に描かれているのは、銀河の表現を中心にした星空なのである。

これまで中国考古学では、陝西省の唐十八陵そのものは僖宗（八六二―八八八）以外発掘が行われていないので、初期の高祖李淵の献陵や太宗李世民の昭陵などに、天文図が描かれている可能性はあるものの不詳というほかない。

西嶋定生は（一九九九）、漢代から唐代の壁画に表現された死後世界観を以下のようにまとめた。①死者が埋葬されている墓室は、現世の宇宙空間とは異なる別の世界である。②そこには墓主が死後に営むためのすべてが充足している世界である。③その世界は別個の世界でありながらも、その内容は生前の世界と同質であるという。つまり壁画にあらわされた世界観は、生前と同質であることが一貫した基調として存在したというのである。このような死後世界観であれば、天文図が画題の中心テーマではなく、現世の夜空を再現することでしかなかったのだろう。発掘された資料をみる限り中国の壁画天文図には、天命思想は反映していないと理解できよう。

以上のような考察にもとづけば、キトラ・高松塚天文図は、中国の壁画天文図から影響を受けていないといえる。

第三章　高句麗壁画古墳に描かれた天文図

次に高句麗の古墳に描かれた天文図の特徴と、キトラ・高松塚天文図への影響関係について検討する。高句麗の壁画古墳は、集安を中心とする鴨緑江《おうりょくこう》流域に約三〇基、平壌の大同江・載寧《さいねい》江流域に七〇基ほど確認されている。初期の壁画古墳は、載寧江流域の安岳三号墳である。被葬者は中国遼陽から亡命した冬寿（三五七年埋葬）である。墓室構造や壁画の画題は、遼陽との関係が色濃いといわれている。つまり高句麗の壁画は、石室構造を含めて中国の壁画墓の影響のもとに成立したことを示唆する。

天文図が描かれるのは、安岳三号墳に続く時期で、四世紀末から五世紀の古墳に画題として取り入れられた。四神像が四世紀中葉から描かれることからすれば、天文図は少し遅れる。現在確認される天文図は、集安地域で六基、平壌地域で七基の合計一三基である。なお本文中の古墳の年代観は早乙女雅博（二〇〇五）、南秀雄（一九九五）、東潮（二〇一一）によった。

一覧表（表7）の壁画墓の事例以外に、伏獅里壁画古墳、星塚、狩猟塚などに天文図が描かれているというが、詳細は明らかではない。なお星座は黒点で強調した。

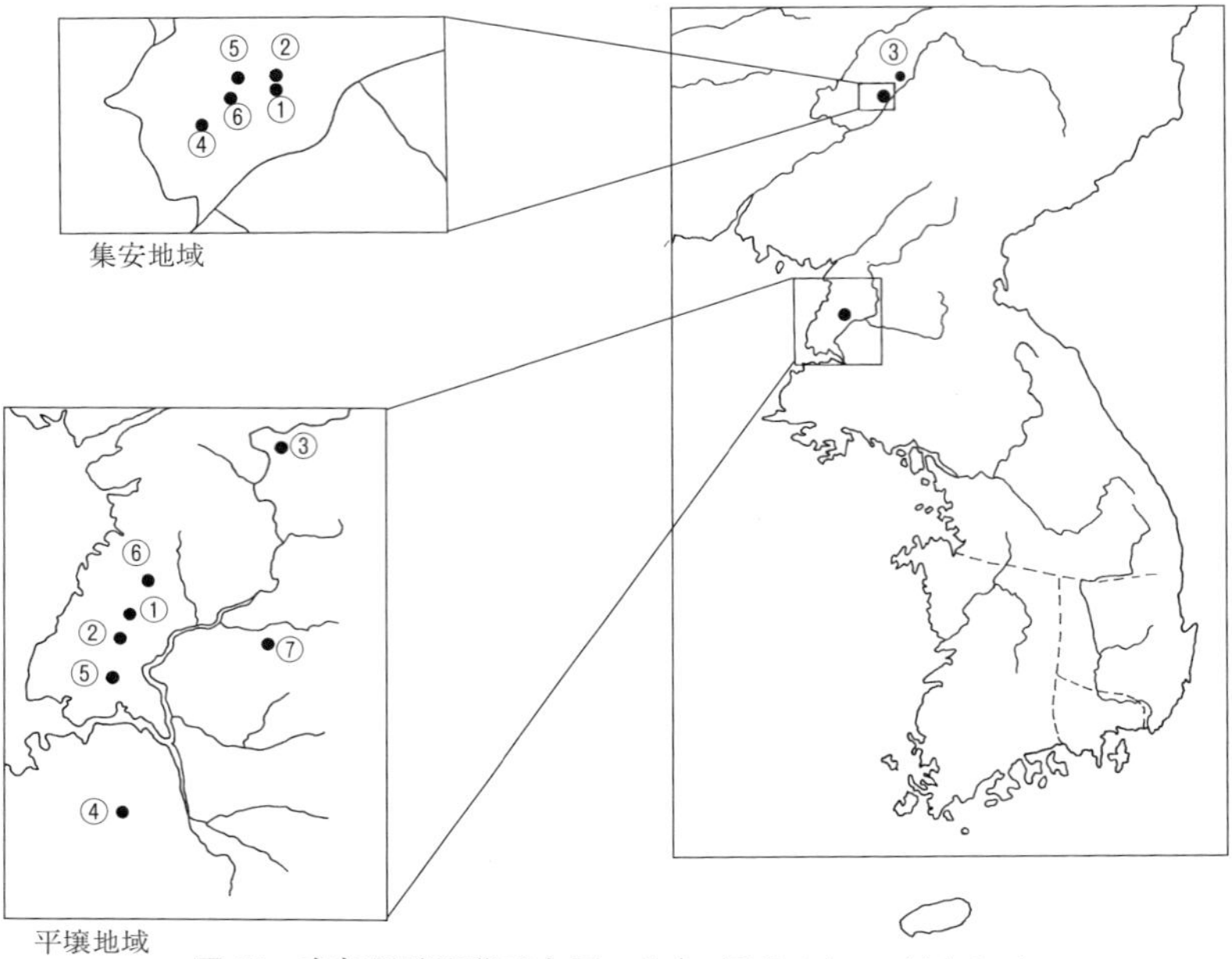

図35　高句麗壁画墓天文図の分布（番号は表7に対応する）

一　高句麗壁画古墳の天文図

1　集安地域

（1）角抵塚《かくていづか》（四世紀末、吉林・集安市）

角抵塚と舞踊塚は隣りあう古墳で、石室構造や壁画のモチーフは共通するところも多い。石室は羨道と前室、奥室からなる二室墓である。奥室の四壁は基底から内傾して天井に接続する。天井下部は二段の平行持送り、上部は四段の隅三角持送りで、見上げると八角形を呈する。壁面全体に漆喰が塗布され、奥室北壁には幔幕のなかに墓主と二人の夫人、従者が描かれている。

天文図（図36）は持送り石の二段目から六段目にかけて、天井を縦断するように各壁面に描かれている。星は黒線で描き内は朱色を塗る。星と星は、黒の三本線で結んで星座を表現する。

東壁二段目には、朱色の円形のなかに黒色の三

表7　天文図を描く高句麗壁画古墳一覧

集安地域

	遺跡	埋葬年代	墓主	所在地
1	角抵塚	4世紀末	—	中国吉林・集安市
2	舞踊塚	4世紀末〜5世紀初	—	〃　・　〃
3	長川1号墳	5世紀中葉	—	〃　・　〃
4	三室塚	5世紀後半	—	〃　・　〃
5	通溝四神塚	6世紀中葉	—	〃　・　〃
6	五盔墳（4・5号墓）	6世紀後半〜7世紀	—	〃　・　〃

平壌地域

	遺跡	埋葬年代	墓主	所在地
1	徳興里古墳	408年	鎮	北朝鮮平安南道南浦市
2	薬水里古墳	4世紀末〜5世紀初	—	〃　〃
3	天王地神塚	5世紀初	—	〃　順川市
4	安岳1号墳	5世紀前半	—	黄海南道安岳郡
5	双楹塚	5世紀末	—	平安南道南浦市
6	徳花里2号墳	6世紀前半	—	平安南道南浦市
7	真坡里4号墳	6世紀後半	—	平壌市戊辰里

※ 北朝鮮の表記は朝鮮民主主義人民共和国の略称。
※ 中国の表記は中華人民共和国の略称。

足烏が描かれて日像をあらわす。頭部は先端がカールする鶏冠と、山形に分かれた羽を表現する。三段目から、南東壁四段目にかけて三星を結ぶ星座がある。南東壁には、四段目から五段目にかけて二星を結ぶ星座がある。

北壁では、二段目の低い位置に三星を結ぶ星座があり、三段目から北西壁の五段目にかけて七星を結ぶ星座がみられる。枡形の四星は北壁にあり北斗七星をあらわす。北西壁六段目には一星が単独で描かれている。

西壁には薄くなっているが、円形の中央に蟾蜍が描かれて月像をあらわす。北西壁に接して三段目には単独星があり、月像の上部三段目から五段目にかけて、三星を結ぶ星座が描かれている。南西壁には三段目に三星を結ぶ星座が描かれて

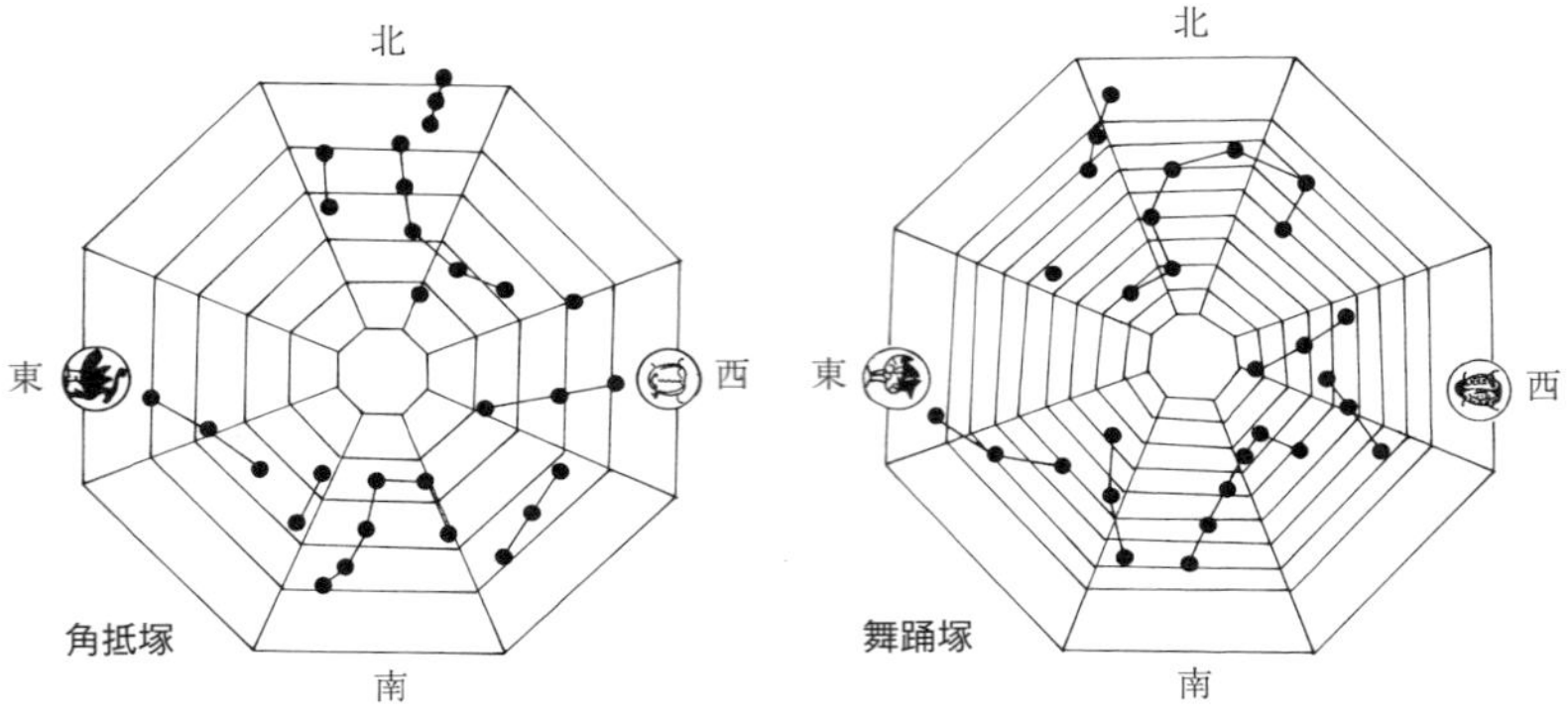

図36　角抵塚・舞踊塚天文図（東1988トレース一部改変）

いる。

南壁には、三段目から五段目にかけて六星を結ぶ星座が描かれている。北壁の北斗七星に対する南斗六星を表現するのだろう。

（2）舞踊塚《ぶようづか》（四世紀末～五世紀初、吉林・集安市）

石室は羨道に前室と奥室のつく二室墓で、奥室の四壁は少し内に傾き、天井は下部が三段の平行持送り、上部は五段の隅三角持送りである。見上げれば八角形を呈し、壁面には漆喰を塗布して壁画が描かれている。奥室北壁は幔幕のなかに墓主夫妻と従者がいて、来客を接待する場面を描いているという。日・月像と星座図（図36）は、隅三角持送り四段目から上部の八段目にかけて、側面と下面を縦断するように描かれている。星はすべて黒線の円形でなかは朱色を塗る。星と星を黒線の三本線で結ぶのは、角抵塚の星座表現に同じである。

東壁の四段目の側面に黒線で円形を描き、そのなかに黒色の三足烏が描かれて日像を表現する。頭部はうしろに長く伸びる鶏冠と、三つに分かれた山形の羽表現が独特である。三足烏の頭部付近から、南東壁三段目にかけて三星を結ぶ星座が描かれている。北東壁六段目には一つの星がある。

北壁では四段目の麒麟図から、北東壁五段目にかけて三星を結ぶ星座と、北西壁四段目から、北東壁の八段目まで段をまたぐように大きく描く。七星で柄杓形に結ぶ北斗七星である。

西壁では四段目に黒線で円形を描いた中央に蟾蜍を描き月像をあらわす。六段目から八段目にかけて三星を結ぶ星座と、南西壁から西壁の五段目から六段目に三星を結ぶ星座が描かれている。

南壁では五段目から、南西壁七段にかけて六星を結ぶ南斗六星と、南壁五段目から南東壁七段目にかけて三星を結ぶ星座が描かれている。南斗六星も北斗七星のように大きく表現されている。

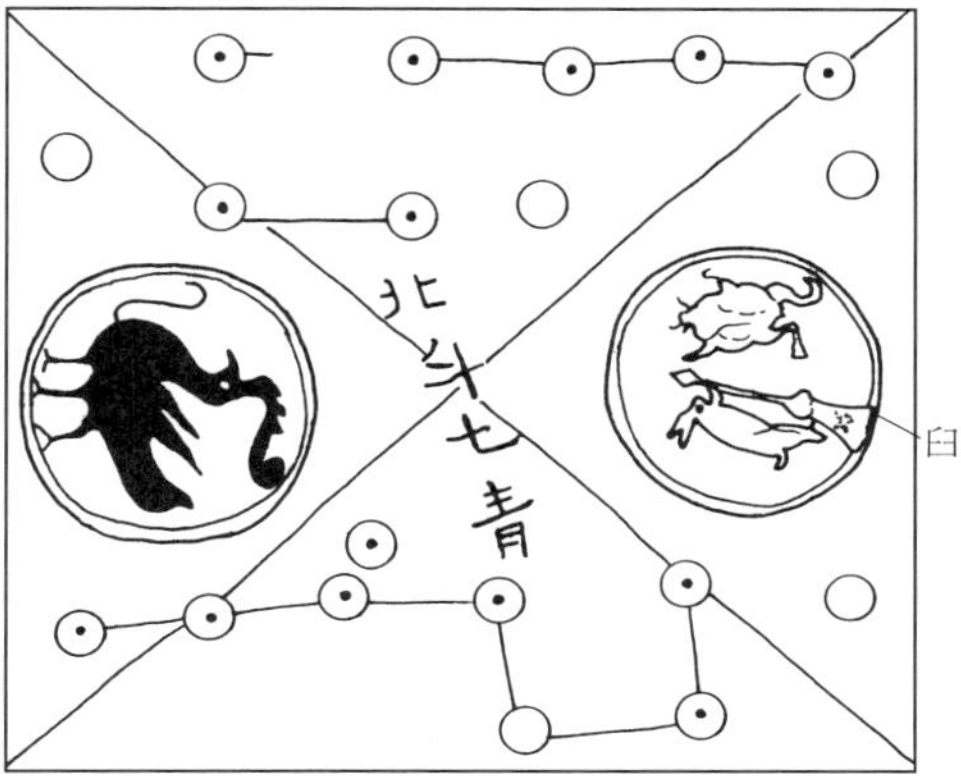

図 37　長川 1 号墳天文図（尹 2003 トレース）

（3）長川《ちょうせん》一号墳（五世紀中葉、吉林・集安市）

石室は羨道に前室と奥室のつく二室墓で、奥壁は四壁が基底から垂直に立ち上がり、天井は五段の平行持送りである。壁面には漆喰を塗布して壁画が描かれている。

天文図（図37）は奥室天井に対角線が引かれる。そのなかに日像と月像が描かれ、これらを挟んで星座が描かれている。日像は黒線で円を縁取る。内は白く塗りそのなかに三足烏を描く。月像は黒線で円を縁取り、なかは黄白色の地の上に兎と蟾蜍、臼が描かれる。星座は日・月像を挟んで模式的に北斗七星を対に描く。星は黒色の円のなかを白く塗り、さらに中心部は黄色の丸点が描かれた。星と星は黒線で結ばれる。このほかにも単独星が一星ある。対角線の交点付近に、

「北斗七青」の傍題が書かれているというが確認できない。

（4）三室塚（五世紀後半、吉林・集安市）

本墓は奥室が三室あり、それぞれの石室がコ字形に結ばれた特異な構造である。各奥室の四壁は、石材を基底から垂直に積み上げ壁面に漆喰を塗布する。天文図は第二室と第三室の天井を覆う頂石に描かれている。

第二室頂石には、中央に黒線の円形の縁取りをする二つの円が描かれている。韓国放送公社（一九九四）の写真版は、方位は不詳ながら一方の円には黒色の鳥のような図形が確認でき、日像のなかの三足烏であろう。中央の円形の図形は不詳である。二つの円を挟んで、黒線で丸く縁取る星が描かれている。各々六星と五星である。六星の方は四星で枡形に結ばれ、柄杓の柄にあたる部分も二星が結ばれるところから、南斗六星を描いたのであろう。一方の五星の部分は、四星が黒線で結ばれて星座を表現している。

第三室頂石には、中央に半円しか残っていないものの、黒線で円形を描きそのなかに朱色で地の部分を塗っている。このなかに黒色の部分を確認できる。これも本来は日像を描いたのであろう。この円形に接して黒線で円を描き、そのなかを朱色で塗る星が三星あり、各々は黒線で結んで星座をあらわす。日像に対するように、壁際に黒線で半円形を描くが、なかの図像は不詳であり月像とはいいがたい。この半円形を挟んでいくつかの星が描かれ、二星を結ぶ星座や、四星を四角に結ぶ星座などが描かれている。これら一群の星には朱色は塗られていない。

（5）通溝四神塚（六世紀中葉、吉林・集安市）

石室は羨道に奥室のつく単室墓である。奥室四壁は平面を平滑に仕上げた石を三段積み上げている。壁面には漆喰

図 38　通溝四神塚天文図（池内ほか 1973）

は塗布されていないが、石材の目地を詰めるのに使用されている。天井は奥室の四壁から一段目は平行持送りで、これより上部の二・三段目は隅三角持送りである。二段目の隅部には方形石がはめ込まれている。

東壁にあたる持送り二段目隅の方形部には（図38）、日像をあらわす朱色で縁取る円を描き、そのなかに黒色の三足烏を描く。西壁には月像をあらわす黒線で円を縁取り、なかは白色を地とする。復元図は蟾蜍が中央に描かれている。南・北壁には舌出鬼面像が描かれている。天文図は三段目の南・北側面と天井に描かれている。

北壁側面には左右に獣頭鳥身の

怪鳥が一対で描かれているが、このなかの雲気紋を挟んで六（あるいは七）星が描かれている。星は朱色に丸く縁取りされ、なかは黒く塗る。星と星は結ばれていないが北斗七星をあらわすのであろう。

南壁側面には右に舌出鬼面像、左に獣頭鳥身の怪鳥が描かれ、そのなかに舌出鬼面像と雲気紋に重なるように七星が描かれている。色彩は北壁と同じようであるが、北面の柄杓の枡にあたる部分は星を結んでいる。

天井頂石には中央に大きく龍を描き、北辺に三星が描かれているものの、それぞれをつなぐ線はみられず、単独星として描いたのだろう。星に大小があり中央の星は大きく描かれている。

（6）五盔墳《ごかい》（四・五号墓、六世紀後半～七世紀初頭、吉林・集安市）

四号墓は墓道と羨道に奥室のつく単室墓である。奥室壁面は花崗岩の一枚板が垂直に立ち上がり、天井は二段の隅三角持送りである。壁面に漆喰を塗布して壁画を描いている（図39）。

北壁では持送り二段目に、雲気に乗る二人の妓楽人のなかに円形の六星が描かれている。星を結ぶ線は不詳である。北面の星座であることから北斗七星をあらわすのであろう。南壁の左には、鳥に乗る仙人の前に二星を結ぶ星座があり、右には雲気に乗り竽《う》を吹く妓楽人の周辺に四星を結ぶ星座が描かれている。二つの星座をあわせて南斗六星なのであろう。天井頂石には、龍が中央を大きく占めて描かれ、その周囲に単独星が四星描かれている。星は黒線によって円形の輪郭を描くだけのものと、なかを黒く塗るものがある。

日・月像は星座とは別に描かれている。日像は東壁の二段目にあり、朱色で円形の輪郭を縁取り、中央に黒色の三足烏を描く。その左右には龍に乗る妓楽人が描かれている。西壁には中央に月像を描く。朱色で丸い輪郭を描き白地に蟾蜍を描く。その左右には龍と鶴に乗る伎楽人がいる。

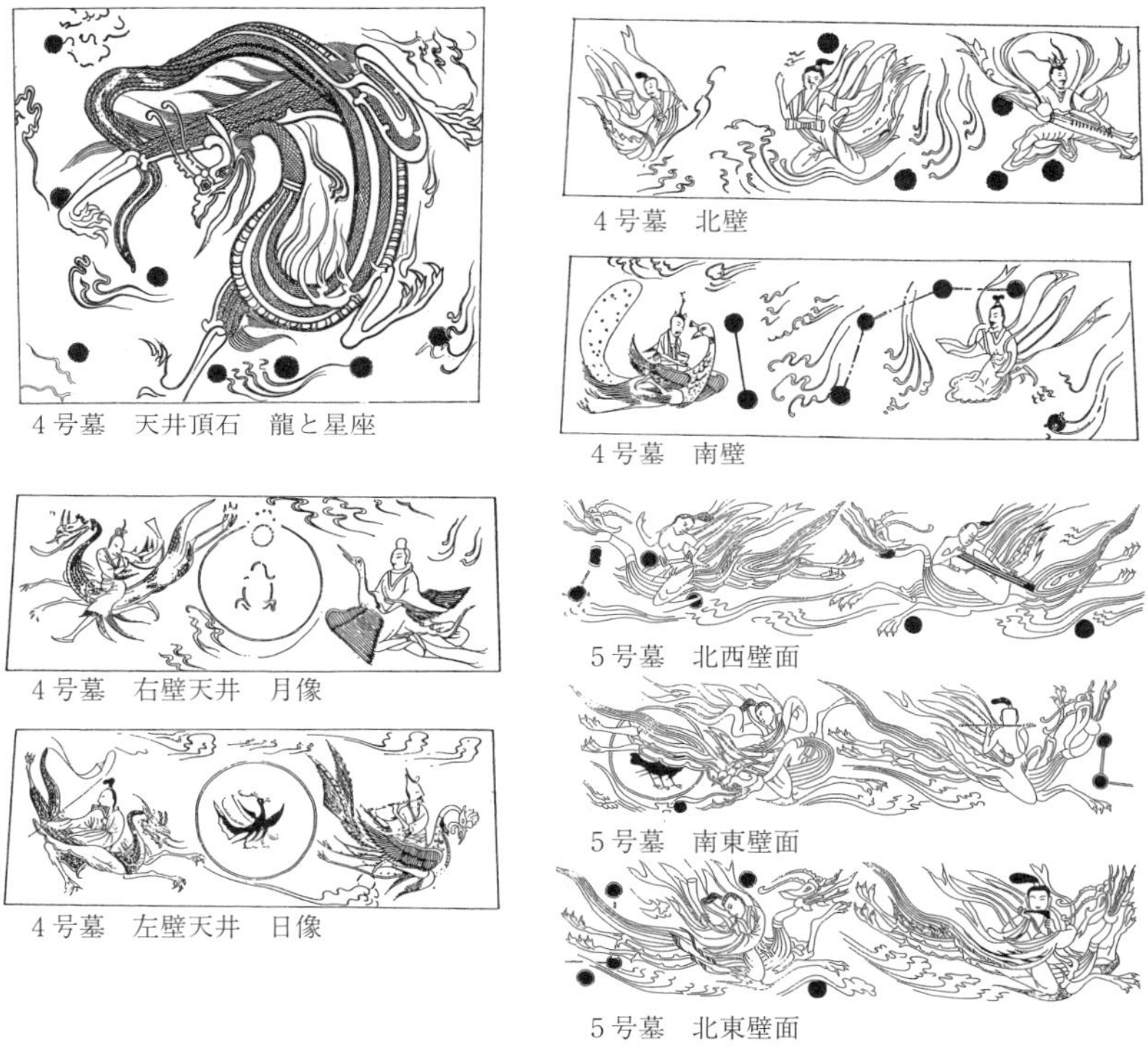

図39　五盔墳4・5号墓天文図（東1988一部改変）

日・月像はこのほかにも、頂石の下に位置する隅の壁面に描かれている。日像のなかには黒色の三足烏がいて、その右には男神が両手をあげた頭上に黄色の円を支えている。対面する左側には、女神が男神と同じ姿勢で頭上に月像を支えている。このなかは、白く塗られ中央に蟾蜍が描かれている。

五号墓の石室は、四号墓と同じ構造の単室墓である。奥室は花崗岩の一枚板が垂直に立ち上がり、天井は二段の隅三角持送りである。仰ぎみると八角形を呈し、漆喰を塗布して壁画を描いている。

北西壁の天井石二段目には、二匹の龍に乗る伎楽人がいてそのなかに五星が確認できる。左の龍の顔面前の星は二星を結ぶ。北東壁には二匹の龍に乗る伎楽人がいて、このうちの左に星が五星確認できる。挿図は別になっているが、この二面で北斗七星として結ぶのであろう。

南東壁には、同じく二匹の龍に乗る二人の伎楽人のうち、右の龍の前に二星がみえる。南斗六星の一部なのであろう。左の龍の足元には褐色の日像の一部があり、右向きの三足烏の三本足がみえる。その他は龍の姿に隠されている。北西端には大きく黒線で円を描く月像がみえる。星は朱色で円を描きなかは黒く塗る。星と星は朱線で結び星座を描く。

天井頂石には、中央に大きく龍と虎が絡み合う図像が描かれ、北には大小二つの星が描かれている。男女神が頭上で支える形は四号墳に同じである。

2　平壌地域

(1)　徳興里《とくこうり》古墳（四〇八年、平安南道南浦市）

石室は前室と奥室の二室墓で、墓主は前室北の天井下部に書かれた墓誌により、中国信都県出身の「鎮」である。永楽十八年（四〇八）に埋葬され、翌年に墓は完全に閉鎖した（羨道西壁の墨書銘）。奥室北壁には幔幕のなかに座す墓主の姿が描かれている。

墓室は前室、奥室とも四壁が垂直に立ち上がり、上部で弧状に天井をつくる穹窿《きゅうりゅう》天井である。前室最上部二段は、平行持送り天井で頂石がおかれる。壁面から天井にかけて漆喰が塗布され、星座図や日・月像などは前室の天井側面に描かれた（図40）。

前室東壁下部には狩猟の場面を描き、上半は傍題の付された神話上の図像と、その中央に日像、星座が描かれている。日像は朱色で円形に縁取り、そのなかに黒色の三足鳥が描かれている。星は日像の左にやや大きく、右は二星あるが小さい。いずれも単独星である。日像の上には、逆V字形で五星を結ぶ星座が描かれている。朱栄憲は（一九八六）、褐色の縁のなかを淡緑色で彩った大星であるという。傍題の付された図像は、V字形の星の北に「飛魚□象」とある翼をもつ魚や、日像の下部の鳥は「陽燧之鳥履火而行」とあり、北端の双頭の鳥は「青陽之鳥一身両頭」とある。南秀雄は（一九九五）、中国の『山海経』に対比できる図像であり、傍題の青陽などは東方位を象徴するという。

北壁は傍題の付された図像が数多く描かれた。星は中央の「地軸一身両頭」と題された獣の左にもっとも大きな単独星がある。「地軸」の上方に、七星を柄杓形に結ぶ北斗七星と単独星、および二星を結ぶ三星座が描かれている。「地軸」左の中心星は、円形のなかに淡緑色を塗る。ほかの星は黒色の円形を描く。また北斗七星も黒線で結ばれている。

西壁には南に偏って月像が描かれ、壁の中央に大星とそのほかの単独星がある。上部には左から五星からなるW字形の星座があり、右には七星からなるU字形の星座が描かれている。中央の大星は淡緑色の円を描き、中心にはコンパス針の中心点がみえる。星座下部の傍題のあるものは、人面鳥身の「千秋」と「万歳」、および幡をもつ「玉女」、「仙人」などである。

南壁には穹窿天井東南頂部から、壁を斜めに横切る緑色に塗られた銀河がうねうねと描かれている。高句麗壁画ではほかに確認されないモチーフである。銀河を挟んで左（東側）には、牛を引く「牽牛」（傍題名称）、右（西側）には織女（傍題は消失）が描かれている。織女の傍らには黒犬が伴う。

星座は銀河の西には、蓮をもつ仙人の前に中心星といわれる大星が単独星として描かれている。仙人の背後には、六星が集まっているものの結ばれていない。南斗六星をあらわすのであろう。「吉利之像」と書く鳥の背後には褐色

前室北天井

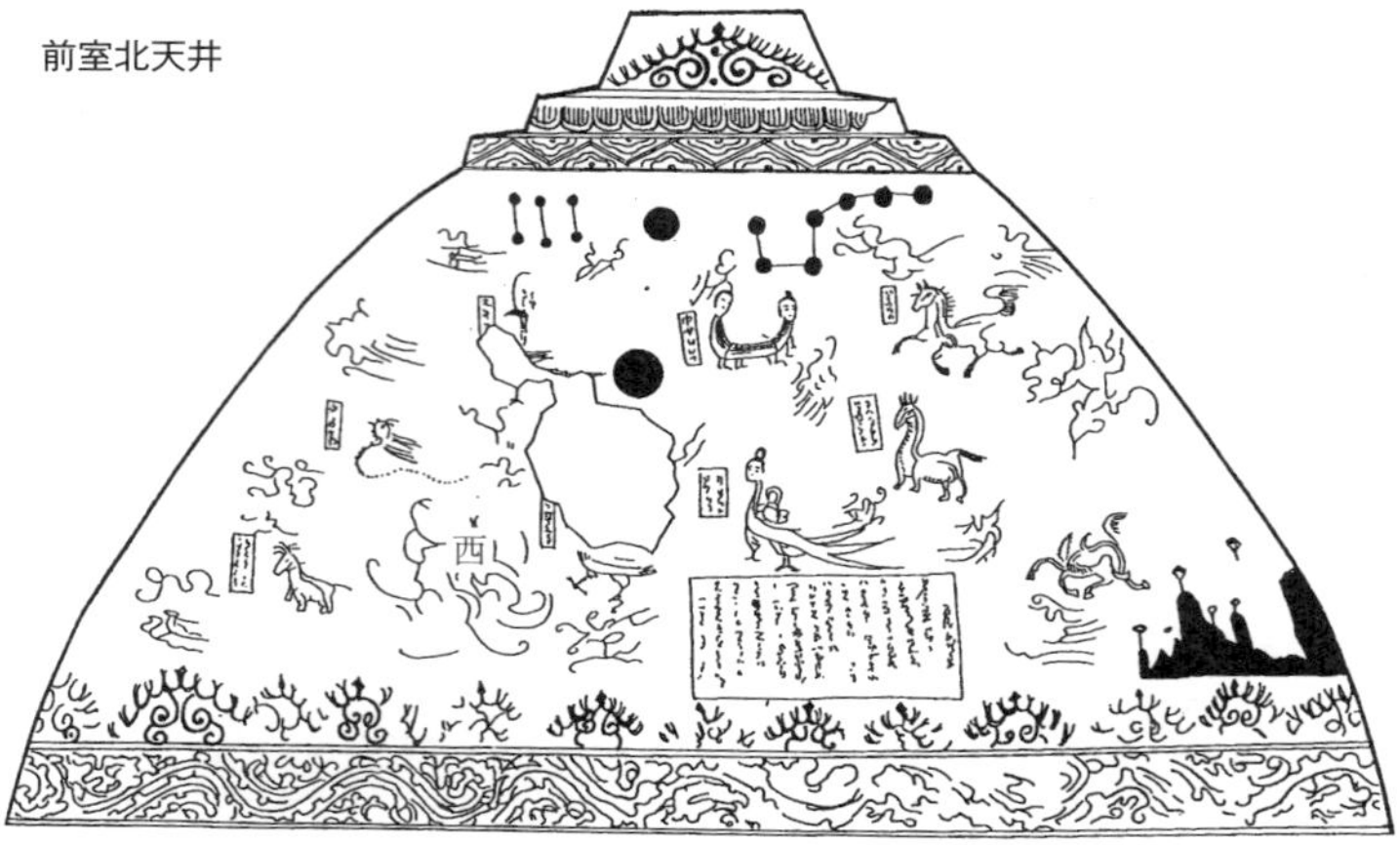

前室南天井

前室東天井

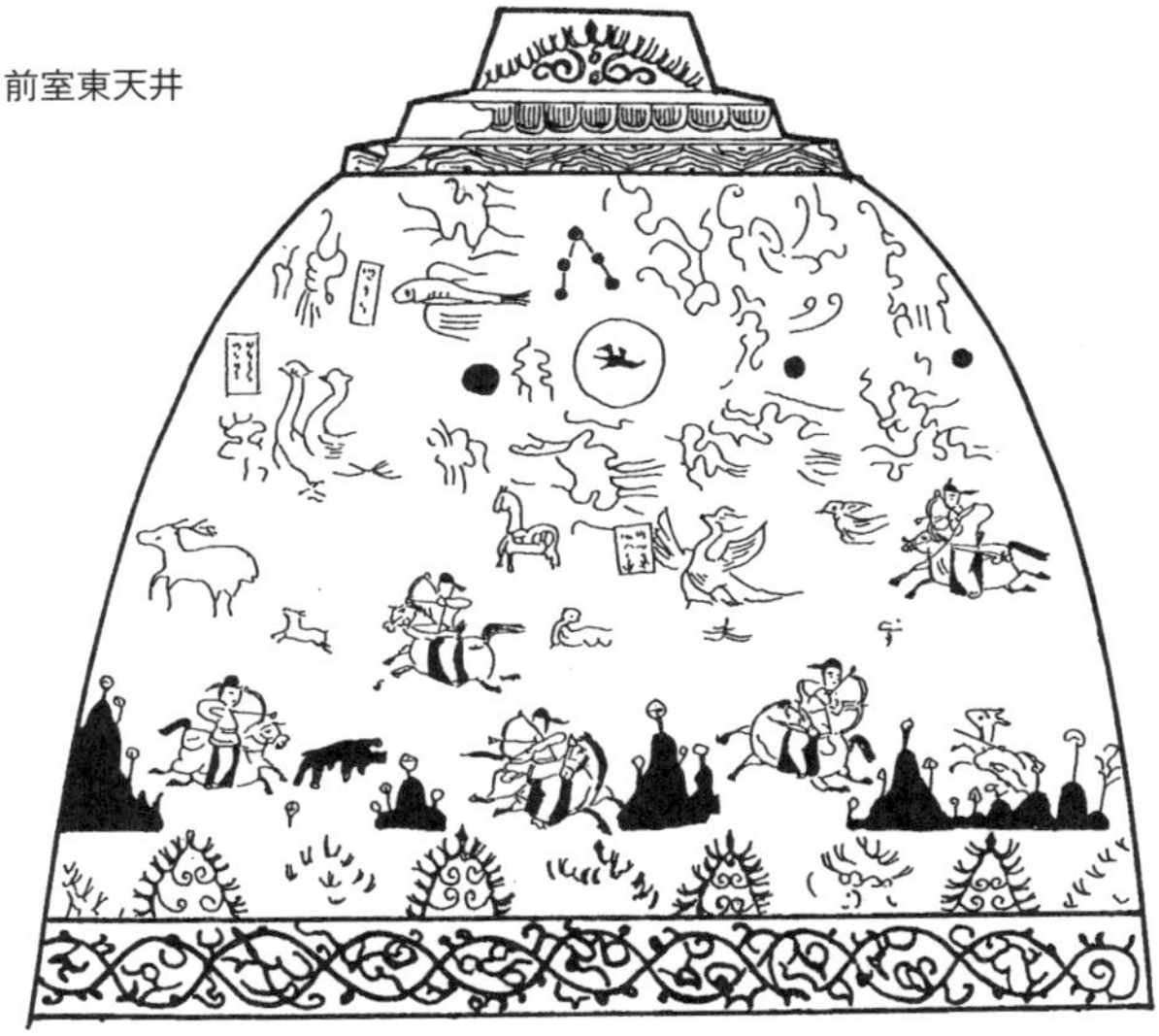

前室西天井

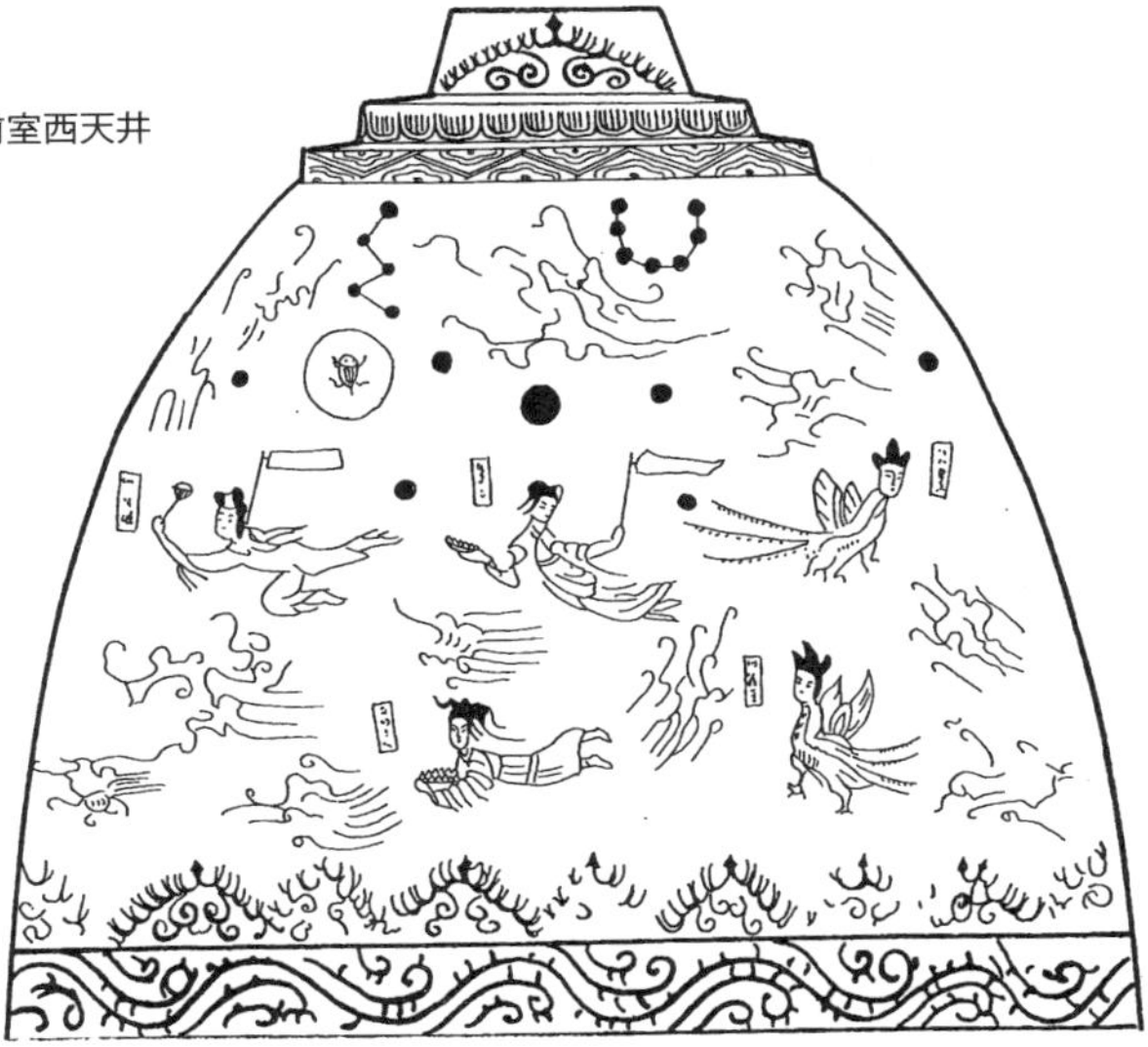

図 40　徳興里古墳天文図（朱 1986 一部改変）

（朱色）の単独星があり、ほかにも二星が単独星として散在する。銀河の東では、東壁近くに三星を結んだ二星座があるほかは単独星が一星である。

（2）薬水里古墳（四世紀末～五世紀初、平安南道南浦市）

石室は前室と奥室の二室墓で、奥室は四壁の壁が垂直に立ち上がり、上部は穹窿形の天井である。天井三段は隅三角持送りで頂石をのせる。四壁と天井は漆喰を塗布する。

東壁の中央には、北を向く青龍が大きく描かれている（図41）。その前に黒線で円を描く日像があらわされ、そのなかは朱を地色に塗る黒色の三足烏を描く。青龍と日像の間に、三星を朱線で結ぶ二星座がある。星も朱色で円を描く。この二星座がT字形に配置されているのは、徳興里古墳南壁の南東側の二星座の配置によく似ている。

北壁の中央の柱と梁が描かれた上部には、幔幕を上げたうちに墓主と婦人、従者などが描かれて、その右に玄武が墓主の方を向く。星座は幔幕の上にあって、七星を柄杓形に結んだ北斗七星と、その下に三星をV字形に結んだ星座が描かれている。

西壁には中央左寄りに白虎が大きく描かれている。その前には月像を朱線で円を描き、なかに黒色で蟾蜍を描く。星座は東壁と一対になるように三星を結んで、二星座がT字形に描かれている。

南壁の中央には、大きく羽を広げた朱雀が東を向いて描かれている。朱雀の觜には朱色の宝珠を含ませているという（金　一九八〇）。星座は朱雀の右斜め上方に描かれ、中央の星とその周りに六星を集中させる。六星は結ばれていないが一つの星座をあらわすのだろう。星座はすべて朱線で円を描き内側も朱色を塗る。星を結ぶ線も朱色である。

薬水里古墳の四神と星座は方位を一致させている。

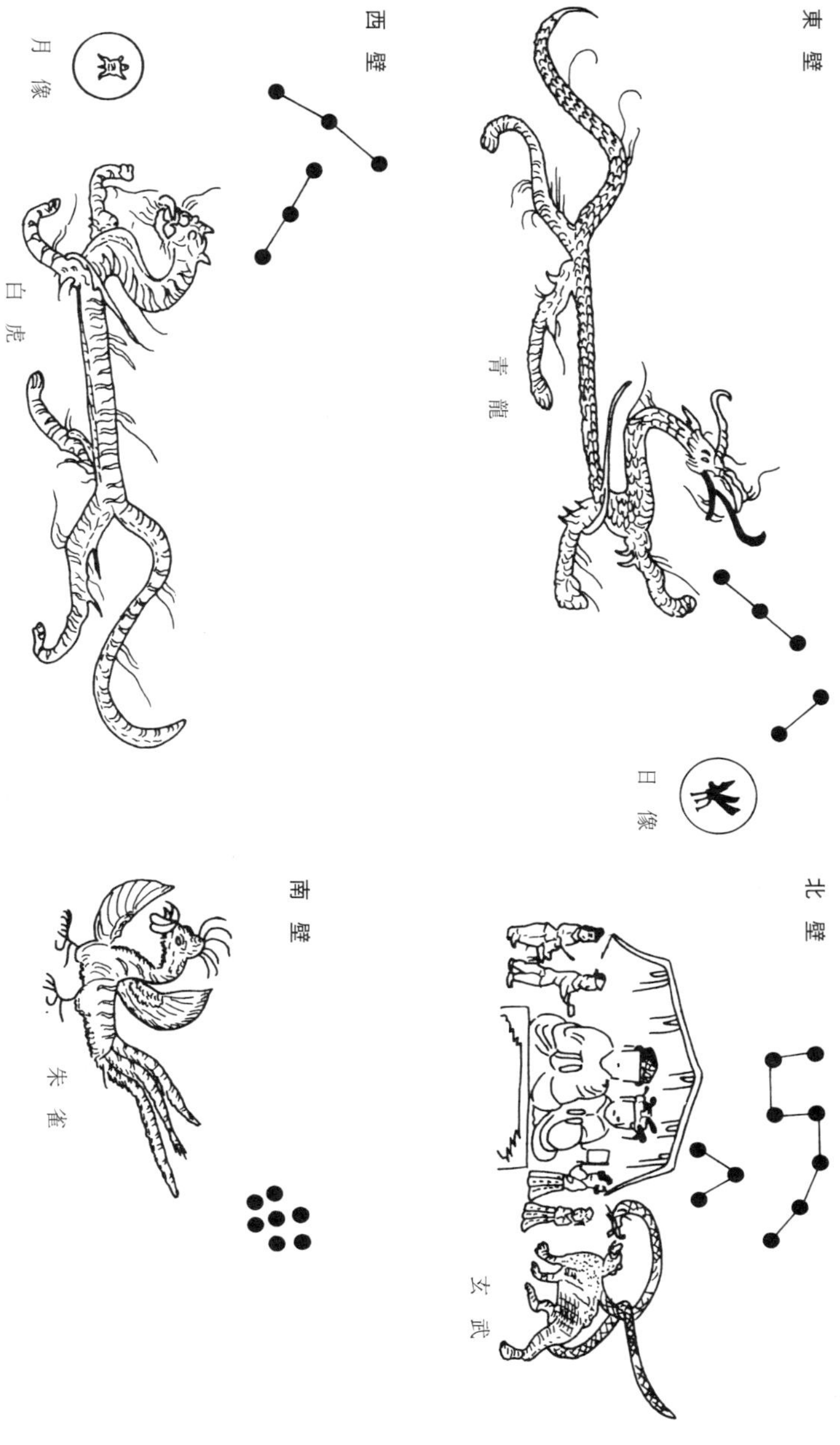

図41　薬水里古墳天文図（金1980、東2011トレース）

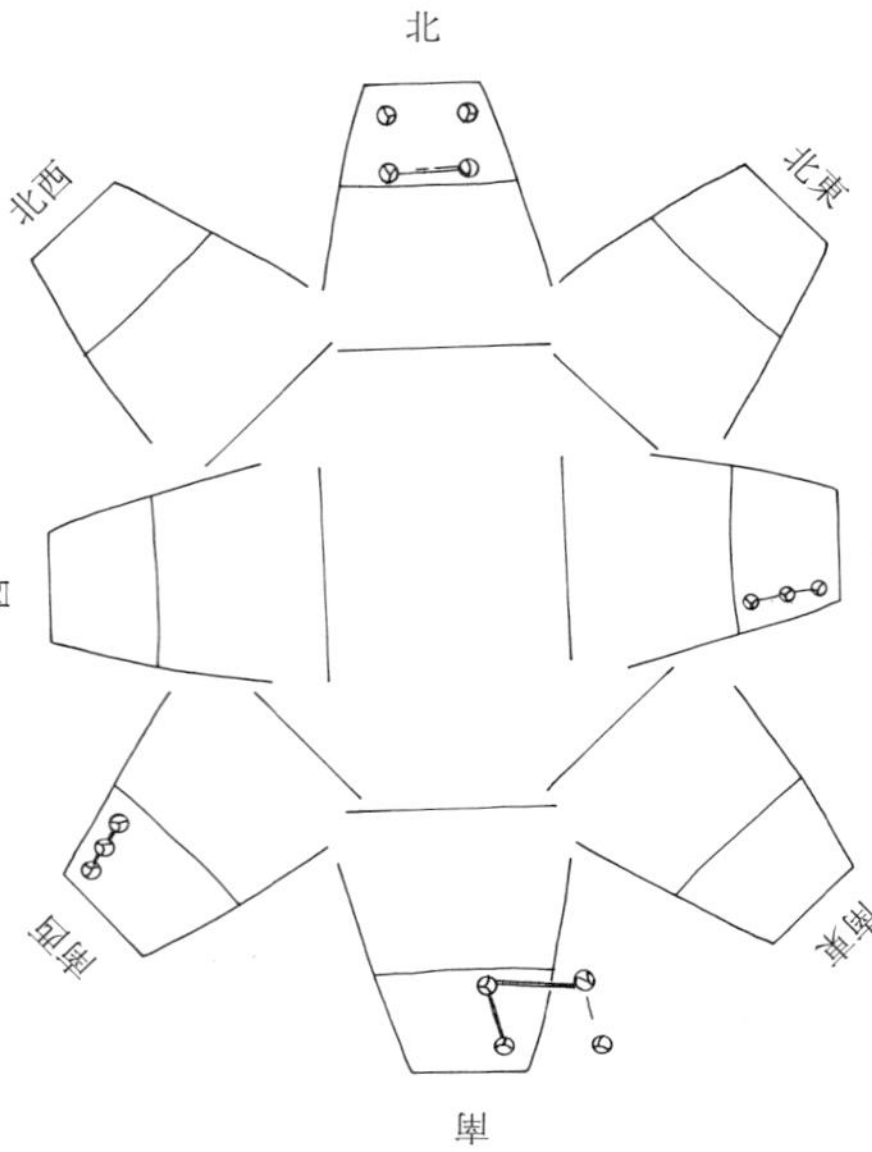

図 42　天王地神塚天文図（南 1995 一部改変トレース）

（3）天王地神塚（五世紀初、平安南道順川市）

石室は前室と奥室の二室墓で、壁画は奥室に描かれている。四壁は基底から垂直に立ち上がり、天井は隅三角持送りで見上げると八角形を呈する（図42）。

東壁は下部に「千秋」の傍題を付す鳥が描かれ、その上に三星を結ぶ星座が描かれている。星の円のなかに「人」字様の墨書がある。

北壁の下部には、「地神」の傍題を付す一身両頭の獣が描かれている。これは徳興里古墳の「地軸」と同じ図像である。「地神」の上には四星があり、このうち二星は結ばれて星座をつくる。南は（一九九五）、北斗七星の枡形の部分であろうという。

南西壁には下部に鳳凰といわれる鳥と、その上に三星を結ぶ星座が描かれている。南から南東にかけての壁には、下部に朱雀のような鳥が描かれ、その上に四星を結ぶ星座が描かれている。南斗六星の枡形の部分なのであろう。

なお当古墳は、カラー図版に接しないため日・月、星座などの色彩は不詳である。

（4）安岳一号墳（五世紀前半、黄海南道安岳郡）

羨道に奥室のつく単室墓で、奥室の四壁は基底から垂直に立ち上がり、壁面に漆喰を塗布する。天井は下部が三段

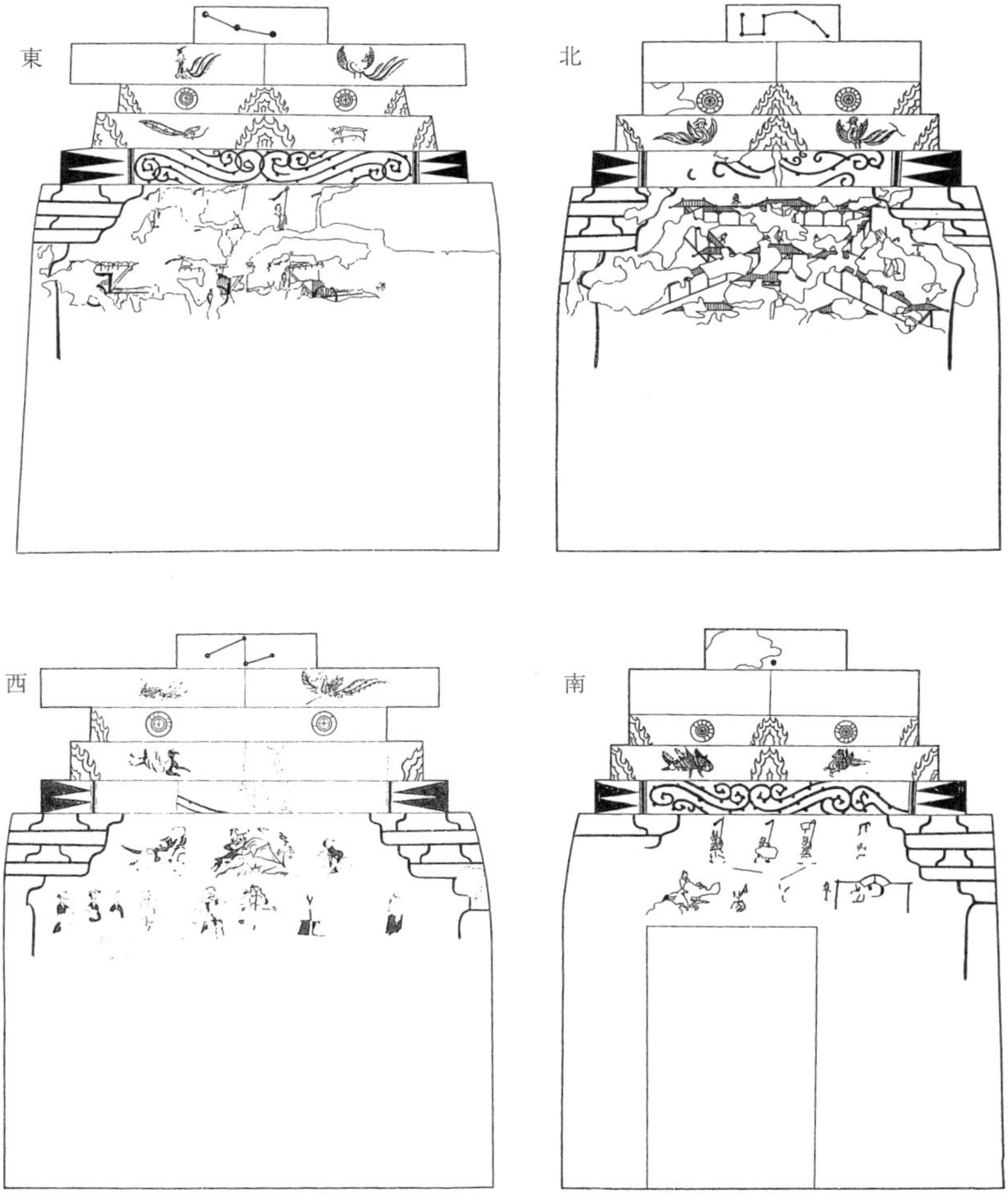

図 43　安岳 1 号墳天文図（早乙女 2005 一部改変）

の平行持送り、その上が二段の隅三角持送りである。天文図は天井二段目の隅三角持送りの側面に、方位を示すように簡単な星座が描かれている。いずれも黒線で円を描きなかは朱色を塗る。星を結ぶ線は黒色である。

東壁は三星を結んで一星座とする（図43）。二段目の下面には円形のなかに蟾蜍様の図がみえる。月像をあらわすのであろう。

北壁は七星のうち、西に枡形を結ぶ四星を描き北斗七星を表現する。天井下部には天雀とよばれる鳥（朱雀と同じか）が二羽一対で描かれている。この古墳では朱雀が北壁にいる。

西壁には四星をV字形に二連結した星座を描く。下面には月像に相当する円形が残るだけで、三足烏の姿はない。

南壁には中央に単独星がある。この二段平行持送り部には有翼の獣と飛魚が描かれている。

（5）双楹塚《そうえいづか》（五世紀末、平安南道南浦市）

石室は前室と奥室の二室墓で、二室をつなぐ通路の左右には八角石柱が立つ。奥室の四壁は基底から垂直に壁が立ち、天井は三段の平行持送りと上部は二段の隅三角持送りで、最上部に頂石をおく。壁や天井は漆喰を塗布する。

奥室北壁の中央には、屋根のある建物のなかに墓主夫妻が座る。西には玄武、建物屋根の上には朱雀が描かれている。前室の東壁には青龍、西壁には白虎が描かれている（図44）。

東壁の星は、二段目の平行持送り側面の左右に一〇星が描かれている。星は黒線の円でうちに「人」字形を入れる。三段目の平行持送り側面にも、右に七星が描かれている。模写図ではU字形に結んで星座をあらわす。星の大きさは、二段目の右の星座と三段目の星座は、大小の違いが明確で前者が大きい表現である。二段目の左右でも右が大きく描かれている。

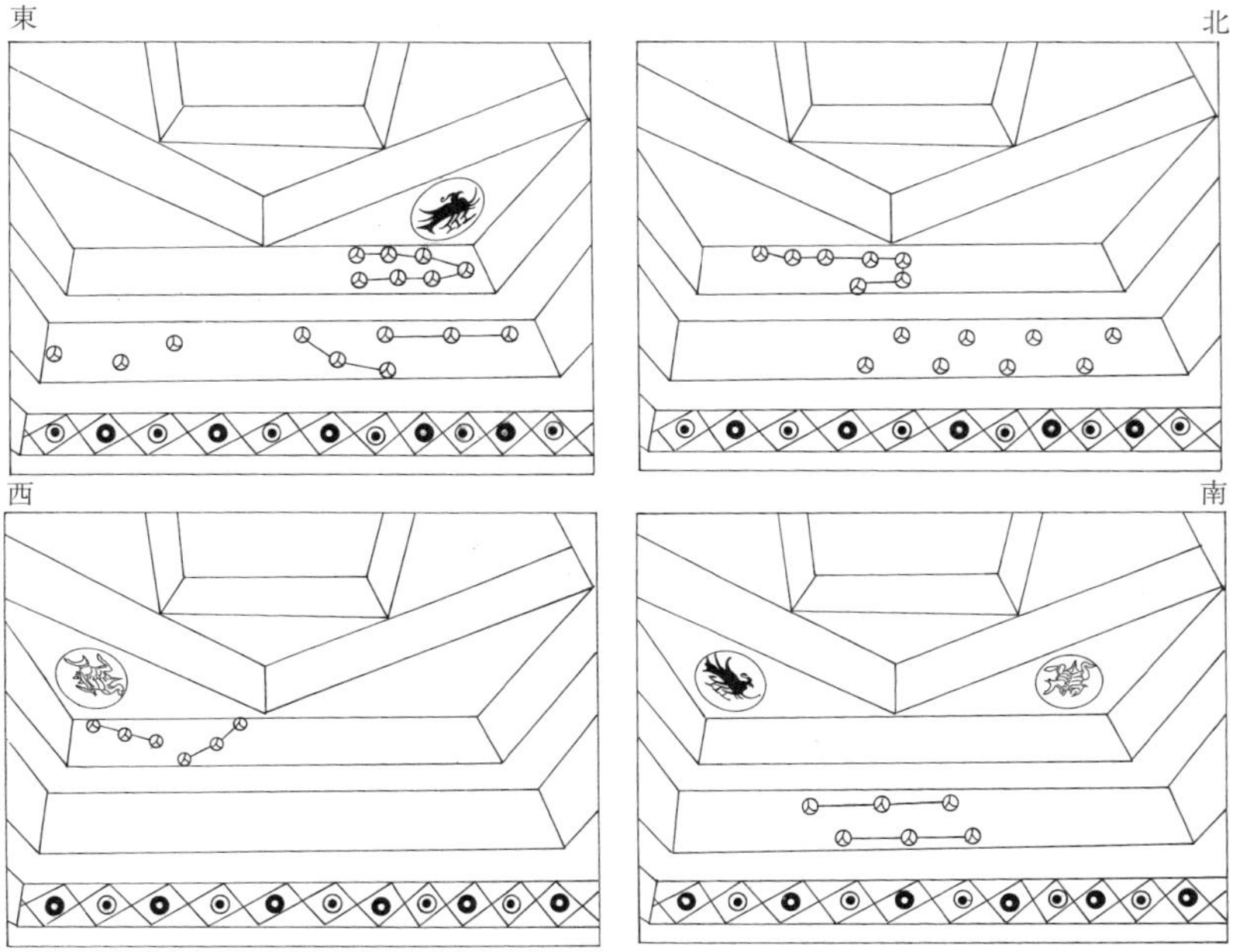

図 44　双楹塚天文図（李 1997 一部改変トレース）

平行持送り上部の隅三角持送り下面東南隅には、日像が描かれている。三角形の壁面に大きく黒線で円を描き、下地に朱色を塗り中央には三足烏が黒々と描かれている。

北壁には二段平行持送りの側面に八星が上下にある。三段平行持送りの巻雲紋には七星が取り巻くように描かれ、模写図では朱線を結んで星座とする。

西壁は三段目の平行持送り側面に六星が描かれている。模写図では三星が星座として結ばれ、二星座をT字形に配置する。この上の隅三角持送り下面の、西南隅中央には月像が大きく描かれている。黒線で円を描き、そのなかに蟾蜍が黒色で描かれている。下地は日像のような色彩はなく漆喰のままである。

南壁は二段目の平行持送り側面の中央上下にそれぞれ三星があり、下の星は三星が結ばれて星座をあらわす。

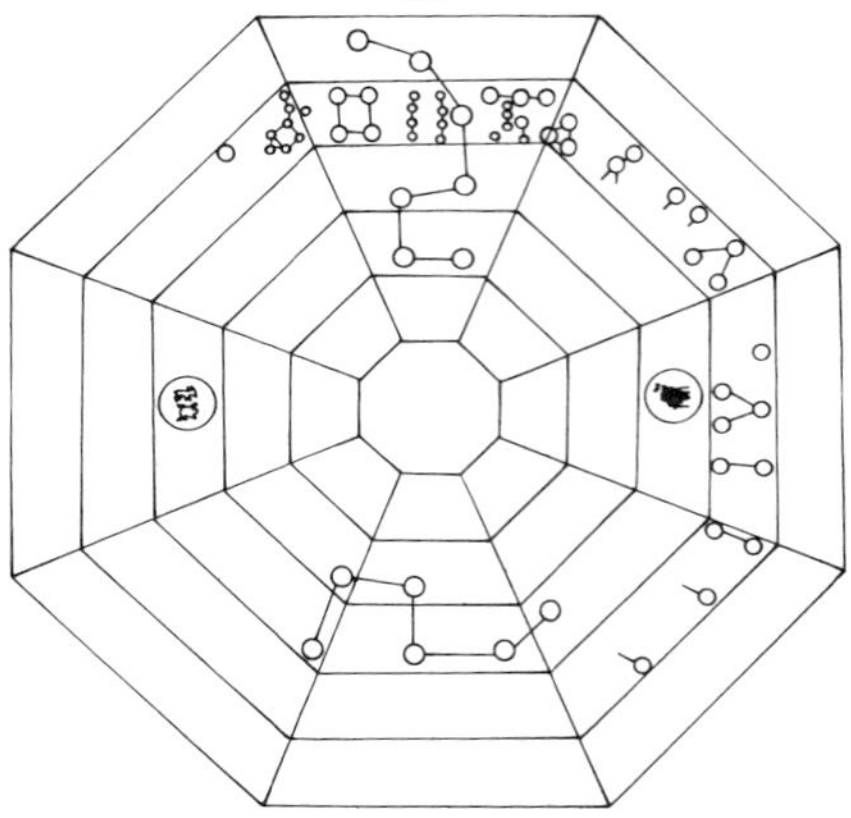

図 45　徳花里２号墳天文図（高句麗文化展実行委員会 1985 トレース）

（６）徳花里二号墳（六世紀前半、平安南道南浦市）

石室は羨道に奥室のつく単室墓で、四壁は基底から垂直に立ち上がる。天井は五段の八角持送りで最上部には頂石がおかれ、四壁と天井は全面に漆喰が塗布された。

天井壁面には五段を通して、すべてに亀甲繋ぎ文と唐草文が描かれた。唐草文には珠点がつき、星表現と区別が困難なものもみられる（図45）。

北壁は一段目から五段目にかけて亀甲繋ぎ文が描かれ、その後に大きく朱色で丸く描く七星とそれを繋ぐ朱線が描かれている。三段目から四段目にかけてコ字形に結ばれる。八角持送り下面にも星を結ぶ朱線がみられる。朱線と亀甲繋ぎ文の先後関係は、後者が先に描かれたようで、一段目では繋ぎ文を避けて星が描かれている。また二段目に注意すると、大きく描かれた星の左に、黒線で円を描き、同じく黒線で四角に結ぶ星座がみえる。この結線の一部は大星までは引かれない。このことから、大星のあとに小星を描いたことがわかる。星の大きさも小星は大星の半分程度である。

大星の右には唐草文の珠点と小星が混在する。珠点と小星は同じような大きさで描かれるが、前者は朱色に塗られ、星は着色されずに互いを結んで星座であることがわかる。四星が二列に並ぶ。この二列間に「井星」と縦書きされた傍題がある。北から北東壁にかけて三星を三角形に結ぶ星座もみえる。

北東壁は東壁二段目に近いところにV字形の星座があり、「胃星」の傍題を付す。このほか二星を結ぶ星座が平行して描かれている。

東壁は二段目中央にV字形に三星を結ぶ星座が描かれ、その右には二星を結ぶ星座がみえる。これは「辟星」の傍題を付す。三段目中央には日像を黒線で円を描き、なかに三足烏と推定される図像があるが形状は判然としない。

南東壁から南壁の三段目と四段目にかけて、六星の大星が横たわるように描かれ、朱線で結ばれている。南斗六星をあらわすのであろう。また二星を結ぶ星座には「室星」の傍題がある。

西壁にはほとんど星座は描かれていない。三段目中央には黒線で円が大きく描かれ月像をあらわす。なかには横向きの兎と、上から押さえてひしゃげたような蟾蜍が黒色で鮮やかに描かれている。月像の下地は漆喰のままである。

北西壁には二段目の北壁に接して二星が結ばれる二星座があり、その下に「柳星」の傍題がある。この近くにも単独星がいくつか散見される。

以上をまとめると、北壁には四段を貫くように大星を結ぶ星座が描かれ、南壁にも大星を六星結ぶ星座が表現される。星の表現や結線はともに朱線であり、特別な星座であることがわかる。しかしこの二星座には傍題は書かれていない。また、小星の星座のなかには傍題を付す星座がある。「胃星」「井星」「辟星」「室星」「柳星」の五星座である。二十八宿の室（南東）、胃（北東）、井（北）、柳（北西）、辟は壁（東）なのであろう。これらの描かれた方位とは一致しないが、二十八宿の知識があっての星座とその名称である。

これらは古代中国の天文図が下敷きになっているのであろうが、二十八宿の全体を表現したものではなく、北斗七星とその対である南斗六星が、星座の中心画題として描かれたのである。

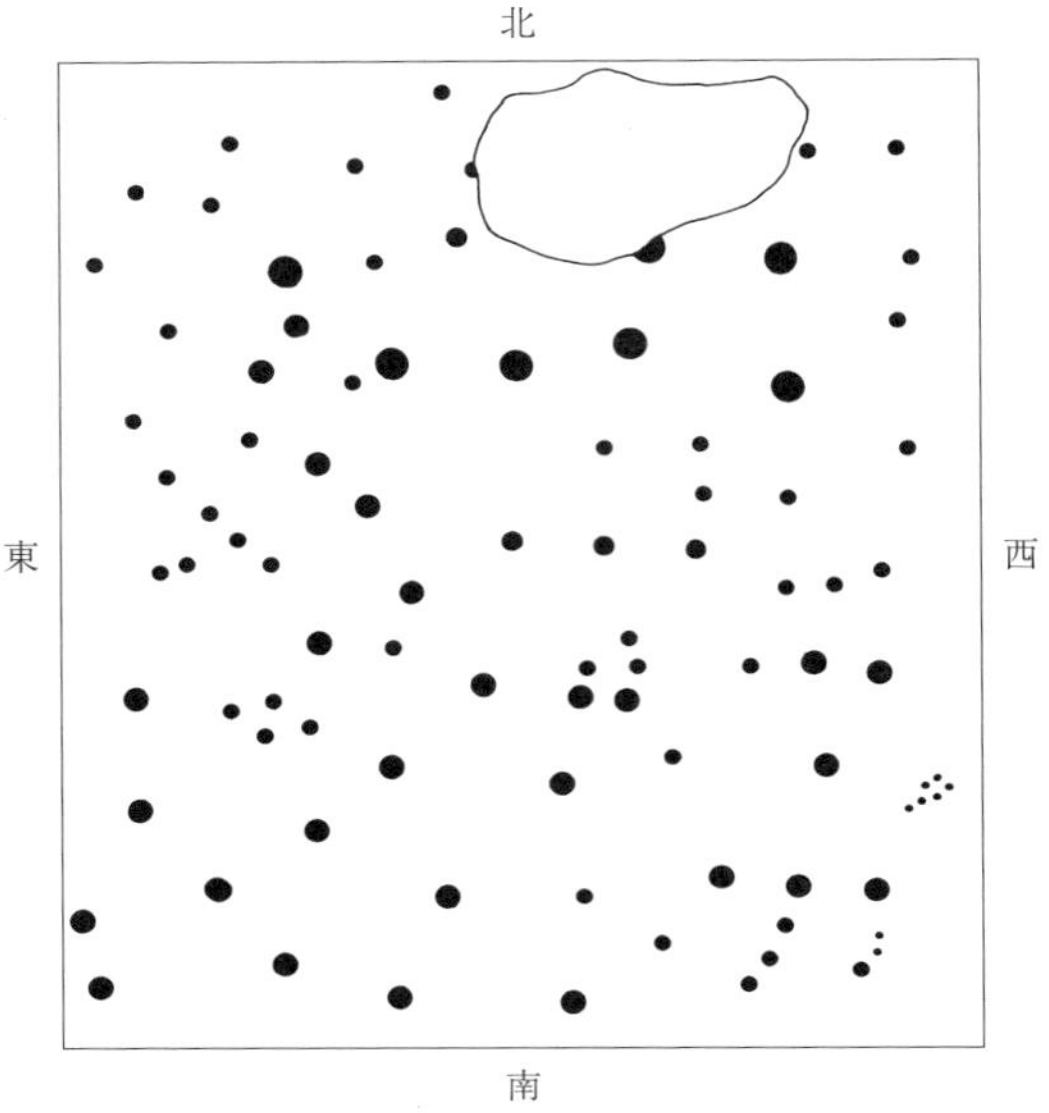

図46　真坡里4号墳天文図（朱1963トレース）

（7）真坡里四号墳（六世紀後半、平壌市）

石室は羨道に奥室のつく単室墓である。奥室四壁は板石で立ち上げ、天井は下部が二段平行持送り、上部は二段の隅三角持送りである。最上部は頂石がおかれる。奥室四壁と天井は漆喰が塗布される。

奥室天井の頂石に天文図が描かれている（図46）。小泉顕夫によると（一九八六）、最頂部の天井面（頂石面）に、大小多数の円形の金箔を貼って星座があらわされている。大中小の三種類に分類されるが、大は直径四・五センチ、なかは約三センチ、小は約二センチ弱の法量を示す。金箔剥落のため西半分に不明の部分が多く、東半分だけでもその数三八個を数え、特に北半分に東西にわたって大形のもの数個の点列がみられるので、北斗七星を示したものだろうと観察された。以上が同古墳を最初に調査された所見であり、星の表現に金箔を使用したことを確認したのである。高句麗古墳で星座に金箔を使用したのはこの古墳だけである。

小泉は天文図を公表しなかったが、星々が結ばれていないのは明らかであろう。高句麗文化展実行委員会史料集五では（一九八五）、多くの星が結ばれた星座図になっている。このうちの大星七星が小泉のいう北斗七星をさすのであろう。しかし、ほかの星座は雑然として、方位を象徴するような星座を特定するのは困難である。

真坡里古墳群は、五世紀中葉から六世紀にかけての高句麗国の王陵であると推定され、四号墳は長寿王の息子である助多太子の墳墓であると推定されている（東 二〇一一）。

二　高句麗壁画古墳の天文図の特徴

高句麗壁画の天文図は、中国の影響で四世紀末から五世紀初頭に成立したが、六世紀後半から七世紀初頭には終息した。つまりわが国のキトラ・高松塚天文図とは一世紀以上の隔たりがある。また高句麗壁画天文図は、キトラ天文図のような円形星図でもなければ、高松塚天文図のような方形星図でもない。これは壁面構造に大きな相違があることも一因であろうが、頂石面の利用もあったはずである。以下において高句麗壁画の天文図の特徴をまとめておく。

1　天文図の描かれた場所

①天井持送り壁面——角抵塚、舞踊塚、徳興里古墳、薬水里古墳、天王地神塚、双楹塚、徳花里二号墳、安岳一号墳である。このうち、安岳一号墳は天井頂石の持送り二段目側面に描かれて、頂石にもっとも近い位置である。
②天井頂石面——長川一号墳、真坡里四号墳、三室塚第二・三室である。
③頂石面と持送り壁面——通溝四神塚、五盔墳四・五号墓である。
このなかでも角抵塚や舞踊塚、徳花里二号墳は持送り天井全体に描かれ、徳興里古墳では、古代中国の神話をモチーフにした仙人や怪獣が壁面いっぱいに描かれた。中国壁画墓と比較しても後漢時代の画題に通じる。

頂石面に描かれた真坡里四号墳は、金箔を使用して北斗七星を大きく表現するほか、ほとんど星座として結べない

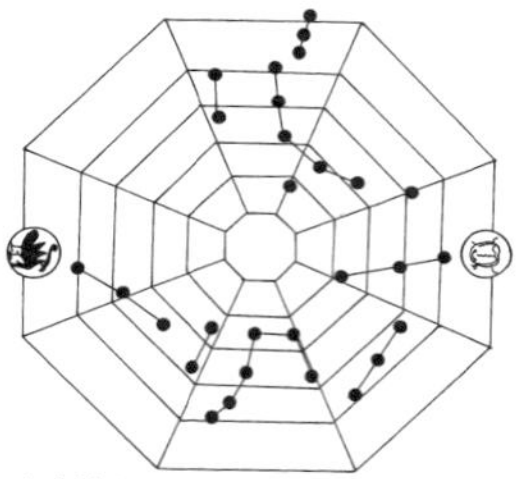

角抵塚

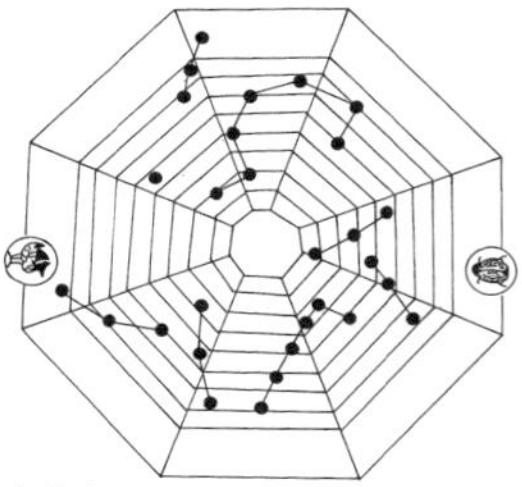

舞踊塚

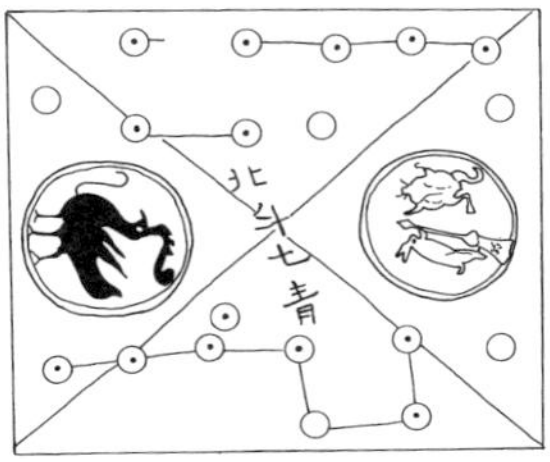

長川１号墳

通溝四神塚

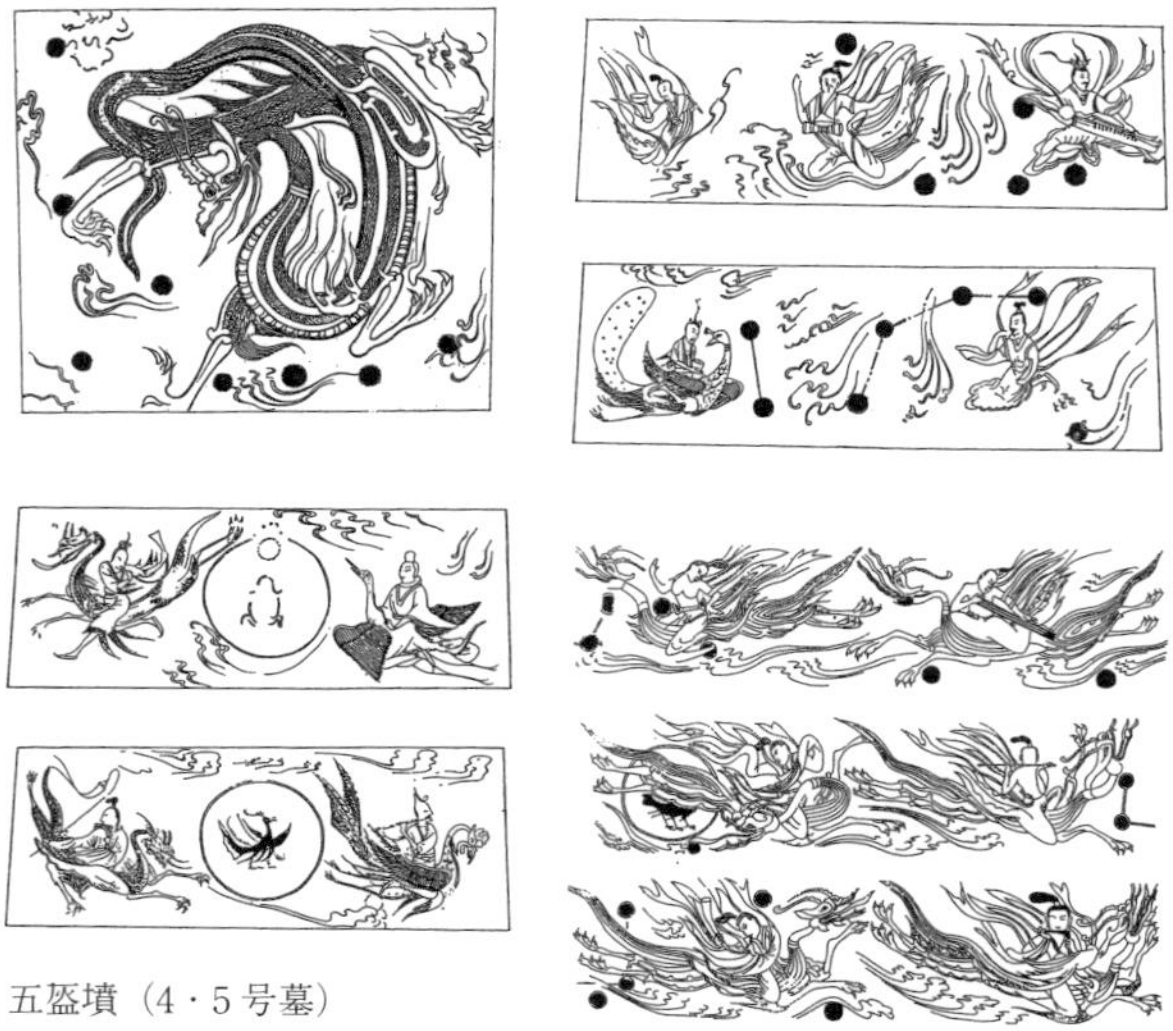

五盔墳（4・5号墓）

図47　高句麗壁画古墳天文図集成１（集安地域）

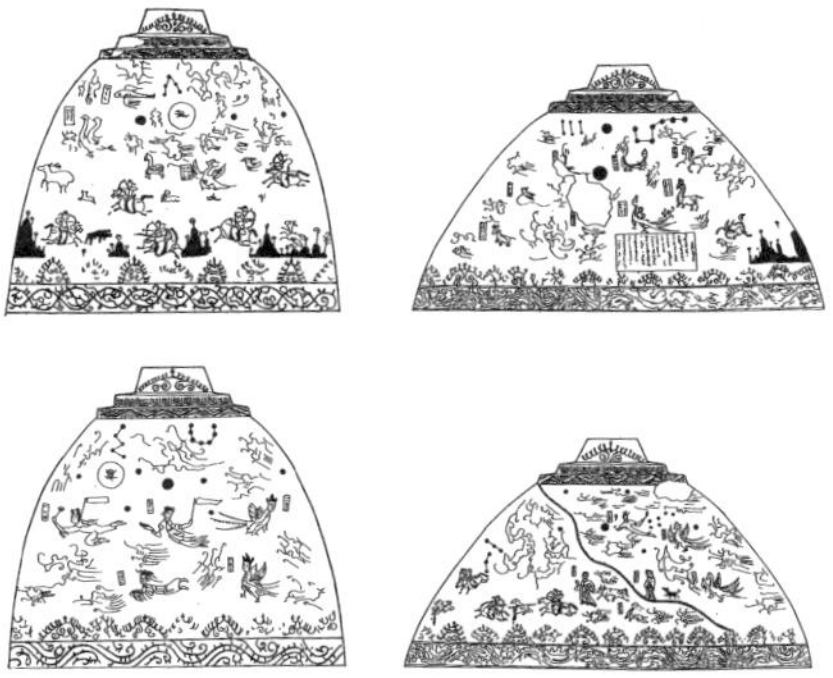

徳興里古墳

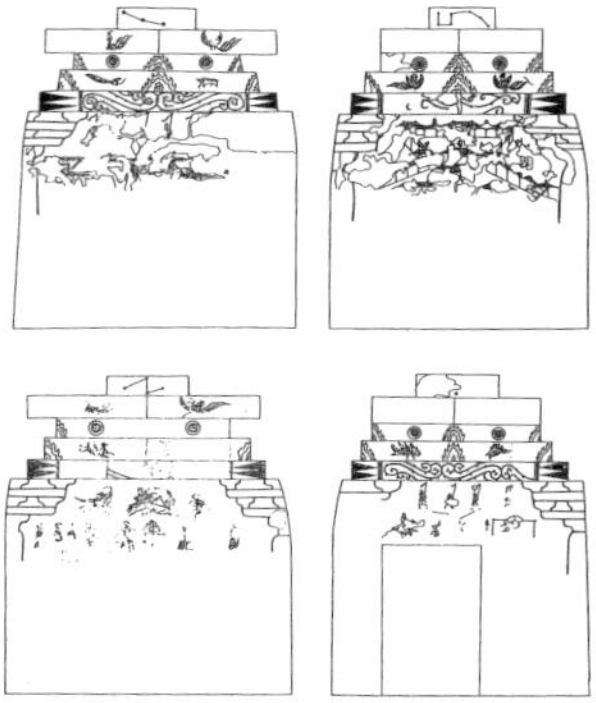

安岳１号墳

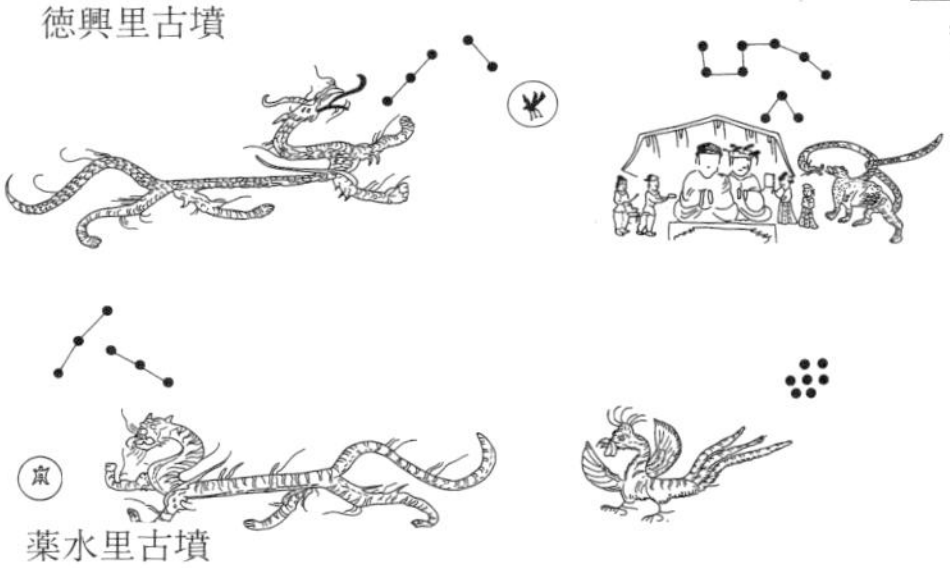

薬水里古墳

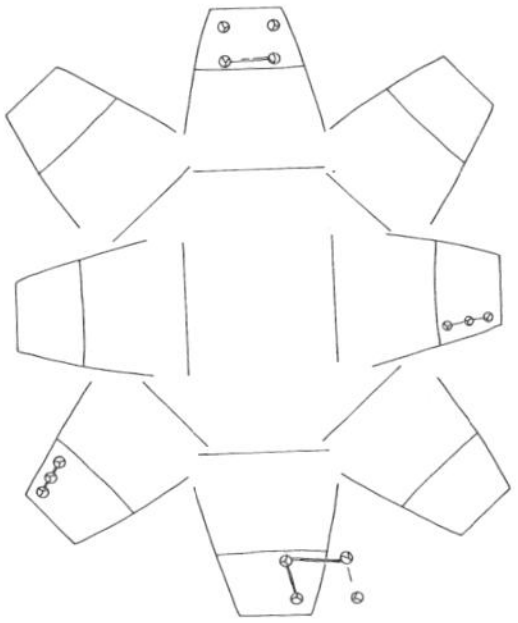

天王地神塚

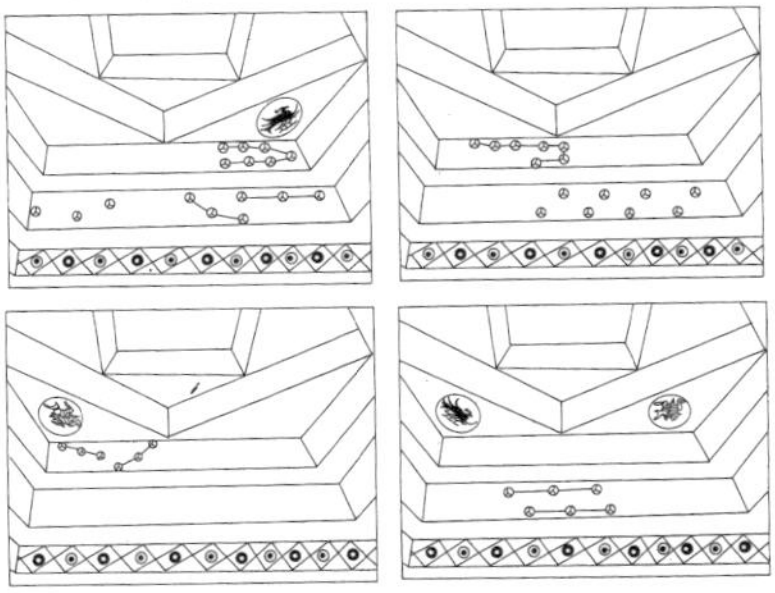

双楹塚

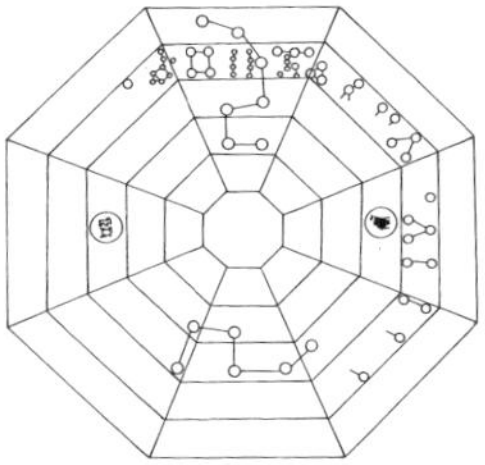

徳花里２号墳

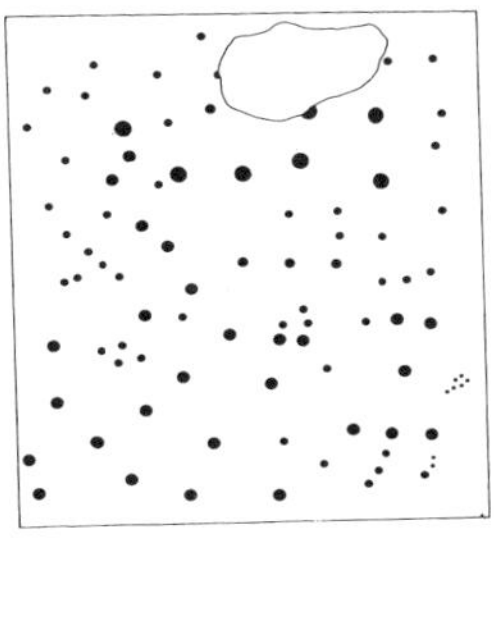

真坡里４号墳

図48　高句麗壁画古墳天文図集成２（平壌地域）

が、頂石面全体を使って星空を表現した。五盔墳四・五号墓は天文図のなかではもっとも新しい。五号墓では飛雲が日・月や星座に被さるように描かれている。壁画の主要なモチーフが、日・月や天文図にはないことを端的に示唆する。

2　星座の表現（星の大小は相対的）

星の大きさについて大・小があるのは、通溝四神塚、五盔墳四号墓、徳花里二号墳である。大・中・小の三種に区別されるのは、徳興里古墳と真坡里四号墳である。このうち、徳興里古墳の四壁の星は、大星が中心星として表現されるが単独星である。各壁面の中央近くを占め、中・小サイズの星はその周辺に描かれた。北斗七星は小サイズの星座である。真坡里四号墳の場合は逆であり、北斗七星のみが大星として表現された。

星々を結ぶ線はほとんどが一線であるが、角抵塚と舞踊塚は三線で結ぶ。持送り壁の段をまたいだ星座であり、北斗七星と南斗六星に用いられた表現である。また星の円形のなかに「人」字形を入れるのは天王地神塚と双楹塚である。

3　北斗七星

各古墳でたびたび言及したが、一三例の天文図の主要なモチーフは、北斗七星とその対になる南斗六星であった。ほかの星座に比較して大きく描かれたのは、角抵塚、舞踊塚、徳花里二号墳、真坡里四号墳であり、長川一号墳では一対の北斗七星を挟んで、「北斗七青」の傍題が記されていた。

注意したいのは、初期の星座を描いた徳興里古墳では、北壁の中央には描かれず、別の単独星が大きく描かれたということである。この古墳では北斗七星は中心の画題ではなかった。また六世紀後半の五盔墳でも、最初に北斗七星が描かれたにもかかわらず、その上に重ねるように飛雲に乗る仙人が描かれた。これらの事例から、必ずしも一貫して北斗七星が重要視されたわけではないことが推察される。

4　日・月像、四神像と天文図

（1）集安地域

①角抵塚

天井二段目の東西に日・月像が描かれ、天文図は二段目より上部に描かれたが、四神図は描かれていない。

②舞踊塚

天井四段目の南東に日像、北西に月像が描かれた。天文図は四段目より上部に描かれた。日像の左は鳳凰、月像の上部には天馬が描かれている。四神像は日・月像の描かれた下位の三段目で、東は青龍、北西隅は白虎、南西に一対の朱雀（雄の鶏である）が描かれたが、玄武は描かれていない。

③長川一号墳

日・月像は、天井頂石面に北斗七星とともに描かれている。四神像は前室天井一段目に描かれ、東は一対の朱雀、北は青龍、南は白虎、西には一対の玄武が描かれている。この古墳では、天文図と四神像は別の箇所にあり方位とも一致しない。

④三室塚

三室塚は第二・三室とも同じである。天文図は天井頂石に描かれるが、日・月像は不詳である。四神像は平行持送りの一段目に描かれ、東は玄武、西は朱雀、南は青龍、北は白虎が描かれるが、方位とは一致せず天文図とは離れた位置である。

⑤通溝四神塚

天文図は天井頂石と持送り最上段に描かれるが、日・月像は二段目の東西に描かれている。四神像は奥室四壁のうち、東は青龍、北は玄武、西は白虎、南は一対の朱雀が描かれ、日・月像と四神像の方位は一致する。

⑥五盔墳

四・五号墓とも同じで、天文図は天井頂石と二段目に描かれ、日・月像は二段目の東西に描かれる。四神像は奥室四壁に描かれ、東は青龍、北は玄武、西は白虎、南は朱雀である。

（2）平壌地域

①徳興里古墳

神仙や霊獣などは描かれるが四神は描かれていない。日・月像は東西の天井上部にあり、日像は中央でV字形星座の下に描かれ、月像は西壁の南寄りに描かれている。北斗七星は北壁に描かれるが、表現は小さく東寄りである。南斗六星は蓮をもつ仙人と獣頭鳥身像の間に小さく描かれている。方位の観念は一致するものの、日・月像や南北を象徴する星座は重要視されていないようである。また高句麗壁画天文図では唯一の銀河が描かれている。

②薬水里古墳

奥室の四壁に、天文図と日・月像、および四神像が描かれている。東は青龍が中央に、頭部の前に星座と月像が描かれている。北は墓主像とその右に玄武（虎に蛇の図像）、上部には北斗七星が描かれている。西は白虎が中心でその前に月像と星座が描かれている。南は朱雀が中心に描かれ、天文図と日・月像および四神像の方位観は一致する。

③天王地神塚

日・月像は東西の天井に描かれるが、四神像は北では一身両頭の獣が玄武にあてられる（金 一九八〇）。徳興里古墳の「地軸」神に共通し、亀と蛇の合体した図像ではない。南の朱雀は不詳である。東西の日・月像のうち、東は鳥頭獣身像が描かれ、いずれも四神像とはいいがたい。

④安岳一号墳

天文図は天井頂石下の二段目の四側面に描かれ、日・月像は東西二段目の下面に描かれている。四神像は描かれず、徳興黒古墳・薬水里古墳に描かれたような怪獣や怪鳥が描かれている。南秀雄は（一九九五）、北壁の天雀を一対の朱雀と推定している。南壁には天馬と有翼魚が描かれているが、玄武は描かれていない。

⑤双楹塚

天文図は平行持送り二段目の側面に描かれている。日・月像はその上の隅三角持送りの下面に描かれ、星座と日・月像は近い位置にある。ところが四神像は前室東西壁に、青龍と白虎、奥室天井南壁に朱雀、奥室北壁の屋根のある建物の左に玄武が描かれて、四神像の配置は別々である。また玄武の図像は、一対が向き合う形で描かれている。この古墳では星座と日・月像は近接するものの、四神像は方位に関係なく配置される。

⑥徳花里二号墳

星座は大小の区別があり、大星であらわされたのは北斗七星と南斗六星で、天井の二～四段にわたって大きく描かれている。日・月像は三段目の東西に描かれている。四神像は西に白虎を描くがその他は不詳である。

⑦真坡里四号墳

天文図は天井頂石に描かれるが、日・月像は不詳である。四神像は奥室四壁に描かれ、東は青龍、北も青龍で玄武ではない。西は白虎、南は不詳である。ちなみに一号墳北壁には玄武、南壁には一対の向き合う朱雀が描かれている。四号墳の北壁の青龍は書き違いなのだろう。

以上、日・月像と四神像の方位観念がそろうのは、通溝四神塚と五盔墳、薬水里古墳の三例にとどまる。四神像が描かれないのは、角抵塚、徳興里古墳、天王地神塚、安岳一号墳である。四神のうち玄武が描かれないのは長川一号墳と双楹塚である。また、四神像は描かれるものの、方位とは一致しないのは、長川一号墳と三室塚古墳の第二室、双楹塚、真坡里四号墳などである。

東は（二〇一一）高句麗壁画を考察したなかで、五世紀代には星宿図が壁画に描かれて、天帝（大王）の思想が生まれ、六・七世紀には天文図は発達するといった。しかし、右記の天文図の検討からその様子はうかがえない。むしろ天文図が画題として採用された最初から終焉まで、特定の（北斗七星など）星座が強調されたにすぎない。六世紀後半の五盔墳四・五号墓では、星座の上にさらに重ね書きするように神仙像などが描かれ、真坡里四号墳では、北斗七星以外はまったく星座の形をなさないのである。なにより、天帝を象徴する天極星や北極五星などは当初から描かれなかった。ここには、天文図と王権との直接の関係性を見出すのは難しい。

この節の最初に記したように、高句麗壁画の成立は、中国からの亡命者による石室内への採用から始まった。天文図もおそらくその流れに沿うように天井に描かれたのである。キトラ天文図のような円形星図でもなければ、高松塚天文図のような二十八宿図でもない、夜空を表現したものとして描かれたと理解できる。

中国と高句麗の天文図を検討すると、キトラ・高松塚天文図がいかに特異な星座図であるか理解できよう。キトラ・高松塚天文図の特徴は、円形星図、方形星図という違いはあるものの、キトラ天文図の内規にあたる中心部に、天極星と北極五星などを描いたことであり（高松塚天文図の天極星は欠落した可能性がある）、中国の天文観測図の赤径線と分野を示す部分が省略された星座図だということである。

このことは、細井浩志の（二〇〇二）、古代日本の天文道は分野説を積極的には採用していないとの指摘に符合する。この相違の理由は、中国の壁画墓の天文図は（高句麗壁画も含めて）、一貫して死後世界観を表現したことにある。

杉本憲司は（一九九八）、高松塚古墳壁画発見二五周年記念シンポジウムにおいて、中国の壁画の特質に言及し、墓室の天井に描かれた星宿図は冥界の星宿をあらわし、車馬行列は死者の生前の最高位の時のものを示し、家屋・什器・田園風景なども、やはり生前最高時の死者を取り巻く生活の場面を描いたもので、死者の冥界での生活が、生前の最高の時の生活が継続されることを願って、残された子供たちによって親孝行として描かれたといった。

中国天文図の役割は死後世界においても、生前と同じ暮らしの場面でしかなかった。

このことから、皇帝支配の原理的な思想としての天命を表象化した天文図ではないといえよう。

一方、キトラ・高松塚天文図は、天極を描くことで、宇宙の絶対神である天帝をそこに措定した天文図である。このような理解に立てば、中国や高句麗には類例のない、きわめて政治性の強い天文図であるといえる。さらに淳祐天文図のような観測図が参考にされたが、天命という観念的な思想を表現できるように、改変したうえで描かれたのである。

文化史的な視点からは、中国や高句麗の天文図は時代的な系譜があり、地域的にも広がりが認められた。なにより、高句麗壁画の成立が中国からの亡命者を起点とすることは、墓室構造や壁画の画題などから説明が可能なのである（東二〇一一）。ところが、わが国における天文図は特徴として、キトラ・高松塚の二古墳に限られること、地域と時代もきわめて限定的であることがあげられる。このことから前二地域の天文図とは、成立の契機そのものが違うことが予測される。

第四章　キトラ・高松塚壁画の統一的理解

一　天武天皇の正当性を説明する天文図

古代中国の皇帝位を正当化する天文図と四神図が飛鳥時代に古墳壁画として描かれた。これは天命思想を図像化したものと理解できるが、前述したように、中国壁画墓の天文図とは違う独自の天文図であった。本章では、壁画の描かれた歴史的な契機と意味を考えてみたい。

本書の序章では、天武天皇の天命思想導入の契機は壬申の乱の勝利であろうと述べた。その後、天武二年の即位の翌月には、天命の受命儀式が行われたものと推定された。そして天武天皇の統治の十二年には、自らの政治を振り返って、天が多くの祥瑞を出すのは、有徳の政治に天が応えたのであると総括したことを論述した。これがいわば壁画成立の第一段階である。

さらに、持統天皇が天武天皇の皇位の正当性を壁画によって示そうと構想した可能性に言及した。これが壁画成立の動機と契機（第二段階）なのである。しかし、このことがうかがえる直接的な史料はもちろん存在しない。

キトラ・高松塚天文図の特徴は、星座の中央に天極星と北極五星を描いたことにある。この表現は端的にいえば、ここが天帝の居処であり、天命を降した天帝とそれを受命した天武天皇を象徴的に結び、天帝の真下にいるという関係性を隠喩すると理解できる。

二　高松塚壁画の人物と持ち物

壁画の課題として残るのは、高松塚壁画の人物像の理解である。日・月像、天文図、四神図に人物像を加えて統一的に理解することが可能であるのか、これまで蓄積された諸研究のなかで壁画をどのように理解したのか、その根拠はどこにあるのか、みることにする。

1　人物群像の研究史

岸俊男（一九七二）は、『壁画古墳高松塚　調査中間報告』（奈良県教育委員会　一九七二）の「壁画に関する諸問題Ⅰ画題について」において、最初に壁画を統一的に理解する論拠を示した。本論でも参考にすべき点が多くあり後ほど詳しく触れたい。

岸の理解に対する反論として、有坂隆道（一九七四）の「高松塚の壁画とその年代」、網干善教（一九九九）の「高松塚壁画とその意義」がある。有坂は、岸が立論に使用した『貞観儀式』は後代の史料であり、壁画人物の持ち物が一致するだけで、壁画が朝賀の儀式の図であると、飛躍して考えることはとうていできないと批判した。では有坂はどのように理解したのか。「事実は簡単である。壁画人物は、死後の世界へ旅立った被葬者に供奉する従者を描いたものとしか解しようのないものである」といったが、根拠は示していない。

網干善教も同じく、黄泉の国に死の旅立ちをする被葬者に対して、壁画人物は、幽明境を異にした現身人が託した従者であるといった。網干の別の論文（一九九九）では、「仮に壁画の人物群像を葬送図であるとしても、なぜ天井の星宿図や東西両壁に描かれた日月や四神が葬送図であるのだろうか。壁画と天井画の統一テーマとなれば、石槨内の壁画全部の統一テーマが葬送図ということになる」と、矛盾する画題に戸惑いを隠さない。

渡辺明義（一九八四）は、古墳壁画は死後の世界を安寧ならしめるためにあり、墓室装飾としてまとまった構想と思想を示すという。来村多加史（二〇〇八）は、壁画は鎮墓と昇天を約束する陰陽五行説の理想的な世界を現出しており、これによって形魄は土に帰るための安穏な環境を保障され、相方の魂気が無事に昇天してゆく場面を心ゆくまで眺めることができると述べた。また、中国の墓室壁画を知る画家はキトラ古墳であらわせなかった娯楽的要素を二度目の依頼である高松塚古墳の壁画制作で試みたとする。つまり、形魄を楽しませる演出を加えたということである。それが人物群像であったといった。来村は中国考古学によって緻密に分析したが、その基本的な視座を「両古墳の壁画は文化の流れに伴って生まれた社会的産物ではなく、画家一人が他国で学んだ芸術を咀嚼し創作した個人的な作品である」というのは、壁画を歴史学の史料として放棄したに等しいのではないか。

白石太一郎は（二〇〇九）、高松塚古墳に葬られた被葬者を石上麻呂と推定し、「高松塚古墳の壁画には、当時の宇宙観を示す四神・日・月・星宿などの図像とともに特に人物群像が描かれている。この人物群像こそは、遺族がこの感激（麻呂が左大臣という極官に任官したこと※筆者注）を壁画に表現した」と評価したが、いかにも情緒的な扱いである。

以上六氏の諸研究で岸・来村以外は、表現の違いはあるものの壁画の理解として、死後の世界を表現するというが根拠は示していない。おそらく石室内に描かれたことの感想なのであろう。

2　壁画人物の持ち物

以下において、高松塚壁画の人物の持ち物（図49）からどのような場面が描かれたのか検証してみたい。まず人物群像の持ち物を東壁男子の南からみる（①・②と付すのは男女群像の先頭からの番号である）。

東壁男子　①・③男子は、首から前にかけた方形の袋をもつ。②の男子は両手で蓋《きぬがさ》の長い柄をもつ。蓋は方形で、①・③男子も笠の下に入るぐらい大きく開いている。④男子は右手に先端部をもち、右肩にかける長い袋状のものをもつ。大刀《たち》が入れられているという。

東壁女子　①女子は両手の袖口を合わせた間から円形のさしば（円翳）の柄を差し挟むようにもつ。②・③女子は持ち物をもっていない。④女子は右手に払子《ほっす》（蠅払い）の柄をもち、右肩にかけている。払子の先端は筆の穂先のように描かれている。

西壁男子　①男子は両手で黒塗りの胡床《こしょう》を執る。胡床は木枠に布製の尻承《しりうけ》を取りつけた簡易な折りたたみの椅子である。②男子の右手は、逆手にして長い袋状のものを右肩に担ぐ。東壁男子④の持ち物より長く、鉾あるいは弓を入れているのだろう。③男子は首から前にかけた方形の袋をもつ。④男子は左手で杖（山本 二〇一〇は毬杖《ぎっちょう》という）の柄をもち左肩にかけている。『高松塚古墳壁画』（高松塚古墳総合学術調査会 一九七四）の記述が、淡紅色でまだら模様を描くのは玳瑁《たいまい》張りの質感をあらわすと観察した。

西壁女子　①女子は東壁女子①と同形のさしばをもつ。③女子は左手で如意の黒柄をもつ。柄の先端は湾曲し厚みを表現する。先端部分は白色で柄部と色を分けている。②・④女子は何ももたない。

図 49　高松塚壁画人物群像と持ち物（明日香村教育委員会 2009 トレース）

以上が男女群像の持ち物である。まとめると、男子は蓋、方形袋、大刀や鉾などを入れた長袋、胡床杖である。女子はさしば、払子、如意で、男女あわせて八種類である。

大宝元年（七〇一）の朝賀儀式では、大極殿の前庭に烏像幡や日・月像、四神像の旗が樹立されたことを記すが、官人たちの持ち物の記載はない。岸は『儀式』元正受朝賀儀と『延喜式』大舎人寮の史料を引いて、舎人たちのもつ威儀具に注目した。

『儀式』元正受朝賀儀の威儀具は（数量は除く）、屏繖《きぬがさ》、円翳《さしば》、円羽、横羽、弓、箭（矢）、太刀、桙、杖、如意、蝿払、笠、挂甲である。

高松塚壁画人物の持ち物とは、きぬがさ、さしば、太刀、桙、杖、如意、払子（蝿払い）が一致する。胡床は威儀具には分類されない。『儀式』には胡床は掃部《かもん》がもつとある。さらに、威儀具のなかで弓以下のものは袋に収められた。壁画の東西男子が肩にかける長袋の中身は不詳であるものの、太刀や鉾が収められていることが推測され、扱い方は『儀式』に同じである。また『儀式』に記す蔵部《くらべ》のもつ柳筥は、錦の嚢《ふくろ》に収めて首にかけ胸元で抱くのである。この点も壁画の東西三人の男子が胸前でもつ袋に共通する。

有坂は『儀式』は時代の降る史料であり、両者の持ち物が完全に一致することはないため、壁画の場面は朝賀儀式の図ではないと批判した。しかし、七種類の威儀具（長袋の中身は推定）や、箱を入れた袋、胡床などの扱いを含めて比較すると、『儀式』朝賀儀式の記述と壁画の内容と表現はよく一致する。

3　儀式の場で立てられるもの――受命儀式を象徴する荘厳具――

第Ⅰ部第二章において、白雉元年二月条を検討し、『孝徳紀』の記す白雉進献儀式は、天武二年三月の受命儀式であろうとの見通しをえた。このなかの（D）の段落を付した十五日条の冒頭は、「朝庭の隊仗、元会儀の如し」という文言から書き出すが、本来は天武の受命儀式が朝賀儀式のようで盛大であったと理解できる。これついて、参照すべき史料は、岸の論考の基礎になった『続日本紀』大宝元年の朝賀儀式と『延喜式』、『儀式』の各史料である。

（1）『続日本紀』大宝元年（七〇一）正月朔日条

大宝元年春正月乙亥の朔、天皇、大極殿に御しまして朝を受けたまふ。その儀、正門に烏形の幢を樹つ。左は日像・青竜・朱雀の幡、右は月像・玄武・白虎の幡なり。蕃夷の使者、左右に陳列す。文物の儀、是に備れり。

この記事のなかで樹立物の「幢《はたほこ》」と「幡《はた》」が使い分けられるが、幢は旗さおの先端に諸種の像を取り付け、周囲に装飾を施したものと解説される（新日本古典文学大系『続日本紀』1補注一—一二）。元日朝賀儀式には大極殿南門（正門）の中央に、旗竿の先に烏《からす》形を取り付けた烏形幡を立て、烏形幢の左に日像と青龍・朱雀旗、右に月像と玄武・白虎旗を立てたと記す。次は兵庫寮式と『儀式』朝賀儀式の史料である。

（2）兵庫寮式（『延喜式』第四十九、元日即位条、奈良文化財研究所 二〇一六b）

凡そ元日および即位に宝幢等を搆へ建つるは、……官符到るを待ち、寮と木工寮と、共に幢柱管を大極殿前庭龍尾道の上に建てよ。前つこと一日、内匠寮工一人、鼓吹戸卌人を率ゐ、宝幢を搆へ建てよ。殿のなかの階より南に去ること一五丈四尺に、烏像幢を建てよ。左に日像幢、次で朱雀旗、次で青龍旗この旗は殿の東頭楹に当て、玄武旗は西頭楹に当てよ。右に月像幢、次で白虎旗、次で玄武旗相去ること各二丈許、蒼龍白虎両楼の南端楹と平頭。

（3）内裏儀式（『改訂増補故実叢書』奈良文化財研究所 二〇一六b）

元日受群臣朝賀式

……前一日、……又殿のなかの階に当たりて南に去ること十六丈に、銅烏幢を樹つ。東に日像幢を樹て、次で朱雀旗、次で青龍旗。銅烏幢の西に月像幢を樹て、次で白虎旗、次で玄武旗。

この三種類の史料によれば、（1）史料は八世紀初葉の朝賀儀式の場の樹立物として、烏形幢、日・月像、青龍・朱雀・玄武・白虎像の幡がある。（2）および（3）史料は『儀式』元正朝賀儀の樹立物にほぼ一致する。

これらは、白雉元年二月条で検討したように、祥瑞をあらわす四神や天帝の居処の象徴である日・月であり、受命儀式を象徴する荘厳具にほかならない。このような象徴物が朝賀儀式と即位儀を飾るものとして、八世紀初葉から平安前期までほとんど変わることなく継受されたのである。

和田萃は（一九九九）、この二つの儀式構造はまったく同じであり、正月元日の朝賀式では、毎年即位儀が繰り返し行われたという。

大宝元年正月元日に続く四日には、「天皇、大安殿に御しまして祥瑞を受けたまふこと、告朔の儀の如し」と、朝賀の儀に引き続いて祥瑞進献儀式が行われたことを記す。この日は大安殿とよばれた内裏正殿に場所を移して行われた。右記したように、元日の儀式の場には、烏形や四神・日・月の幡が立てられたが、本来は四日の儀式にも必須の荘厳具であることは論をまたないであろう。

藤原宮の調査（奈良文化財研究所 二〇〇八、二〇一六c）で、朝堂院朝庭の北端（大極殿院南門の南）において、中軸線上に一か所とこれを挟んだ対象の位置に、それぞれ三か所の大型柱穴跡が確認された。柱穴A（以下、奈良文化財研究所の符号）は、中軸線上にあり、柱穴B・C・Dは西にあって三角形状に並ぶ。柱穴E・F・Gは東にあり、並び方は西と同じである。柱穴Aは大極殿院南門から約二一メートル（七〇尺）の位置である。

さらに柱穴Aから南に約九メートル（三〇尺）には、中軸線を挟んで東西に一六か所の一直線に並ぶ柱穴列が確認された。大型柱穴群（A〜G）と東西列の柱穴群は、位置関係や柱穴構造などから計画的に配置されたものであり、朝堂院朝庭での儀式にかかわる旗竿遺構であると理解された。藤原宮朝堂院の調査で明らかになった遺構は、（1）史料に記された幢幡を樹立したことを示唆する。平城宮第一・二次大極殿院や長岡宮でもこうした幢幡遺構が確認されているという（内田 二〇〇八）。令の規定に沿う儀式が執行されたことがうかがわれる。

4　葬送具との不一致

『孝徳紀』のいわゆる大化薄葬令（大化二年三月甲申条）は、王族には轜車《じしゃ》、上臣・下臣には輿が貸与された。轜車は日本古典文学大系『日本書紀』下頭注は、古記を引いて、轜は葬屋、車はこれを乗せる車をいう。上臣と下臣の輿を想定するのは、「担いて行け」とあるからである。葬具で共通するのは白布の帷帳《いちょう》である。薄葬令の諸規定は、天武期前半の六七五―六七六年ごろであろうという（山尾 二〇〇六）。

養老令は、親王以下皇親と五位以上の高級官人に支給される葬送具の品目の規定がある。親王一品の品物を掲げる。

養老喪葬令第二十六8（8は以下に記す条文番号 日本思想史大系『律令』）

凡そ親王一品には、方相轜車《にしゃ》各一具、鼓一百面、大角五十口、小角一百口、幡四百竿、金鉦《こむしょう》鐃鼓《ねうく》各二面、楯七枚、発喪《はちあい》三日。（略）以外の葬具及び遊部は、並に別式に従へよ。

日本思想史大系『律令』頭注を参考にすれば、方相は轜車を先導して疫を払うものとある。『孝徳紀』の帷帳は、「五位以上及び親王、並に轜具及び帷帳を借り」とあり、品目としては同じである。「発喪三日」とあるのは埋葬の日を含めて三日間は、棺のそばで哭声《こくせい》を放つ礼とされる。喪葬令では遊部が別式で規定され、死者の凶癘の魂を鎮めることを専門職とする氏とある。

以上から、養老喪葬令の葬送具は、壁画に描かれた持ち物と一致するものは確認できない。なにより遊部とよばれた、葬送の場に特有の人物や棺を運ぶ轜車などは壁画には描かれていない。

岸は、「こうした点から葬送と結びつけるにはなお検討を要するので、ここではともかく威儀を示すという理解にとどめておこう」と、石室内の葬送の場面に威儀具が描かれるという矛盾をどのように理解するか保留したのである。

5　喪葬の場（古墳）における慶賀場面の理解

高松塚壁画の天文図や四神図、人物がとる持ち物は、岸のいうとおり葬具といえるものは一つもなく、むしろ受命というめでたい儀式の象徴物であり、またその場を飾る威儀具なのである。

古墳壁画の内容が、慶賀の場面であるという自家撞着的な矛盾が説明可能なのか。大宝元年（七〇一）の朝賀儀式に立てられた幡・旗は、烏像（日像）、日・月像、四神像であった。これらは天命思想を象徴し、そのなかの四神は、天帝が地上の支配者たる君主に対して、天命を降して地上の支配を委ねる使者としての存在であった。このようであれば、壁画のモチーフは受命の場を描いたと理解できよう。

これは、天帝から支配の正当性を担保された象徴でもある。そして象徴物が樹立された場こそ、第一義的には天帝からの命を受ける場であり、荘厳のしつらえでもあった。

白雉二年二月十五日条は、（D）段落の冒頭に「朝庭の隊仗、元会儀の如し」と記されたが、本来は天武二年（六七三）三月の白雉進献儀式（受命儀式）の荘厳された場が、大宝元年の朝賀儀式において再現されたと推量される。

白雉が輿に乗せられて紫門のうちに入り「中庭《おほば》」に運ばれたが、大極殿前の庭は、天と地に対して開かれた露天空間で、天地双方から祖先神の意志や天意があらわれる神聖な場所であった（内田 二〇〇八）との指摘は、右記した儀式にふさわしい場として認識されていたことがうかがえる。

　このように理解すれば、キトラ・高松塚壁画は、天武二年（六七三年）の受命儀礼を再現した場面といえる。

三　キトラ・高松塚壁画の画題の相違

　石室の構造から、二古墳はキトラ古墳から高松塚古墳へと築造されたと推測されるが、壁画の画題の相違はどのように理解できるのか。

　天文図から二十八宿図への転換――科学的天文図をベースにした円形星図から、二十八宿図とよばれる、より観念的・象徴的な天文図への転換である。したがって星宿図の天の中心が強く意識され、天帝の居処と地上の君主をストレートに結びつける装置としての天文図に変更されたのである。

　十二支像から人物像への転換――十二支像は大地の果て、天と地とが接触する場所をあらわし、天の方位や時刻と結びつくといわれた（小南 二〇〇六）。キトラ古墳の石室内は、十二支像が描かれた空間の中心が天文図の天極と結びついて、一体的な宇宙構造を象徴するのである。ところが、高松塚壁画は、十二支像は壁画のモチーフから外されて、その代わりに受命を象徴する威儀具をもつ男女が描かれた。この画題の転換は、受命そのものを四神像とともに描くことを意図したのだろう。

　このように考えれば、キトラ壁画は天帝の原理性と宇宙構造を表現した世界観の表現であり、高松塚壁画は天命を受ける儀式をストレートに表現したものといえる。このなかで、画題に変化がなかったのは四神像である。四匹の瑞獣は天帝の使者として地上を支配する君主を結ぶ役割を有し、両壁画の画題としては外せない存在なのであった。

第五章　飛鳥南西部の葬地と野口王墓古墳

一　野口王墓古墳（天武・持統合葬墓）

本書の趣旨からすれば、天武天皇の埋葬された野口王墓古墳にこそ壁画が描かれていて当然であろう。しかし、以下で検討するように壁画は描かれなかったようである。

天武天皇は朱鳥元年（六八六）九月に飛鳥浄御原宮において逝去し、翌年に大内陵が造営されて十一月に埋葬された。『延喜式』諸陵式には「檜隈大内陵」とあり、現在の野口王墓古墳に比定するのが有力である。大宝二年（七〇二）十二月には持統天皇が逝去し、翌年に「飛鳥の岡に火葬す。壬午、大内山陵に合せ葬りまつる」（『続日本紀』大宝三年十二月条）とある。天武天皇の墓に合葬されたのであるが、天武天皇は木棺に安置され、その傍らには持統天皇を火葬した骨壺が収められた。

文暦二年（一二三五）に、陵内に盗賊が入って石室内が荒らされるという事件が起きた。当時の朝廷はこの事態を一年以上放置し、この間に近在の者は言うにおよばず、奈良や京都方面からも多くの人々が見学するあり様であった

表8　飛鳥南西部の葬地

	古墳名	墳丘形態	墳丘構築法	石室内壁面仕上	石室石材	石室型式	木　棺	築造年代	遺　骨
1	牽牛子塚古墳	八角墳	版築	漆喰	凝灰岩	刳り貫き	夾紵棺	7世紀末～8世紀初頭	女(30～40)
2	越塚御門古墳	–	〃	(漆喰)	石英閃緑岩	〃	漆塗り棺	〃	
3	マルコ山古墳	多角墳	〃	漆喰	凝灰岩	組合せ	〃	〃	男(30代)
4	東明神古墳	円墳	〃	—	〃	〃		7世紀後半	女(複数棺の存在)
5	キトラ古墳	〃	〃	漆喰・壁画	〃	〃	漆塗り棺	7世紀末～8世紀初頭	男(50～60)
6	高松塚古墳	〃	〃	〃・壁画	〃	〃	〃	〃	男(40～60)
7	中尾山古墳	八角墳	〃	朱塗	〃 花崗岩	〃	骨蔵器	文武707年没	
8	鬼の俎・雪隠古墳	長方墳	—	—	石英閃緑岩	刳り貫き	—	—	
9	野口王墓古墳	八角墳	—	朱塗	横穴式石室	—	夾紵棺＋骨蔵器	天武686年、持統702年没	

※　遺骨欄は前園2015を参照した。

という。このときの調書である『阿不幾乃山陵記』が明治期になって見出され、天武・持統合葬陵に比定された（秋山　一九七九）。

ちなみに現在の同地は、「大字野口小字尾墓」である。呼び名を漢字に置き換えただけで、「尾墓」は「王墓」に通じる。以下、天武・持統合葬陵を野口王墓古墳として記述する。

『阿不幾乃山陵記』には、墳丘と石室内部のことが詳細に記述され、その様子をうかがうことができる。以下では立地と墳丘形態、石室、葬具について検討する。

1　特異な古墳立地

当古墳が立地するのは、今城谷の東西方向の丘陵に、西から梅山古墳（前方後円墳・六世紀後半）、金塚古墳（方墳・七世紀中）、鬼の俎・雪隠古墳（長方形墳・七世紀後半）と続く東端に位置する。これらの三基は、古墳背後の丘陵頂部（標高約一一一～一一七メートル）には築かれず、南斜面をコ字形に造成して築造されている。梅山古墳は後期古墳の範疇であるが、金塚古墳と鬼の俎・雪隠古墳は終末期古墳に通有の立地である。

ところが、このなかで最後の古墳といえる野口王墓古墳は、標高一〇九・八メートル（古墳裾部）の独立丘陵頂部に築かれている。これは、終末期古墳の立地のセオリーを無視した占地であり、明日香南西部の丘陵地のなかで高い位置である。

西光慎治は（二〇〇二）、東西に四基並ぶ古墳について、西端の梅山古墳から野口王墓古墳までの地域は約一〇〇年間にわたって継続的かつ、計画的に形成された墓域であるといった。別論文では梅山古墳を欽明陵に比定し、欽明朝から天武朝に継続する計画的な王陵群ともいった（西光 二〇一五）。

図 50　野口王墓古墳（南から）

しかし、梅山古墳の被葬者を欽明天皇に推定することと、一〇〇年後までの王陵が欽明天皇の時代に計画されたことは別の証明がいる。野口王墓古墳の築造された丘陵頂部という選地にあたっては、持統天皇の意向が強くかかわったことが推量されよう。

2　墳　丘

「件陵、形八角、石壇一匝、一町許歟、五重也」（『阿不幾乃山陵記』）

この記載では墳丘の外形が八角であり、石段が墳丘の裾周りを一町ほどめぐっているという。「五重也」というのは、福尾雅彦が（二〇一三）復元したように、墳丘部が五段築成であることをかなり正確に観察したのである。古墳の規模は、復元値で高さ約七・七メートル、八角形の裾部における対角線間は約四〇メートル、対辺間は約三七メートルである。墳丘に葺かれた石材は二上山産の凝灰岩である。

3　石室の内部構造

野口王墓古墳の内部構造は秋山日出雄が詳しく検討したように横穴式石室であろう。石室の規模は、全長約八・一メートル、玄室長約四・六メートル、幅約二・九メートル、高さ約二・四メートルと推定され、羨道部は長さ約三・五メートル、幅約二・四メートル、高さ約二・二メートルに復元された（西光 二〇一三）。

「内陣三方上下、皆瑪瑙歟、朱塗也」（『阿不幾乃山陵記』）

内陣とは石室の玄室をさすが、石室が瑪瑙石を使用しているというのである。秋山は石灰岩すなわち白大理石、あるいは凝灰岩を想定する。西光慎治は飛鳥地域の埋葬施設に使用される石材は、七世紀中ごろを境にして、それまでは石英閃緑岩を使用し、以後は凝灰岩になるという。これまでのところ、石灰岩の石室の事例はなく、凝灰岩の切石の表面を平滑に仕上げたと考えられる。

「朱塗也」とするのは、天井や側壁に朱色が塗られたということである。石室内をみた観察者が、壁画の存在を認識していないのは明らかである。

4　二つの葬具

「御棺張物也、以布張之、入角也。朱塗、……御棺ノ蓋ハ木也、朱塗」（『阿不幾乃山陵記』）

玄室内には棺があって朱漆を塗った棺身と、同じく朱塗りの蓋があった。つまり石室内壁と棺はともに朱色で彩られた、目にも鮮やかな石室空間であったことが想定される。棺の内部には人骨が残されていたことも記す。棺の下には格狭間《こうはざま》のある金銅製の棺台があったようである。木棺の大きさは、長さ約二・一メートル、幅約七五センチ、高さは約七五センチに復元されている（西光　二〇〇九）。

「金銅桶一納一斗許歟、居床」（『阿不幾乃山陵記』）

これは床の上におかれた金銅製の桶、すなわち火葬骨を入れた骨蔵器のことをさすのであろう。秋山は（一九七九）『明月記』の記事を引いて、外箱は金銅製、内箱は銀壺の二重構造であったといった。石室内におかれた棺のうち、ひとつは天武天皇の遺骸を入れた木棺であり、もう一つが持統天皇の火葬骨の容器をさすのは明らかであろう。以上の諸点から野口王墓古墳は、天武・持統合葬陵であると推定され、被葬者像に異論の少ない古墳である。

5　石室内に壁画を描いていないこと

ここで問題になるのが、野口王墓古墳の石室内は朱色に塗られたことで壁画はおろか、天文図さえ描かれなかったことである。これまで、本書ではキトラ・高松塚天文図のもつ歴史的な意味について、天武天皇の皇位の正当性を反映したものが、天文図やそのほかの画題にほかならなかったことを検証した。本来であれば野口王墓古墳の石室内に、自己の正当性を表象した壁画を描けばそれで完結したはずなのである。ところが石室内には描かれていなかった。このことについて推量してみたい。

この理由は、天武天皇の葬られた時期（六八六年）には、石室内に壁画を描くことが成立していなかったためと理解される。

同地域の終末期古墳の石室に漆喰が塗られていることは「飛鳥南西部の葬地」一覧で明らかである。しかし、牽牛子塚古墳やマルコ山古墳、岩屋山古墳などには壁画が描かれていない。これらの古墳は、七世紀第四半期から末期の築造であり、キトラ・高松塚古墳が築かれる直前である。壁画を描くための下地は十分にあったといえる。ところが、描くことの動機、あるいは契機になる条件はなく、このことが野口王墓古墳の石室に壁画のないことにも波及したと推測される。つまり壁画の成立には、持統天皇の天武天皇に対する回顧と、天武王統の正当性の原理の継承をどのような方法ですべきか、という別の要素を必要としたのである。

野口王墓古墳に採用された朱色の意味について、本田明日香は（二〇〇二）、古代の祥瑞と色彩を考察するなかで、天武天皇が壬申の乱において自らの軍隊の象徴として赤色を用いたこと、あるいは天武・持統朝は、赤鳥の祥瑞が他の時期に比べて多く出現するなど、赤色尊重の姿勢は、自己王統の正当性を主張するためのものであったという。朱色に込められた観念は、本田の指摘が正鵠をえた推論かもしれない。なお中尾山古墳（文武天皇の火葬墓）石室内も朱色が塗布されたが（明日香村教育委員会　一九七四）、朱色の石室はこの二例にとどまる。文武陵の造営にあたって大内陵が強く意識されたのだろう。

二　飛鳥南西部の葬地とキトラ・高松塚古墳

奈良県橿原市を通過し吉野方面に通ずる国道一六九号線は、古代から、飛鳥や藤原から紀伊方面を結ぶ重要な幹線道路であった。この道沿いの五条野丸山古墳を北端とし、高取町吉備の松山古墳までの南北の範囲と、東は明日香村野口王墓古墳、西は橿原市小谷古墳までの範囲に、古墳時代後期から終末期（飛鳥時代）にかけての古墳が集中して築造された。このうち埋葬施設が横口式石槨であるのが表8の古墳である。これら九基の古墳の分布や墳丘、石室石材からキトラ・高松塚古墳の特徴をみる。

1　分布上の特徴

表8の九基の古墳は、東端を野口王墓古墳として、西端を牽牛子塚古墳にとれば東西約一・五キロになり、南北は東北隅を野口王墓古墳にして、南端をキトラ古墳とすれば約二キロになる。表8の1～9の古墳は、野口王墓古墳を基点に南から西の範囲に分布が限定される。これについては岸が（一九七二）、その中軸線（※藤原京の中軸線）を南に延長すると、その線上に天武・持統を合葬した檜隈大内陵が正しく位置することを指摘した。野口王墓古墳からは、藤原京を目視することはできないが、現在の測量技術でも、この古墳は藤原京中軸線の延長線上に正しく位置するという（小澤・入倉　二〇〇九）。

2　墳丘形態の特徴

古墳の墳丘形態は、表8②の墳形が不詳である以外はほぼ明らかである（以下、丸数字は表8の番号に準じる）。八角墳は①・⑦・⑨の三基である。多角墳の③と残りは円墳の④・⑤・⑥である。⑧は墳丘が失われているが、長方墳と考えられている。

表8にはないが、舒明天皇は六四一年に死去し飛鳥の滑谷岡に埋葬された。初葬地は明日香村冬野であるという（日本古典文学大系『日本書紀』下頭注）。この地が冬野であると推定する根拠は示されていないが、飛鳥盆地から東の山間僻地であり、王墓がこのような地に営まれたとすることはできないだろう。飛鳥南西部の一画にあったと思われるが、翌年に押坂陵に改葬された。奈良県桜井市忍阪字段ノ塚である。

この古墳は、下段を方形、上段を八角形に築造した古墳である（福尾 二〇一三）。このことから、舒明・皇極（斉明）天皇を祖として、その後に即位した（孝徳天皇を除く）大王・天皇の古墳の外形は八角墳なのである。表8にはない天智天皇の山稜も八角墳であることは変わりない。

八角墳以外の③・⑤・⑥の人骨は男性、④は女性である（前園 二〇一五）。キトラ・高松塚古墳の墳丘形態はいずれも円墳であることから、被葬者は皇子クラスの身分であった蓋然性が高い。

3　寺院建築と古墳築造の土木・建築技術の共通性

（1）石室材料――凝灰岩――

古墳の埋葬施設を構造別に分類すると、⑨は横穴式石室、①・②・⑧は石材を横口に刳り貫いた横口式石槨と、③～⑥は石を板状に加工して組み合わせた横口式石槨に分類される。⑦は火葬骨の容器を入れた石室である。石室材料は、②と⑧は石英閃緑岩を使用する。この石材は高取町貝吹山周辺で採取できる。⑦は花崗岩と凝灰岩の組み合わせである。このほかの石室は凝灰岩が使用された。

凝灰岩は奈良盆地の西にある二上山山麓から切り出された石材である。火山灰や火山の噴出物が固まった岩石で、比較的柔らかく加工が容易であるため、かつては家形石棺などに使用された。飛鳥時代には寺院の建設が相次いだことから、堂塔の基壇周りや礎石に多用された。天武九年（六八〇）の記事に、「京の内の二十四寺」がみえる。このころは寺院の建設が相次ぎ、そこで使用された建築材料としての凝灰岩は、飛鳥南西部に営まれた古墳の石室材料としても供給されたのである。

表9は、高松塚古墳で使用された凝灰岩の規模を示している。天井石と床石に使用された石材は、両側壁に比較し

て大きい。厚みもその傾向にあるが側壁材と違わないものもある。この表では天井石・床石と、側壁に使用された石材に分類されるが、各々数値を整えていることも読み取れる。

寺院で使用された凝灰岩は、縦長で幅が一メートルほどの石材としては、基壇周りの羽目石や石段、束石などがある。飛鳥時代の寺院遺構からは、完全な形の石材は出土していないが、奈良市大安寺跡から出土した凝灰岩製基壇石の大きさは（森下 二〇一六）、延石で長さ約一メートル、幅約四〇センチ、厚さ約一五センチである。地覆石《じふくいし》は長さ約一・一メートル、幅約四〇センチ、厚さ約三五センチである。このなかで地覆石が高松塚古墳の石材法量によく一致する。

表9　高松塚古墳石材規格（文化庁ほか 2017）

	縦×横×厚み（cm）
北壁石	116×152×43〜48
南壁石	137〜140×137×47
天井石1	183×97×63
天井石2	186〜188×98×61
天井石3	181×96×59
天井石4	159〜162×100〜102×42〜47
東壁石1	116×97×47〜53
東壁石2	116×93×40〜44
東壁石3	116×89×45
西壁石1	116×106×44〜45
西壁石2	116×94×44〜45
西壁石3	116×79×38〜41
床石1	160〜164×90×55〜57
床石2	158〜163×91×52
床石3	163〜166×84×49〜51
床石4	157〜160×94×40

（2）墳丘盛土——土木技術としての版築——

古墳の埋葬施設である石室は、最終的には盛土で覆うが、この地域の終末期古墳の多くは、版築とよばれる土木技術が採用された。

版築は中国で発達した土木技術である。わが国では、主に寺院の堂塔建築に伴うものであった。建築予定地の地面を掘り込み、そのなかに土と砂礫交じりの土を交互に入れてそれぞれを敲き締めた、いわば人工的に改良された地盤をつくったのである。この上に重量物である礎石を設置して寺院を建築した。寺院は屋根に瓦を葺いた建物であるため、地盤のゆるいところでは不当沈下を免れず、これを回避するための必須の技術なのである。

一方、古墳の盛土は、一般的にはこのような版築は必要がない。このことから版築盛土の古墳は、飛鳥地域を中心とする終末期古墳に採用された特殊な技術である。

版築の詳細は高松塚古墳の発掘で明らかにされた（文化庁ほか 二〇一七）。石室の解体に伴う墳丘の調査で、石室を覆う盛土は下位版築、上位版築と盛土の三段階に区分した丁寧な築造である。

版築で古墳の盛土をつくった技術者は、本来は寺院建築にかかわっていた人々であったことが想定できる。古墳築造では特殊な土木技術であるが、彼らからすれば、日常的に身につけた技術である。古墳づくりに動員されたことから、自分たちの手職を応用しただけであるということになろう。

（3）漆喰壁――左官と画工――

石室の型式を問わず、④・⑧・⑨以外は天井や側壁、床などに漆喰が塗布され、あるいは石材の目地として使用されていた。漆喰は石灰岩や貝殻を焼いて粉末にし、これを水に溶いて壁の上塗り材料としたのである。主成分は水酸化カルシウム、炭酸カルシウムで、壁などに塗られると二酸化炭素を吸収して硬化する。七世紀以降の終末期古墳の石室内に塗布されたが、その中心地は飛鳥から桜井地域に集中して分布する。

石室内の漆喰の化学分析は、安田博幸が（一九八四）高松塚古墳の下地として確認したことから研究の進展した分野である。このときの分析資料として、石室から採取された漆喰のほか、大和一九例、河内四例、摂津一例、上野二例と、さらに韓国の慶州や百済扶余地域の事例も加えられた。

この結果、飛鳥の古墳の漆喰は純度が高いこと、慶州の二古墳や高霊の二つの壁画古墳の漆喰の純度（九四～九五パーセント）が、明日香村岩屋山古墳や高松塚古墳、中尾山古墳と同じように高純度であること、漆喰の原料が貝殻に由来する可能性が高いことなどが指摘された。

漆喰の原料は、現在の知見では貝灰であるのか、石灰岩に由来するのか不詳である（佐野ほか 二〇〇九）。高純度の石灰が使用されたのであれば粒度の細かなものであることが予想され、顕微鏡下の分析では判定は困難なのであろう。近年の高松塚壁画の漆喰について、電子分散型分光（ＥＤＳ）法による分析では石灰岩を原料とすることが示された（北田ほか 二〇一五）。

安田は石灰岩の小破片が確認できる古墳として、葛城市寺口古屋敷古墳、同市神明神社古墳、桜井市エンドウ山一号墳、同市舞谷三～五号墳などをあげる。一方、明日香村カヅマヤマ古墳の漆喰は、貝殻を粉体にしなかったことで、貝片の存在することからカキ類の一種であることが判明した（石井 二〇〇九）。カヅマヤマ古墳では貝灰原料でしかも焼いていない貝殻を粉末にしたものが使用されたのである。

漆喰を石室の壁面に塗りこめる作業は、現在の専門職として左官職がある。そして漆喰壁の上に壁画を描くのは画工であった。奈良時代の寺院建築に携わった職工を列挙すると（平松 二〇一〇）、①木工、②石工―山作工、真作工、足庭作敷工、③土工―垣築工、堂壁中塗工、④銅工（鋳工）―火作工、真作工、砥磨工、堺打工、金泥工、魚子打工、⑤鉄工、⑥瓦工―生瓦作工、瓦焼工、飛炎木後料玉瓦作工、瓦窯作工、⑦葺工―堂瓦葺工、垣於瓦葺工、檜皮葺工、⑧金工―熨金工、打金薄工、⑨画工（画師）である。寺院建築に携わった技術者は専門分野別に細分されていたことがわかる。

古墳築造や壁画制作に関連するのは、石工、土工、画工と金工のなかの箔打ちにかかわる職種である。版築などに携わる技術者は、築地や堂塔の基礎工事などに携わる土工である。

寺院堂塔内は、天井や壁に壁画が描かれて内部が荘厳に装飾されたが、この作業にあたったのは画工である。わが国では、法隆寺金堂に描かれた障壁画が著名である。金堂壁面は、表面の仕上げに白土が塗られて、その上に飛天などの仏教にかかわる図像が描かれた。この壁画が描かれたのは七世紀末ごろといわれている（柳沢 一九七五）。

寺院遺跡の調査で出土した壁画は、もっとも古いものは既述した法隆寺若草伽藍から出土した（平田 二〇〇五）。六七〇年ごろの火災に伴う遺物であり、それ以前の壁画ということになる。このほかには、明日香村山田寺跡（奈良文化財研究所 二〇〇二）、奈良市大安寺跡（三好 二〇一六）、鳥取県米子市上淀廃寺跡（七世紀末）、京都府大山崎町山崎院跡（八世紀前半）、滋賀県高島市日置前廃寺（八世紀前半、以上の三か所は飛鳥資料館 二〇〇六）である。事例は少数にとどまるが、飛鳥時代から奈良時代には、地方の寺院にまで荘厳を施す壁画が普及していたことをうかがわせる。

飛鳥時代の京域には二四の寺のあったことを記すが、飛鳥盆地から藤原京にかけての地域では、常にどこかで寺院を建築していた時代であった。一つの寺院をつくるためには各種の専門工人を必要とし、日常的にこれらの現場で作業に携わっていたのである。

三　キトラ・高松塚古墳の築造技術

以上のように、二つの古墳で確認された古墳築造の諸技術は、版築や凝灰岩の加工、石室内の漆喰塗装と、その上に描かれた壁画など、本来は寺院建築とその内部を荘厳にするものであった。寺院建築に携わる諸技術と、二つの古墳の築造技術には多くの共通するものが認められた。これらの技術者たちが日常の仕事場から離れて、古墳造営の現場に駆り出されたとき、築造にあたって各々の手になじんだ日常的な技術が発揮されたのである。

ところが、壁画の画題には仏教的な要素は皆無である。これまで縷々述べてきたように、壁画の画題は当時の政治権力の正当性を、壁画のモチーフとして描きたいという要望に沿うものであった。このようにみると、キトラ・高松塚古墳は、飛鳥時代の総合的な先進技術の上に築造された古墳であるといえる。

四　キトラ・高松塚壁画成立の二段階

最初に、天武王権を原理的に支えた中国の天命思想について述べた。中国では、早くから天文学が発達し宇宙創世神話が語られた。後漢ごろには儒教が国教化される過程で、皇帝は宇宙の最高神であった天帝から天命を受けることで、皇帝位の正当性が保証されるという関係性が定立したのである。このような中国の政治の根幹である天命思想が飛鳥時代には招来されていた。

壁画成立の第一段階は、天武王権の樹立と密接に結びつく。

飛鳥時代の後半の政治的中枢は、乙巳の変（六四五年）により大王に権力基盤が移りつつあり、その中心は天智天皇であった。六六〇年ごろから、倭国は唐帝国が対外戦争を仕掛ける、東アジア的規模の動乱の渦中に身をおかざるを得なくなった。その画期となったのは六六三年の白村江での敗戦である。天智天皇はこれを起点として倭国の改革に着手したが志半ばで尽きた。

次の画期は、軍事クーデターとしての壬申の乱であった。大海人皇子が勝利し、天武天皇として即位したのちは、天智天皇の改革を推し進め、唐軍の侵攻に対抗できる軍事国家の建設にまい進する。自己を天皇とした天武天皇であったが、天智天皇―大友皇子という正当性を有した君主の継承を軍事で打倒したことと、その上に自らが天皇として即位したことの、二つの面についての合理的な説明の原理・思想はなにもなかったのである。

そこで持ち出されたのが、天武天皇の皇位の正当性を説明するための天命である。『書紀』から復元されるところでは、天武天皇即位の直後に天命を受命した儀式が、当時の最高礼として執り行われ、十二年後には天命に応えた政治を自ら総括したのである。これが壁画成立の前提条件としての第一段階である。

壁画成立の第二段階として、天武天皇の政治的原理を説明する天命思想を、壁画として石室内に描く構想をもったのは持統天皇であろうと考えた。ただし、持統天皇と壁画を結びつける史料上の根拠はなく、当時の持統天皇の心的動向を分析したに過ぎない。

ところが、キトラ・高松塚壁画の天文図と四神図、あるいは高松塚壁画に描かれた人物とその持ち物は、喪葬の場面を表現したものではない。古墳という喪葬の場と、そのなかに描かれたことが相違するという矛盾はどこに起因したのか。

本書では、まず『孝徳紀』に排列された白雉進献儀式は、本来は天武天皇が即位した天武二年（六七三）二月の翌月に行われた受命儀式であることを論証した。そして、壁画に描かれた天文図と四神図は、天帝の居処である天極から遣わされた、天命を負う使者である四神が、天武天皇に天命を伝達したことを隠喩していると論じた。さらに高松塚壁画の人物の持ち物は、大宝元年（七〇一）元日の朝賀儀式の場の樹立物に一致すること、同儀式も天武天皇の受命儀式に淵源することを論じた。壁画の画題が、天武天皇の受命儀式の再現の場であるならば、それは即位の正当性を示す、最上にめでたい場であると理解できよう。

以上の考察にもとづけば、キトラ・高松塚壁画の成立の目的は、天命思想の視覚化と、天武天皇の受命儀式の場の再現であったといえる。そしてその根底にあった願いは、天武王権の正当根拠がどこに淵源するのかをあらわすことだった。それは壁画を制作することで達成されたのだろう。

付論　壁画の顔料・漆喰の産地推定

壁画を描くのに使用された顔料は、高松塚壁画では各種の化学分析によりほぼ特定され、近年の壁画砕片の結晶学的研究では、赤色は辰砂、青色は藍銅鉱（アズライト）、緑色は孔雀石（マラカイト）であることが確認された（奥山・北田・柳田 二〇一五）。一部には染料の使用も認められているが、本論では顔料を対象にする。

この検討にあたって扱う資料は、顔料と漆喰産地が壁画古墳が立地する明日香に距離的に近いこと、したがって紀伊山地とその周辺地域のものである。現状では鉱山の操業開始時期は、考古学的調査は行われていないのが現状である。

奈良・和歌山・三重・兵庫各県の鉱山と鉱物の報告は、奈良県―稲垣紘武（一九六五）・大和大峯研究グループ（二〇〇九）、和歌山県―津田秀郎（一九六二・六四）、小葉田淳（一九八〇）、三重県―津田秀郎（一九七三）、磯部克（一九七九）、三重県立博物館（二〇〇一）、兵庫県―中村威・先山徹（一九九五）などを参照した。

一　顔料分析と産地推定

顔料分析は、一九七二年の安田博幸の研究によって始まることは前述した。提供された資料は、調査で土砂のなか

表 10　高松塚壁画色材と色彩（成瀬 2004 改変）

色	現代顔料名	奈良時代の顔料名	鉱物名
赤	朱 ベンガラ 鉛丹	朱沙 紫土 丹	辰砂 赤鉄鉱 ミニウム
青	岩群青	金青・白青	藍銅鉱（アズライト）
緑	岩緑青	不明	孔雀石（マラカイト）
黄	黄土	不明	褐鉄鉱
黒			マンガン・墨
白	炭酸カルシウム 鉛白	不明 唐胡粉	方解石・石灰岩 水白鉛鉱

表 11　高松塚古墳壁画の人物着衣と袋物の色彩（高松塚古墳総合学術調査会報告 1974）

	上衣	袖口	襟結び	帯	袴	裳	裳裾	内衣	下げ袋	長袋
東壁男子①	薄墨	−	−	青緑	−	−	−	−	淡黄	−
同　②	黄	淡緑	−	〃	−	−	−	−	−	−
同　③	青	白	−	−	白	−	−	−	淡黄	−
同　④	緑	〃	−	赤	〃	−	−	−	−	※赤
東壁女子①	淡緑	淡赤紫	−	〃	−	淡赤紫・緑・赤・青	白	−	−	−
同　②	黄	−	黄	−	−	青	〃	−	−	−
同　③	赤	青	赤	−	−	緑	−	−	−	−
同　④	淡赤紫	緑	−	黄	−	青・赤	白	−	−	−
西壁男子①	黄	淡緑	−	青	−	−	−	−	−	−
同　②	青	−	−	白	白	−	−	−	−	赤褐
同　③	緑	−	−	赤	〃	−	−	−	淡黄	−
同　④	薄墨	−	−	緑	〃	−	−	−	−	−
西壁女子①	黄	青緑	黄	〃	−	緑・赤・青・淡赤紫	白	緑	−	−
同　②	淡赤紫	−	−	−	−	緑	−	−	−	−
同　③	赤	青	−	青	−	青	※白	白	−	−
同　④	淡緑	赤紫	赤	赤	−	赤・緑・淡赤紫・青	淡黄	赤紫	−	−

※は筆者による。

から出土した色つきの漆喰であったことから、壁画の特定部位を定点的に分析するという手法ではなかった。二〇〇四年以降、渡辺明義らの分析は（二〇〇四）、石室内で壁画の特定の部位をターゲットとする手法で行われるようになった。このため、格段に顔料の情報量が増した。二〇一五年には赤・青・緑色の材料学的研究が行われて、特定の鉱物名が明らかにされた。ただこの分析も壁からの剥離資料であることから、特定する部位は明らかではない。これまでに判明した色彩に対応する色材は以下のとおりである。

1　赤　色

赤色が使用されるのは、女子の着る上衣や袖口、襟結び、帯と縞模様に色分けされた裳などに塗られた。男子では赤い帯を結ぶ西③である。また東西の男子④・②の肩に担ぐ袋は赤色である。四神では青龍の舌や爪、背の部分も赤色が塗られた。白虎では舌や唇、爪を赤色である。

赤色は肉眼では顔料を区別することは難しいが、化学分析では朱とベンガラ、鉛丹（奈良県教育委員会 一九七二のみの検出）の三種類の原料を異にする顔料が判明している。

朱は鉱物名を辰砂（丹・朱砂・水銀朱・赤色硫化水銀）とする硫化鉱物である。『続日本紀』には、朱沙・真朱の表記がみられる。辰砂を四〇〇～六〇〇度に加熱すると、水銀蒸気と亜硫酸ガス（二酸化硫黄）が生成し、水銀蒸気を冷却させて水銀が精製される。鉱物は鮮やかな赤色を呈することから、粉砕して赤色部分だけを精製することで顔料として使用された。

辰砂の産地は、中央構造線の内帯地域に東西に分布する。西端は金剛山地の西に位置する千早赤阪村の千早水銀鉱山（千早赤阪村 一九八〇）があり、標高八〇〇メートル付近の黒栂谷を中心にして、昭和の時期に開発された新しい鉱山である。同山地の東（奈良県側）では、御所市極楽寺西方の、標高七〇〇メートル付近の谷沿いに坑道跡があると報告する（奥田 二〇〇五）。同市伏見遺跡からは、縄文時代の拳大の辰砂鉱物が出土している（奥田同右）。千早赤阪村の辰砂鉱脈とつながるのだろう。

明日香村東部の辰砂産地は、桜井市針道から宇陀市大宇陀区・菟田野区にかけて広く分布するため大和水銀鉱床群と仮称する。この地域の辰砂鉱山の報告は、田久保実太郎・鵜飼保郎（一九五四）らが初期のものである。奥田は（一九九〇）、水銀鉱床の分布と鉱山を一八か所報告した。大和水銀鉱床群の中心は、菟田野区大澤の大和水銀鉱山である。東方の入谷には宇陀丹生神社が祀られている。また、芳野川と宇賀志川の合流点付近の左岸で辰砂の露頭が確認されている（菅谷文則氏の教示による）。大和水銀鉱山の十谷斜坑の三番樋の旧坑に奈良時代の須恵器などが残されていたと記すが、出典が（奥田 一九九〇）不詳で確認できない。大和水銀鉱床群の立地の特徴は、集落に近い里山や小河川の段丘面に露頭があり、初期の探鉱は鉱山の専門的知識があれば容易であったことがうかがえる。

奈良県内の前期古墳で使用される朱の分析で、奈良市富雄丸山古墳、大和郡山市小泉大塚古墳、五條市五条猫塚一号墳、天理市大和天神山古墳、桜井市桜井茶臼山古墳は、大和水銀鉱床群の辰砂を使用した可能性が示唆されている（今津 二〇〇二、寺沢ほか 二〇一二）。大和天神山古墳からは約四一キロの辰砂塊が出土した。

三重県の産出地では、多気郡多気町丹生（旧勢和村丹生）集落に丹生神社が祀られ、同神社と神宮寺成就院には、水銀鉱石の採掘道具と水銀捕集器と推定される土釜・蓋が保管されている（矢嶋 一九八五）。木村多喜生（二〇〇一）の丹生鉱山報告には、一八三か所の水銀旧坑が記され、整備された保賀口坑跡を見学することができる。文武二年（六九八）には伊勢国から朱沙・雄黄・白鑞の貢上記事があり、この時の朱沙は丹生から産出したものだろう。同地は明日香村からは真東にあたり、直線距離にして六〇キロにすぎない。もちろん宇陀から高見山地の険しい峠道を越えねばならないが、三重県側の産地は中央構造線の谷地を櫛田川が伊勢湾に流下する伊勢街道沿いに位置する。

辰砂の路頭は櫛田川にかかる、勢和大橋の下流右岸に露出した岩の石英粒子間に赤色塊状で充填されている（木村二〇〇一）。現地の踏査では辰砂鉱物は確認できず、オレンジ色の鮮やかな鶏冠石をサンプルすることができた。また、崖面では、旧坑口と思われる一辺一メートル四方の採掘穴跡があり、ここでも坑口の下部に鶏冠石の薄い包含脈をみることができた。同地では辰砂・鶏冠石のほか、黒辰砂、方解石などが産出する。

図51　三重県櫛田川右岸の調査（上流は伊勢和大橋）

丹生集落から南東約二キロの地点では、伊勢自動車道勢和多気ICの工事に伴う調査が行われ、この地域にも多数の水銀採掘坑跡が検出された。このうち、丸山口水銀採掘坑跡群は四七か所の坑跡が確認されている。調査で出土した炭化物の放射性炭素年代測定は、五一一号坑跡は九世紀末、八号坑跡は十四世紀代と十六世紀前半〜十七世紀前半、一二号坑跡は十一世紀中ごろ〜十二世紀中ごろという結果を報告した。平安時代から室町時代の操業時期の一端を示しているようである（三重県立埋蔵文化財センター二〇〇四）。多気町立勢和資料館には、丹生鉱山から産出した辰砂鉱物と採掘に関する民俗資料が展示されている。このほか、紀伊山地では、日高川町和佐鉱山と田辺市龍神村で産出した。

鉛丹は鉛を酸化状態において生成された人造の顔料である。金峯山寺蔵王堂（山下蔵王堂）北側の調査で、鉛製の板に包まれた鉛丹が出土した。時代は特定されていないが、山下蔵王堂の創建は平安時代後期までさかのぼる（奈良県立橿原考古学研究所 二〇一六）。

ベンガラは鉄鉱石が酸化することで赤色を呈する赤鉄鉱（ヘマタイト）と、赤土（丹土）を精製して顔料としたものがある。後者は生成の違いによりパイプ状ベンガラと非パイプ状ベンガラに分けられる。ベンガラの赤色は鉄の腐食（酸化）した錆色である。

図52には赤鉄鉱の産出地を示した。紀伊山地から伊勢地域にかけて広く分布する。奈良県下では、吉野郡野迫川村五条鉱山や天川村洞川の蛇ノ谷鉱山がある。パイプ状ベンガラ（鉄バクテリアの沈積物）は、正倉院の彩絵仏像幡（成瀬 二〇〇四）や、香芝市尼寺廃寺（七世紀後半創建）の塔心礎に付着したベンガラが知られている（北野 二〇〇三）。

非パイプ状ベンガラは、丹土《はにつち》ともよばれて酸性度の強い土壌である。桜井市三輪山周辺に産出する。『古事記』崇神段の三輪山伝説のなかに「赤土《はに》を床の前に散らし」（日本古典文学大系『古事記』）とある。三輪山北麓の丘陵地でサンプリングを行ったが、不純物を多く含み赤色に精製して顔料とするには労力が必要である。ベンガラとよばれる顔料は、その生成までさかのぼれば各種の原料からつくられたものである。いわばどこでも産出するところから、産地を特定することは困難であろう。

2　青・緑色

青色が使用されるのは、男子の上衣と帯、女子は上衣袖口と裳の色分けされた部分である。玄武の蛇胴体も青色の着色である。緑色は男子の袖口と帯、女子は上衣や袖口、帯、裳、内衣など多用された。このほか東壁男子のもつ蓋も青色が主体である。

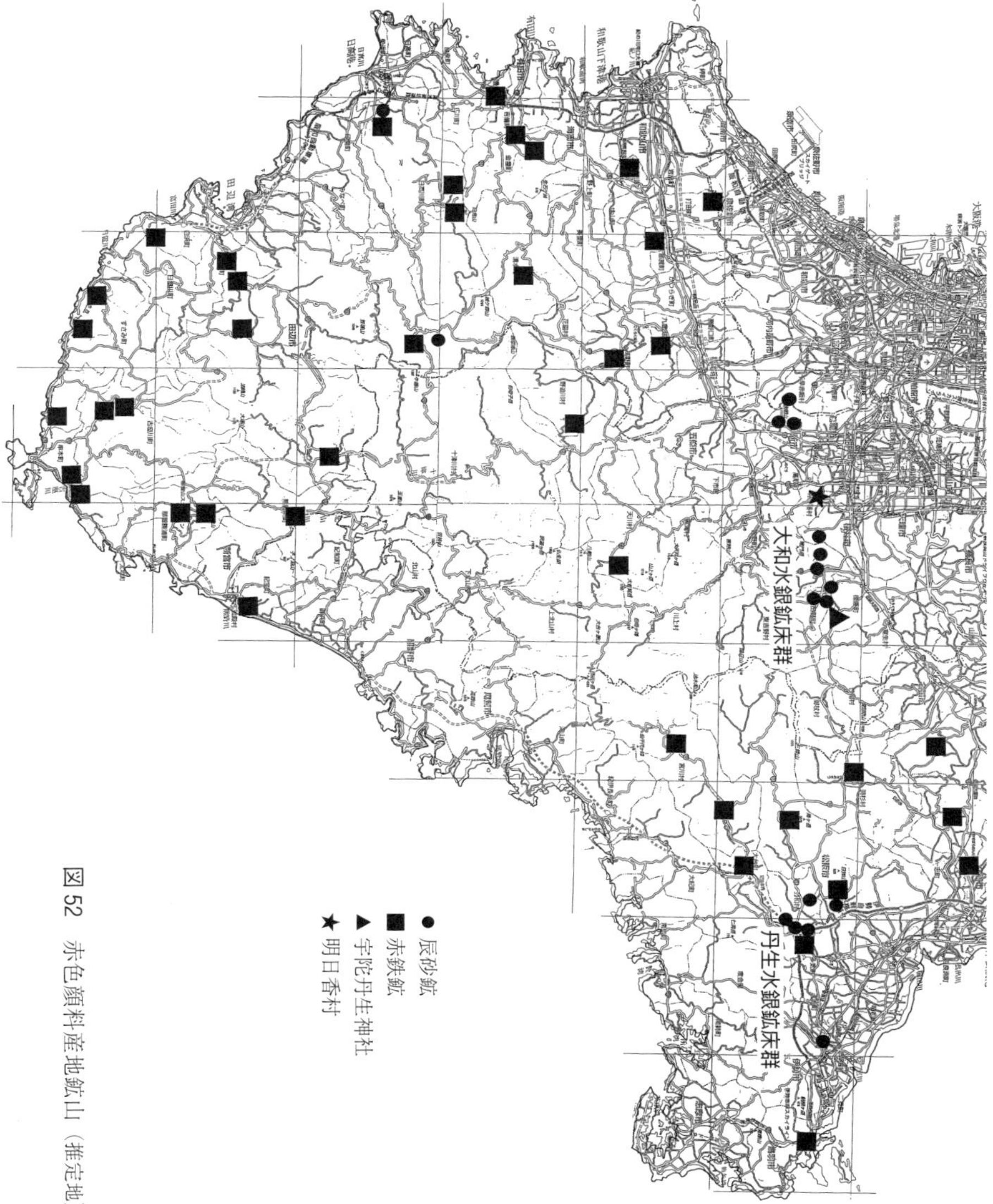

図52　赤色顔料産地鉱山（推定地）

青色は鉱物名を藍銅鉱《らんどうこう》（アズライト）、緑色は孔雀石《くじゃくいし》（マラカイト）である。どちらも銅鉱物の二次的酸化によって生成されるため銅鉱山において産出する。顔料名は岩群青と岩緑青という。緑青（青色も含む）の産地で、発掘調査により操業時期が飛鳥時代にさかのぼるのは、山口県美祢市長登銅山跡である（池田 二〇一五）。聖武天皇は天平十五年（七四三）に大仏造立の発願を行い、天平勝宝四年（七五二）孝謙天皇により開眼供養が催されたが、このときの大仏鋳造に用いられた銅が当銅山で産出した。

長登銅山の大切・花の山・烏帽子・大田・葛ケ葉山の各鉱床からは、良質の藍銅鉱や孔雀石が産出する。池田善文は褐鉄鉱を使用してベンガラや鉛丹なども製造したことを推測する（池田 二〇一五）。同鉱山跡の調査で出土した須恵器・土師器は七世紀末から八世紀前半の時期であり、飛鳥時代には鉱山を開発して操業していたことを示唆する。憶測ではあるが、長登銅山から銅製品や鉱石とともに、藍銅鉱や孔雀石も飛鳥・藤原京などの工房に搬出されたのであろう。

明日香村にもっとも近い藍銅鉱・孔雀石の産出する鉱山は、御所市朝町の三盛銅山である（図53）。操業は近代と推定される。紀伊山地では銅鉱山は多数操業した（小葉田 一九八〇、津田 一九六二・一九六四・一九七三）。このうち藍銅鉱と孔雀石が産出したのは、志摩半島先端の鳥羽市赤崎鉱山、熊野市紀和鉱山、白浜町鉛山鉱山などである。

青龍の胴の青色は、ラピスラズリが顔料として使用された（渡辺ほか 二〇〇四）。この顔料はよく知られるように古代からの主要な産地は、アフガニスタン北部のバダクシャン地方が有名である。中国では北魏から宋代にかけての敦煌壁画などの顔料として使用された。高松塚壁画のラピスラズリは中国経由で輸入されたのであろう。

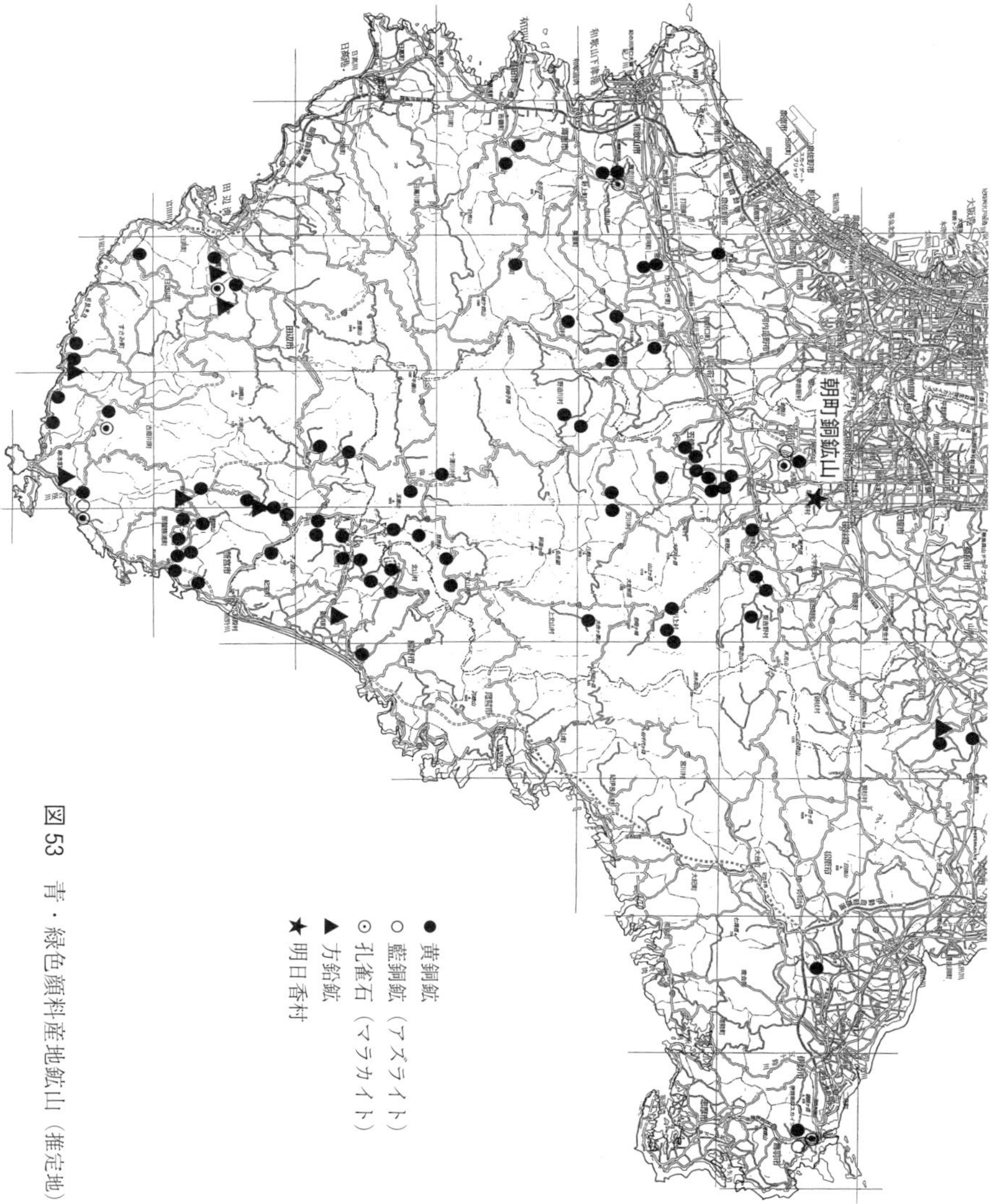

図53　青・緑色顔料産地鉱山（推定地）

3　黄　色

黄色は男性や女性の上衣、男性が肩から提げた布袋の色彩に使われた。黄色を呈する鉱物はなく、土壌として堆積する黄土が原料である。黄土の化学分析では鉄をもっとも多く含み、酸化鉄が黄色に変性したものである。しかし、ベンガラのように豊富に産出することはまれである。

高松塚壁画の黄色顔料は電子分散型分光（ＥＤＳ）法によって、微小な板状黄土そのものが検出された。

黄土について最初に注目したのは万葉研究者の金子晋である（一九九〇）。『万葉集』巻一・六・七・十一に「黄土」あるいは、「住吉の黄土」「三津の黄土」「住江の黄土」など、地名に結びついた黄土のことが読み込まれていたことを見出した。住吉あるいは住江は、大阪の上町台地の地名をいう（図54）。金子は台地西側の縁辺部の崖地から黄土を採取し、布地に染色する復元に取り組んだ。現在では上町台地の崖地も開発されて、地山面の露出は皆無である。

筆者のサンプル土は沖縄県与那国島のものである（奥山ほか 二〇一三）。空港の北部海岸の崖面で採取された黄土である。沖縄の島々は石灰岩の隆起した地形であり、海岸に面した崖は打ち砕く波浪によって侵食されている。黄土はこの凸凹になったくぼ地に層状に堆積しているというが現地は未確認である。与那国島の黄土は、かつて神女の上衣の染めに使用された。

『続日本紀』文武天皇三年三月条に「下野国、雌黄を献る」の記事がある。雌黄は硫化砒素系の黄土で、赤黄色および黄色の顔料という（新日本古典文学大系『続日本紀』１補注）。壁画の化学分析では、砒素は検出されないためこの顔料の使用はないだろう。なお辰砂産出地で取り上げた三重県丹生の櫛田川では、辰砂とともに鶏冠石も産出する。これも砒素を含む硫化鉱物で鮮やかなオレンジ色を呈し中国名は雄黄である。

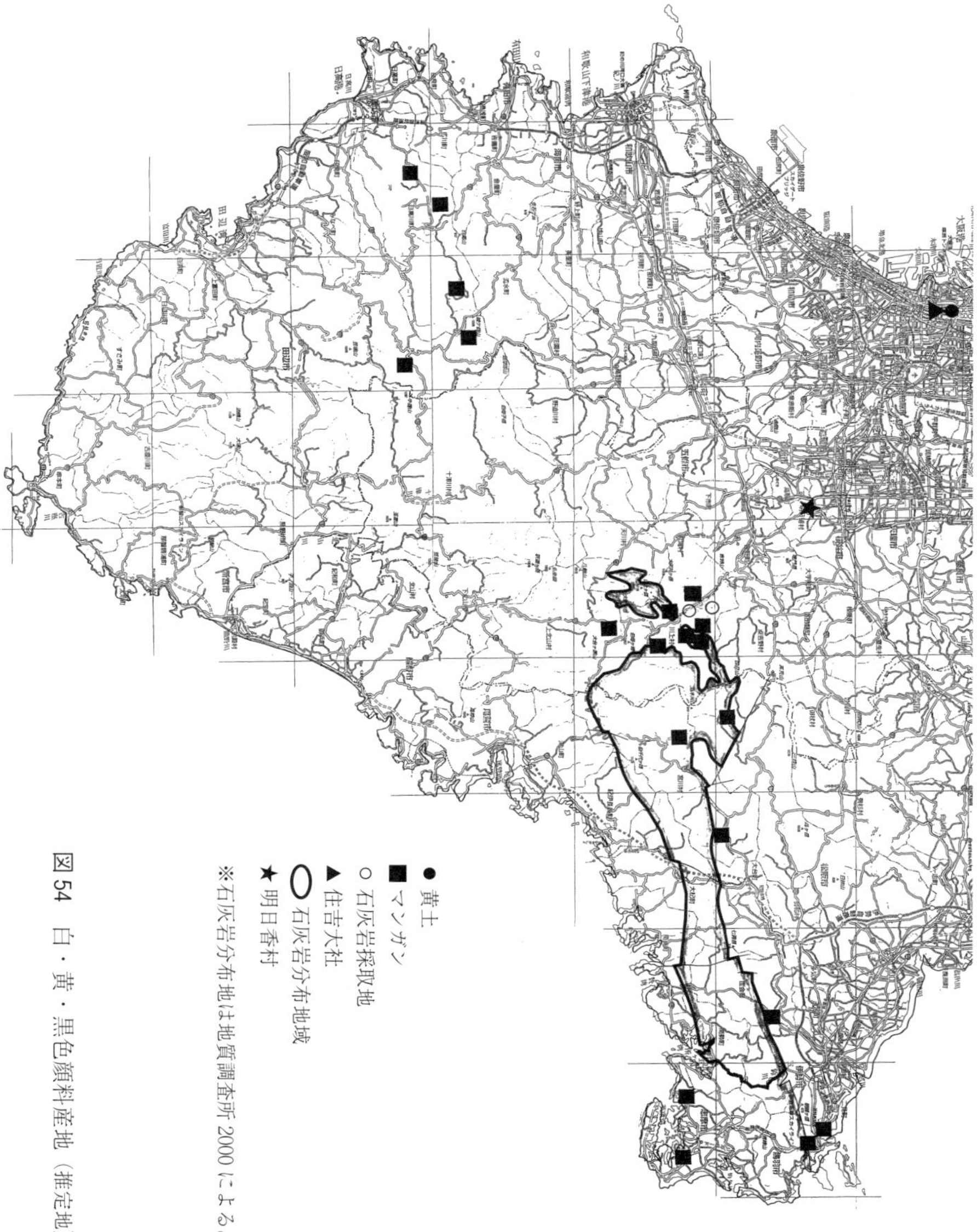

※石灰岩分布地は地質調査所 2000 による。

図54　白・黄・黒色顔料産地（推定地）

4　黒　色

黒色は男女の髪や、男子の冠の色、あるいは東男子の足元にみえる靴、西男子のもつ椅子（胡床）、西女子のもつ如意などに使用されている。また、壁画の下書きの線描にも薄く墨色が引かれている。黒色は墨とマンガンの二種類が検出された。

マンガン鉱の産地を紀伊山地で確認すると（図54）、明日香村に近いところでは、奈良県川上村に集中する。同村高原・瀬戸など六か所の鉱山がかつて操業した。そのほかに、鳥羽市から伊勢・志摩半島にかけて鉱山が点在する。和歌山県内では日高川に沿う地域に集中する。田辺市龍神村で報告されたマンガン土はそのものが黒色を呈する。マンガン鉱山の大産地は、京都府北部丹波山地から滋賀県西部にかけての山間地であった。また、奈良市に近い京都府加茂町や和束町の山地にも小規模な鉱山が操業した。

マンガン顔料は、染色材料として古墳時代前期の麻布に使用された。天理市下池山古墳では、竪穴式石室を覆う被覆粘土が四層検出され、上から二層目の浅黄色粘土の上下二面のうち、上の麻布は辰砂の赤色とマンガンの黒色、下面の麻布はベンガラの赤色とマンガンを染め分けていた（卜部　二〇〇八）。

辰砂とベンガラは縄文時代から開発された顔料であるが、マンガンも三世紀後半から四世紀には、すでに顔料として実用化されたのである。

5　金・銀

金箔は日像と星を、銀箔は月像を、それぞれ貼りつけて表現した。金箔は高松塚古墳とキトラ古墳のほかに、奈良市郊外の石のカラト古墳からも出土した。一方、明日香村飛鳥池遺跡（工房跡）から、金箔片と金粒、金糸、銀片、銀針などが出土した（飛鳥資料館 二〇〇〇）。また金銀を精製するルツボと、銀を含有する方鉛鉱などの出土で、この工房では鉱石の製錬から精錬と製品仕上げまでを一貫して行っていたのである。

金の使用に関して、推古十三年（六〇五）に、仏像の鍍金に必要な金が高句麗王から献上されたことを記し、天武朝になると新羅から金銀が多く献上されたことを記す。また天武三年（六七四）に対馬で銀の産出したことを記す。この後、文武二年（六九八）から大宝三年（七〇三）にかけ、対馬での金銀、陸奥の金、紀伊の銀などの産出した記事が集中する。

金銀鉱山の開発は、飛鳥時代には開始されたのであろう。大宝三年（七〇三）に紀伊国の阿提《あて》・飯高《いひたか》・牟漏《むろ》の三郡から銀の献上を記す。現在の三重県南牟婁郡から和歌山県東牟婁郡にかけての地域である（小葉田 一九八〇）。紀伊山地での金銀鉱山は、三重県熊野市紀和鉱山、和歌山県では那智勝浦町円満地・妙法鉱山など一四か所に分布する（図55）。

兵庫県の金銀鉱山は二三か所の報告があるが（中村 一九九五）、自然金銀として露頭するのは五か所、砂金が採取されるのは二か所である（表12）。自然金銀と砂金の産出で特筆すべきこととしては、金銀の含有量が多く、しかも採鉱から採鉱にいたる過程が容易なことがあげられる。生野鉱山は大同二年（八〇七）に露頭が確認されて採掘が開始され、明延鉱山（神子畑鉱床）も同年間には操業が開始された。砂金は中瀬鉱山が天正元年（一五七三）に八木川から採掘が始まったという。紀伊山地の金銀を含む鉱石は、品位が低いことが報告されている（津田 一九六四）ことから、兵庫県下の金・銀鉱山は注目される地域といえるだろう。

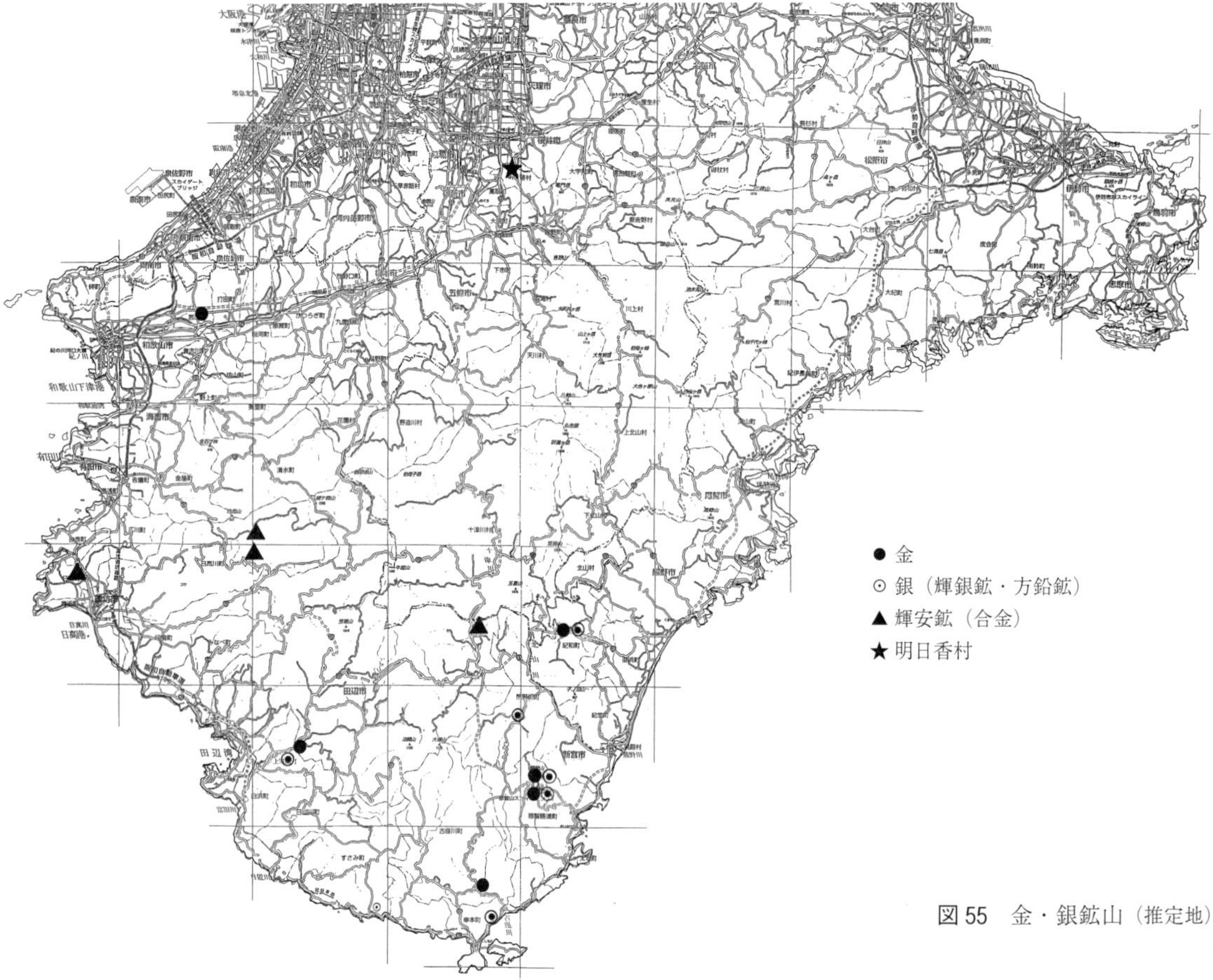

図55　金・銀鉱山（推定地）

表12　兵庫県における自然金・銀と砂金産出地

鉱山名称	区分	産状	備考	『兵庫県下の鉱物資源』番号
生野鉱山	自然金・銀	露頭	大同2年(807)露頭発見、銀鉱採掘	37
多田鉱山	自然銀	−	天正・慶長年間に最盛期	46
沖ノ浦鉱山	自然金	露頭	1920年に確認	49
但馬鉱山	〃	−	1894年に発見	55
竹野鉱山	自然銀	−	1868年に採掘	58
大東鉱山	自然金・銀	露頭	1932年に確認	62
峯山鉱山	自然金	−	足利時代に発見という	63
但馬三方鉱山	自然金・銀	−	生野鉱山の支山として稼行	66
中瀬鉱山	自然金	−	天正元年(1573)八木川から砂金	67
養父鉱山	自然銀	−	1931より稼行	68
糸井鉱山	自然金・銀	−	−	69
大身谷鉱山	自然銀	−	−	70
明延鉱山	自然金	神子畑鉱床	大同年間に銀鉱石採掘	71
大乗鉱山	自然金・銀	−	−	73
富栖鉱山	自然金	露頭	1935年確認	74
旭日鉱山	〃	−	1913年確認	75
坂越大泊鉱山	自然金・銀	露頭	1974年確認	76
堀場鉱山	自然金	−	−	クドウ地科学コレクション
奥山鉱山	〃	−	−	〃
大藪鉱山	自然銀	−	−	〃
新井鉱山	〃	−	−	〃
竹ノ内ラカン谷鉱山	自然金・銀	−	−	〃
和田山町朝日川	砂金	−	−	〃

中村・先山 1995、兵庫県立人と自然の博物館クドウ地科学コレクションより集成。

図56　奈良県川上村の漆喰鉱山跡

6　白色（鉛白・漆喰）

壁面全体から鉛白が検出された。鉛白は方鉛鉱の二次的な風化により産出し、また鉛を酸化させた人工的な顔料である。壁面に塗られたのは、下地面の平坦化と上塗り顔料の発色効果、あるいは密着性を高めるためといわれる（奥山ほか二〇一五）。

池田善文は（二〇一五）、美祢市長登銅山跡と同市平原第Ⅱ遺跡から、土師器甕の内面に炭酸鉛が付着した破片が多く出土したのは、甕のなかに金属鉛と酢を入れて加熱し、鉛白を製造したためだろうという。長登銅山では紺青・緑青とともに鉛白も精製していたのであろう。

漆喰は壁画下地として壁面に塗られたが、白色として塗られたのは白虎と東壁男子の上衣や袴、帯、女子では裳裾の色である。漆喰は、石灰岩や貝殻を焼くことで粉末にし、これを水に溶いて使用するものである。高松塚古墳の漆喰は九〇パーセント以上の高純度であるため、原料が石灰岩であるか貝殻に由来するのか解決していない。本論では石灰岩の産地をみることにする。

近畿地方で石灰岩が採取されるのは、兵庫県東部から京都府北部にかけての丹波山地と、琵琶湖北部の伊吹山を中心とする伊吹山地、紀伊山地東側の大峰山周辺から大台山・伊勢志摩半島にかけての三地域がある（図54）。

明日香村にもっとも近いのは、大峰・大台山系の地域である。現在では奈良県天川村みたらい渓谷や川上村で露頭や採掘穴をみることができる。川上村では白屋と柏木には、採掘坑と粉砕機などが残る作業場跡がある。石灰岩の採掘は、江戸時代から明治ごろまで続けられたようである。

石灰岩の用途について注意されるのは、吉野町国栖《くず》で現在も続く和紙の製造工程に、白屋産の石灰岩を泥土にして紙漉きのなかに混入する手法があることである。このような特殊な紙は、丈夫なことから金箔製造には欠かせない紙である（和田　一九八五）。

高松塚壁画の天文図を観察した藪内清は（高松塚古墳総合学術調査会　一九七四）、金箔の裏打ちに使った白紙だけがそのまま残ったものが四個認められると報告した。天文図のどの部分であるのか特定していないが、今後の再調査がまたれる。飛鳥池遺跡の工房で製造された金銀箔には、このような特殊な紙も必要なのである。

二　紀伊山地で顔料・漆喰産地を推定する

六項目の壁画顔料と壁面の下地として使用された漆喰の産地を検討した。鉱山の操業した時代が特定されるのは長登銅山跡に限られる。したがって、現状の産地推定地は操業の時期を特定できないことが前提である。それをふまえた上で、以下要点を述べる。

ラピスラズリ以外の顔料は、紀伊山地と伊勢志摩地域で調達が可能であることがわかった。このうち辰砂は明日香村から中央構造線に沿う谷地に開かれた道筋（近世の伊勢街道にあたる）の宇陀地域と、三重県では丹生地域である。

青・緑の顔料は、紀伊山地の銅鉱にともなう二次生成物として採取された可能性がある。長登銅山跡は飛鳥時代に開業した銅山である。ここから鉱石や顔料として紺青や緑青、鉛白などが調達されたことも考えられよう。

金銀は紀伊山地においても鉱山のあったことが確認される。ただこの地域の金銀の含有量は少ないことが報告されている。兵庫県内の金銀産地は、自然金銀が露頭するところが少なくない。砂金も早くから採取されたようであり、探鉱・採鉱という点では、兵庫県下を産地に推定する上では見逃せない地域である。

鉱山といえば急峻な山間地に開業したと思いがちであるが、辰砂は宇陀地域では芳野川流域に分布し、三重県丹生では櫛田川の岸壁に露頭する。青・緑の藍銅鉱や孔雀石の産出する、御所市朝町の鉱山は里山の谷に沿う地である。石灰岩の採取地は吉野川沿いである。これらの産地は、いずれも川岸において鉱石が採取できることが共通する。探鉱においては、川筋の転石が重要な観察ポイントなのであろう。そして、高松塚天文図に裏打ち紙が残存していたとの報告は今後注意される記述である。

以上のような試論的な検討では、壁画顔料は、唐や新羅から請来された高級品が使用されたことを視野に入れるべきであるが、まず国内の明日香村に近い地域でこれらが調達可能かを検討した。この結果、ラピスラズリを除いてほとんど紀伊山地とその周辺地域で調達は可能であることがわかった。顔料までの精製技術は、飛鳥池工房で行える技術水準にあったことが調査で出土した遺物などが示している。

参考文献

〔あ行〕

相原嘉之　二〇〇三「飛鳥浄御原宮の宮城―飛鳥地域における官衙配置とその構造」『明日香村文化財調査研究紀要』三。
明日香村教育委員会　一九七四『史跡中尾山古墳環境整備事業報告書』。
――二〇〇九『国宝高松塚古墳壁画』高松塚壁画館図録。
秋山日出雄　一九七九「檜隈大内陵の石室構造」奈良県立橿原考古学研究所『橿原考古学研究所論集』五。
飛鳥資料館　二〇〇〇『飛鳥池遺跡』。
――二〇〇六『キトラ古墳と発掘された壁画たち』展示図録四五。
――二〇一一『星々と日月の考古学』。
――二〇一五『キトラ古墳と天の科学』。
東　潮　一九八八「集安の壁画古墳とその変遷」『好太王碑と集安の壁画古墳』読売テレビ放送。
――二〇一一『高句麗壁画と東アジア』学生社。
東潮・田中俊明　一九八九『韓国の古代遺跡二―百済・伽耶編―』中央公論社。
網干善教　一九七四「高松塚古墳とその意義」『高松塚論批判』創元社。
――一九七六「高松塚壁画をめぐって（一）」『鷹陵史学』二。
有賀祥隆　二〇〇六「壁画の表現技法」飛鳥資料館『キトラ古墳と発掘された壁画たち』展示図録四五。
有坂隆道　一九七四「高松塚の壁画とその年代」『高松塚論批判』創元社。

尹　国有　二〇〇三『高句麗壁画研究』吉林大学出版社。
石井久夫　二〇〇九「カヅマヤマ古墳出土の貝殻遺物」明日香村教育委員会『カヅマヤマ古墳発掘調査報告書』明日香村文化財調査報告書五。
池田知久訳注　二〇一二『淮南子』講談社。
池田善文　二〇一五『長登銅山跡』同成社。
磯部　克　一九七九『三重県地学のガイド』コロナ社。
市　大樹　二〇一二『飛鳥の木簡―古代史の新たな解明―』中央公論新社。
稲岡耕二　一九九〇「続日本紀における宣命」新日本古典文学大系『続日本紀』岩波書店。
稲垣紘武　一九六五「奈良県鉱物誌」『地学研究』特集号。
井上和人　二〇〇四「古代都城制地割制再考」『古代都城制条里制の実証的研究』学生社。
今津節生　二〇〇二『鉱山資料から見た水銀朱産地推定のための基礎研究』平成十二、十三年度科学研究費申請基盤研究（C）研究成果報告。
内田和伸　二〇〇八「平城宮第一次大極殿と高御座の設計思想」舘野和己編『古代日本の構造と原理』青木書店。
卜部行弘　二〇〇八『下池山古墳の研究』橿原考古学研究所成果九。
江浦　洋　二〇〇〇（財）大阪府文化財調査研究センター『難波宮跡北西の発掘調査』大阪府警察本部庁舎新築工事に伴う大坂城跡（その6）発掘調査速報。
榎村寛之　二〇〇六　水谷　二〇〇六に同じ。
大庭重信　二〇一二（財）大阪文化財研究所『難波宮址の研究』一八。
汪　勃　二〇〇二「高松塚古墳壁画天文図の年代」『関西大学博物館紀要』八。
大林太郎　一九九九『銀河の道虹の架け橋』小学館。
大町　健　一九八六「律令制的国郡制の特質とその成立」『日本古代の国家と在地首長制』校倉書房。

岡林孝作　二〇一一「高松塚古墳木棺および棺台の復元的検討」奈良県立橿原考古学研究所『高松塚古墳』。
奥田　尚　一九九〇「水銀鉱の産地」奈良県立橿原考古学研究所『青陵』七三。
――二〇〇五「御所市伏見出土の水銀鉱」奈良県立橿原考古学研究所『奈良県遺跡調査概報第二分冊』。
奥山誠義ほか　二〇一五「高松塚古墳出土青色顔料の成分分析」『考古学論攷』橿原考古学研究所紀要三八。同報告にはこのほかに赤色と緑色も報告されている。
奥山誠義・卜部行弘・泉武　二〇一三「下池山古墳染色品の材料学的研究」（公財）由良大和古代文化研究協会『研究紀要』一八。
小澤毅・入倉徳裕　二〇〇九「藤原京中軸線と古墳の占地」（財）飛鳥保存財団『飛鳥風』一一一。
小竹武夫訳　一九九七『漢書』一帝紀、同一九九八『漢書』列伝Ⅱ、筑摩書房。

〔か行〕

金子　晋　一九八二「万葉集にみる『岸の黄土』―飛鳥と住吉を結ぶもの」『飛鳥風』五、黄土の分析は、同一九八三「古代黄土染めの復元」『考古学と自然科学』一六。単行本一九九〇『よみがえった古代の色』学生社。
金子裕之　二〇〇五「石のカラト古墳」奈良文化財研究所『奈良山発掘調査報告Ⅰ』奈良文化財研究所学報七二。
河野健三　一九八八「高松塚古墳の星」（財）飛鳥保存財団『飛鳥風』二六。
韓国放送公社　一九九四『高句麗古墳壁画』。
岸　俊男　一九七二「文献史料と高松塚壁画古墳」奈良県教育委員会・奈良県明日香村『壁画古墳高松塚』調査中間報告。
岸田祥子　二〇〇三「『日本書紀』天武天皇十二年正月条について」龍谷大学国史学研究会『国史学研究』二六。
北川和夫　一九八六「古代の金箔」（財）飛鳥保存財団『飛鳥風』一八。なお手打ちの金箔製造は、下出積與一九七二『加賀金沢の金箔』北国出版、が詳しい。
北田弘ほか　二〇一五「高松塚古墳の緑色顔料試料の材料分析研究」『考古学論攷』橿原考古学研究所紀要三八。
北野信彦　二〇〇三「尼寺廃寺出土遺物に付着した赤色顔料に関する調査」香芝市教育委員会『尼寺廃寺Ⅰ』。
来村多加史　二〇〇八『高松塚とキトラ』講談社。

北山茂夫　一九七三『柿本人麻呂』岩波書店。
――　一九七八『天武朝』中央公論社。
木村多喜生　二〇〇一「丹生鉱山」三重県立博物館『三重県の地質鉱物』。
金　基雄　一九八〇『朝鮮半島の壁画古墳』六興出版。
熊谷公男　二〇〇二「持統の即位儀と「治天下大王」の即位儀礼」『日本史研究』四七四。
熊田忠亮　一九七二「高松塚古墳の天井星宿」『高松塚古墳と飛鳥』中央公論社。
倉本一宏　一九九七『日本古代国家成立期の政権構造』吉川弘文館。
黒田慶一　一九八八「熊凝考―難波郡と難波宮下層遺跡―」『歴史学と考古学』高井悌三郎先生喜寿記念論集。
小泉顕夫　一九八六『朝鮮古代遺跡の遍歴』六興出版。
高句麗文化展実行委員会　一九八五『高句麗古墳壁画史料集（五）―高句麗古墳壁画と高松塚』。
小島憲之　一九六二「日本書紀の述作」『上代日本文学と中国文学』上、塙書房。
湖南省博物館ほか　一九七二『長沙馬王堆一号漢墓発掘簡報』文物出版社。
小葉田　淳　一九八〇「熊野銅山史の研究」『史林』六三―五。
小南一郎　二〇〇六『古代中国天命と青銅器』京都大学学術出版会。
湖北省博物館ほか　一九八九『曽侯乙墓』文物出版社。
〔さ行〕
西光慎治　二〇〇二「飛鳥地域の地域史研究（3）今城谷の合葬墓」『明日香村文化財調査研究紀要』二。
――二〇〇九「本居宣長と飛鳥の王陵」（財）飛鳥保存財団『飛鳥風』一一〇。
――二〇一三「野口王墓古墳出土凝灰岩について」明日香村教育委員会『牽牛子塚古墳発掘調査報告書』。
――二〇一四「飛鳥の終末期古墳―飛鳥地域における葬地空間の形成過程」『特別展　キトラ古墳壁画』文化庁ほか。
――二〇一五「檜隈大内陵の埋葬施設」『河上邦彦先生古稀記念献呈論文集』。

早乙女雅博　二〇〇五『高句麗壁画古墳』共同通信社。
坂田俊文・星山晋也ほか　一九九二　飛鳥資料館『高松塚壁画の新研究』。
坂本太郎　一九二八「白鳳朱雀年号考」『史学雑誌』三九―四。後に一九六四『日本古代史の基礎的研究』下、制度篇、東京大学出版会。
佐藤　隆　二〇〇〇（財）大阪市文化財協会『難波宮址の研究』一一。
佐野千絵ほか　二〇〇九「国宝高松塚古墳壁画の材料調査の変遷」東京文化財研究所『保存科学』四八。
重松明久　一九八六「古代における祥瑞思想の展開と改元」『古代国家と宗教文化』吉川弘文館。
重見　泰　二〇一四「コラム2殿舎名の改変―天武十年の改革―」、「コラム4大津宮の姿」奈良県立橿原考古学研究所附属博物館『飛鳥宮と難波宮・大津宮』特別展図録第八二冊。
――二〇一七「新城の造営計画と藤原京の造営」『橿原考古学研究所紀要』四〇。
白石太一郎　二〇〇九『考古学からみた倭国』青木書店。
申　秦雁　二〇〇二「懿徳太子墓壁画」『唐墓壁画珍品』文物出版社。
杉本憲司　一九九八「中国古代の墓室壁画について」古代学研究会『古代学研究―特集高松塚古墳壁画発見二五周年記念シンポジウム―』一四〇。
関　晃　一九九七「有間皇子事件の政治的背景」『関晃著作集―日本古代の政治と文化―』五、吉川弘文館。
朱　栄憲　一九八六『徳興里高句麗壁画古墳』講談社。
積山　洋　二〇〇〇「孝徳朝の難波宮と造都構想」地方史研究協議会『巨大都市大阪と摂河泉』雄山閣。
――二〇〇九「難波大道と難波京」『シンポジウム資料畿内の都城と大道―難波大道の発掘は何を語るか―』。
蘇　哲　二〇〇七『魏晋南北朝壁画墓の世界』白帝社。
曽布川寛　一九八一『崑崙山への昇仙』中央公論社。

〔た行〕

高松塚古墳総合学術調査会　一九七四『高松塚古墳壁画』便利堂。
田久保実太郎・鵜飼保郎　一九五四「水銀鉱床粘土鉱床調査報告」奈良県経済部商工課『奈良県地下資源調査報告』、奈良県一九七〇『宇陀川水系における水銀分布に関する地質調査報告書』。この他には、津田秀郎一九六〇「奈良県神生水銀鉱山の鉱床」『和歌山大学学芸学部紀要―自然科学―』一〇、菅谷文則一九七五「特殊遺物の調査」橿原考古学研究所『宇陀・丹切古墳群』は、考古学から大和水銀鉱床群の辰砂についてふれた論文である。辰砂全般にわたる研究は、松田寿男一九七〇『丹生の研究』早稲田大学出版部があり、大和水銀鉱床群にもふれている。
辰巳俊輔　二〇一五「八角墳の再検討」『明日香村文化財調査研究紀要』一四。
田中　卓　一九七七「年号の成立―初期年号の信憑性について―」『神道史研究』二五―五・六号、後に一九八六『律令制の諸問題』田中卓著作集六、国書刊行会。
谷川清隆・相馬充　二〇〇八「七世紀の日本天文学」『国立天文台報』一一。
地質研究所　二〇〇〇『鉱物資源図4　中部近畿』。
千早赤阪村　一九八〇『千早赤阪村誌』。
津田左右吉　一九六三『日本古典の研究』下、津田左右吉全集第二巻、岩波書店。
津田秀郎　一九六二「和歌山県南部の金属鉱床の研究」『和歌山大学学芸学部紀要―自然科学―』一一、同一九六四「和歌山県鉱物誌」『和歌山大学学芸学部紀要―自然科学―』一四、同一九七三「三重県の鉱物（一）」『和歌山大学教育学部紀要―自然科学―』二三。
寺崎保広　二〇〇二『藤原京の形成』山川出版社。
寺沢薫ほか　二〇一二「同位体分析法を用いた桜井茶臼山古墳出土朱の産地推定の試み」『青陵』一三六。
東京帝国大学　一九〇一『大日本古文書』二、印刷局。
東野治之　一九六九「飛鳥奈良朝の祥瑞災異思想」『日本歴史』二五九。

所　功　一九七八「大宝以前の年号―諸説の再検討―」『日本古代の社会と経済』上、吉川弘文館。

〔な行〕

直木孝次郎　一九九四「大化改新と難波―難波宮創設の意義―」『難波宮と難波津の研究』吉川弘文館。

中尾芳治　一九八一「前期難波宮内裏前殿ＳＢ一八〇一をめぐって」（財）大阪市文化財協会『難波宮址の研究』七、報告篇。

――一九九五『難波宮の研究』吉川弘文館。

中村威・先山徹　一九九五「兵庫県下の鉱物資源」兵庫県立人と自然の博物館『人と自然』六。

奈良県教育委員会　一九七二『壁画古墳高松塚―調査中間報告―』。

奈良県立橿原考古学研究所　二〇一六「吉野山・大峯奥駈道」『橿考研通信』一。

奈良文化財研究所　二〇〇二『山田寺発掘調査報告』奈良国立文化財研究所学報六三。

――二〇〇六『高松塚古墳の調査―国宝高松塚古墳壁画恒久保存対策検討のための平成一六年度発掘調査報告―』。

――二〇〇七『飛鳥藤原京木簡1―飛鳥池・山田寺木簡解説』奈良文化財研究所史料七九、別冊。

――二〇〇九『高松塚古墳壁画フォトマップ資料』奈良文化財研究所史料八一。

――二〇一六ａ『キトラ古墳天文図星座写真資料』奈良文化財研究所研究報告一六。

――二〇一六ｂ『藤原宮朝堂院朝庭の調査』飛鳥藤原第一八九次調査記者発表資料。

――二〇一六ｃ『藤原宮朝堂院朝庭の調査』藤原宮第一八九次調査現地説明会資料。

成瀬正和　二〇〇四「正倉院宝物に用いられた無機顔料」『正倉院年報』二六。

西嶋定生　一九八三『中国古代国家と東アジア世界』東京大学出版会。

――一九九九「中国の古墓壁画と日本の装飾古墳」『装飾古墳の諸問題』国立歴史民俗博物館研究報告八〇。

西本昌弘　一九八五「豊璋と翹岐―大化改新前夜の倭国と百済―」『ヒストリア』一〇七。

野口定男ほか訳　一九六八『史記』上、中国古典文学大系一〇、平凡社。

〔は行〕

箱崎和久　二〇〇四「朝堂院東南隅・朝集殿院東北隅の調査―第一二八次―」奈良文化財研究所『奈良文化財研究所紀要』。
馬　志軍　二〇〇九「唐恵陵」『壁上丹青―陝西出土壁画集』陝西省考古研究院。
橋本敬造　一九八一「先秦時代の星座と天文観測」『東方学報』五三。
――一九九三『中国占星術の世界』東方書店。
橋本義則　一九九四「古代御輿考―天皇・太上天皇・皇后の御輿―」『古代・中世の政治と文化』思文閣出版。
長谷川　透　二〇一四「檜隈寺跡周辺の調査と冶金関連遺物」『たたら研究』五三。
林　巳奈夫　一九七三「漢鏡の図柄二、三について」『東方学報』四四。
――一九八七「中国古代における蓮の花の象徴」『東方学報』五九。
――一九九二『石に刻まれた世界―画像石の語る古代中国の生活と思想―』東方書店。
――一九九三『龍の話』中央公論社。
原　秀三郎　一九八〇「孝徳紀の史料批判と難波朝廷の復元―二つの大化年号と孝徳即位をめぐって―」『日本古代国家史研究』東京大学出版会。
潘　鼐　二〇〇九『中国古天文図録』上海科技教育出版社。
平田政彦　二〇〇五「法隆寺若草伽藍跡」奈良県立橿原考古学研究所附属博物館『大和を掘る』二三。
平松良雄　二〇一〇「寺院を造営した組織」奈良県立橿原考古学研究所附属博物館『奈良時代の匠たち』展図録。
福尾正彦　二〇一三「八角墳の墳丘構造―押坂内陵・山科陵・檜隈大内陵を中心に―」明日香村教育委員会『牽牛子塚古墳発掘調査報告書』。
福永光司・興膳宏訳　二〇一三『荘子』外篇、筑摩書房。
福原栄太郎　一九七四「祥瑞考」『ヒストリア』六五。
藤井　旭　二〇〇一『星・星座』学習研究社。

藤田道子　一九九五『大和川今池遺跡発掘調査概要・XII』大阪府教育委員会。
古市　晃　二〇〇九「孝徳朝難波宮の史的意義」『日本古代王権の支配論理』塙書房。
文化庁ほか　二〇〇四『国宝高松塚古墳壁画』。
――二〇〇八『特別史跡キトラ古墳発掘調査報告』中央公論美術出版。
――二〇一一『キトラ古墳壁画フォトマップ資料』。
――二〇一七『特別史跡高松塚古墳発掘調査報告』。
保科季子　二〇〇五「受命の書―漢受命伝説の形成―」『史林』八八―五。
細井浩志　二〇〇二「時間・暦と天皇」『天皇と王権を考える八』岩波書店。
本田明日香　二〇〇二「日本古代における祥瑞の色とその意義」『日本歴史』六五〇。

〔ま行〕

前園実知雄　二〇一五「飛鳥の終末期後半期の古墳の被葬者像」『河上邦彦先生古稀記念献呈論文集』。
松田好弘　一九八〇「天智朝の外交について」『立命館文学』四一五―四一七。
松村恵司　二〇〇〇「飛鳥池遺跡出土の金銀」（財）飛鳥保存財団『飛鳥風』七五。
三重県立博物館　二〇〇一『三重県の地質鉱物―三重県地質鉱物緊急調査報告書―』。
三重県立埋蔵文化財センター　二〇〇四『勢和村水銀採掘坑跡群発掘調査報告』。
水口幹記　二〇〇五「表象としての白雉進献―文化受容における軋轢回避の様相―」『日本古代漢籍受容の史的研究』汲古書院。
水谷千秋　二〇〇六「古代天皇と天命思想―七世紀を中心にして―」『日本史研究』五二三。榎村寛之の水谷報告に対するコメントも同論文の末尾「討論と反省」に記載されている。
湊　哲夫　一九九八「陪都難波京の成立」吉田晶編『日本古代の国家と村落』塙書房。
――二〇一三「前期難波宮跡の成立年代」立命館大学考古学論集刊行会『立命館大学考古学論集』六。
南　秀雄　一九九五「高句麗古墳壁画の図像構成」東京大学文学部朝鮮文化研究室研究紀要『朝鮮文化研究』二。

宮島一彦　一九九九「キトラ古墳天文図」明日香村教育委員会『キトラ古墳学術調査報告書』。
――二〇〇一「明日香の古墳天文図」（財）古都飛鳥保存財団『飛鳥に学ぶ』。
――二〇〇七「キトラ天文図と東アジアの古星図」『佛教芸術』二九〇。
三好美穂　二〇一六「史跡大安寺旧境内の調査」奈良市教育委員会『奈良市埋蔵文化財調査年報』平成二十五（二〇一三）年度。
森　博達　二〇一一『日本書紀成立の真実―書き換えの主導者は誰か―』中央公論新社。
森下恵介　二〇一六『大安寺の歴史を探る』東方出版。
〔や行〕
八木　充　一九七二「『孝徳紀』の叙述と編成」『赤松俊秀教授退官記念国史論集』。
――一九八六「国府の成立と構造」『日本古代政治組織の研究』塙書房。
矢嶋澄策　一九八五「大和の水銀」森浩一編『技術と民俗』上巻、日本民俗文化大系一三、小学館。
安田博幸　一九八四「古代赤色顔料と漆喰の材質ならびに技法の伝流に関する二、三の考察」橿原考古学研究所『橿原考古学研究所論集』七、吉川弘文館。
柳沢　孝　一九七五『法隆寺金堂壁画』岩波書店。
――一九七四「星宿の同定」高松塚古墳総合学術調査会『高松塚古墳壁画』便利堂。
藪内　清　一九七五「壁画古墳の星図」国立天文台『天文台月報』一九七五―一〇。
――一九七六「淳祐天文図とヘベリウス星図」国立天文台『天文台月報』一九七六―一。
藪内清・山田慶児・坂出祥伸訳　一九七九「晋書天文志」『中国の科学』中央公論社。
山尾幸久　一九九八a『カバネの成立と天皇』吉川弘文館。
――一九九八b「七世紀後半の制定法について」吉田晶『日本古代の国家と村落』塙書房。
――二〇〇三『日本古代国家と土地所有』吉川弘文館。
――二〇〇六『「大化改新」の史料批判』塙書房。

――二〇一六『古代の近江―史的探究―』サンライズ出版。
山田英雄　一九七三「古代天皇の諡について」『日本書紀研究』七、塙書房。
大和大峯研究グループ　二〇〇九『大峰山・大台ケ原山』築地書館。
山本忠尚　二〇一〇『高松塚・キトラ古墳の謎』吉川弘文館。
横田健一　一九六七「孝徳紀白雉元年条の文体と用語法」『末永先生古稀記念古代学論叢』。
義江明子　二〇一四『古代王権論』岩波書店。
吉田一彦　一九九九「僧旻の名について」薗田香融編『日本仏教の史的展開』塙書房。
〔ら行〕
李　勤　一九九一は中国天文図報告参考文献
李　俊杰　一九九七「高句麗壁画古墳を通じて見た高句麗の天文学発展に関する研究」『高句麗古墳壁画』高句麗研究四。
李　陽浩　二〇〇五『難波宮址の研究』一三、（財）大阪市文化財協会。
〔わ行〕
若杉智宏　二〇一五『キトラ古墳と天の科学』飛鳥資料館図録。
和田　萃　一九九九「四神図の系譜」国立歴史民俗博物館『国立歴史民俗博物館研究報告』八〇。
――二〇〇三『飛鳥―歴史と風土を歩く―』岩波書店。
和田邦平　一九八五「名塩紙」森浩一編『技術と民俗』上巻、日本民俗文化大系一三、小学館。
渡辺明義　一九八四「画題とその意味」『日本の美術』六、至文堂。
渡辺明義ほか　二〇〇四「壁画の新光学的調査について」『国宝高松塚壁画』文化庁。
渡辺信一郎　一九九九「「天下」イデオロギー構造―唐代中国を中心に―」『日本史研究』四四〇。

中国天文図参考文献

〔西安交通大学墓〕李勤　一九九一『西安交通大学西漢壁画墓』陝西省考古研究所ほか、西安交通大学出版社。
〔西安翠竹園墓〕李繒雲　二〇一〇「西安曲江翠竹園西漢壁画墓発掘簡報」『文物』一期。
〔郝灘墓〕呂智栄ほか　二〇〇九『壁上丹青―陝西出土壁画』陝西省考古研究所。
〔元乂墓〕王東ほか　一九七四「河南洛陽北魏元乂墓調査」『文物』一二期。
〔崔芬墓〕呉文祺ほか　二〇〇二「山東臨朐北斉崔芬壁画墓」『文物』四期。
〔九原崗墓〕張慶捷ほか　二〇一五「山西忻州市九原崗北朝壁画墓」『考古』七期。
〔湾漳墓〕黄文昆ほか　二〇〇三『磁県湾漳北朝壁画墓』中国社会科学院考古研究所ほか、科学出版社。
〔婁叡墓〕楼宇棟ほか　二〇〇六『北斉東安王婁叡墓』山西省考古研究所ほか、文物出版社。
〔道貴墓〕韓明祥ほか　一九八五「済南市馬家庄北斉墓」『文物』一〇期。
〔山西水泉梁墓〕劉岩他　二〇一〇「山西朔州水泉梁北斉壁画墓発掘簡報」『文物』一二期。
〔潼関税村墓〕王霞ほか　二〇一三『潼関税村隋代壁画墓』陝西省考古研究院、文物出版社。
〔李寿墓〕陝西省博物館　一九七四「唐李寿墓発掘簡報」『文物』九期。
〔冉仁才墓〕高英民　一九八〇「四川万県唐墓」『考古学報』四期。
〔太原市南郊墓〕寧立新　一九八八「太原市南郊唐代壁画墓清理簡報」『文物』一二期。
〔李鳳墓〕富平県文化館ほか　一九七七「唐李鳳墓発掘簡報」『考古』五期。
〔梁元珍墓〕王戈　一九九六『固原南郊隋唐墓地』寧夏回族自治区固原博物館、文物出版社。
〔永泰公主墓〕杭徳州ほか　一九六四「唐永泰公主墓発掘簡報」『文物』一期。
〔懿徳太子墓〕陝西省博物館ほか　一九七二「唐懿徳太子墓発掘簡報」『文物』七期。
〔章懐太子墓〕陝西省博物館ほか　一九七二「唐章懐太子墓発掘簡報」『文物』七期。
〔節愍太子墓〕胡華強ほか　二〇〇四『唐節愍太子墓発掘報告』陝西省考古研究所ほか、科学出版社。

〔李邕墓〕孫莉柴ほか　二〇一二『唐嗣虢王李邕墓発掘報告』陝西省考古研究院、科学出版社。
〔温神智墓〕張小舟　二〇一〇「山西太原晋源鎮三座唐壁画墓」『文物』七期。
〔恵陵〕胡華強ほか　二〇〇五『唐李憲墓発掘報告』陝西省考古研究所、科学出版社。
〔金勝村六号墓〕李泰山ほか　一九五九「太原市金勝村第六号唐代壁画墓」『文物』八期。
〔アスターナ墓〕李征執　一九七三「吐魯番県阿斯塔那―哈拉和卓古墓群発掘簡報」『文物』一一期。
〔銭寛墓〕陳元甫ほか　一九七九「浙江臨安晩唐銭寛墓出土天文図及官字款白瓷」『文物』一二期。

高句麗天文図参考文献

〔角抵塚〕池内宏・梅原末治　一九四〇『通溝』下、満文化協会、一九七三国書刊行会復刊。

〔舞踊塚〕同右。

〔長川一号墳〕東潮　一九八八『好太王碑と集安の壁画古墳』読売テレビ放送。

〔三室塚〕池内宏・梅原末治　一九四〇『通溝』下、満文化協会、一九七三国書刊行会復刊。

〔通溝四神塚〕同右。

〔五盔墳〕李殿福　一九八四「吉林集安五盔墳四号墳」『考古学報』一九八四―一期。

　東潮　一九八八『好太王碑と集安の壁画古墳』読売テレビ放送。

〔徳興里古墳〕朱栄憲ほか　一九八六『徳興里高句麗壁画古墳』講談社。

〔薬水里古墳〕金基雄　一九八〇『朝鮮半島の壁画古墳』六興出版。

〔天王地神塚〕同右。

〔安岳一号墓〕同右。

〔双楹塚〕同右。

〔徳花里二号墳〕早乙女雅博　二〇〇五『高句麗壁画古墳』共同通信。

〔真坡里四号墳〕朱栄憲　一九六三『各地遺跡清理報告』考古学史料集第三集（北朝鮮ハングル）、早乙女雅博同右。

おわりに

本書のテーマは、キトラ古墳と高松塚古墳の石室に描かれた壁画の成立についての理解にあった。仮説として第一段階では、天武王権が天命思想を皇位の正当性の拠りどころとしたこと、そして第二段階では、天武王権を継承した持統天皇が天武王権の根拠たる天命を受諾した儀礼を具象化するために、王権の原理性と永遠の継承を模索する方途の一つとして、壁画が描かれたのではないかと考えた。

壬申の乱で近江朝廷側が勝利しておれば、大友皇子は天智天皇から正当な法的根拠のある天皇として即位したのである。このような歴史の流れがあれば、壁画の成立もなかったのである。

ところで、持統天皇は天武天皇と同じ原理で皇統を継承したのだろうか。義江明子は（二〇一一）、持統天皇自身が「天つ神の子」として「天に坐す神」の「依《よさ》し」を受けたことを指摘している。持統天皇は天命を自己の皇位の正当化の根拠とはせず、新たに高天原神話を創造することで、天の神（アマテラス）から委託を受けて即位したとするのである。

本書によって、壁画の統一的理解はすべて明らかであるかといえば、そうではない。たとえば、壁画の成立は、通説的には大宝二年に再開された遣唐使（七〇二年派遣）の情報によると説明される。しかし通説では、誰がどのような目的で壁画を描かせたのかという視点が落ちている。また、海獣葡萄鏡の理解についても、壁画が作られた理由などに関連して伝来が説明されているが、再考が必要であろう。さらに、中国の天文図については、中国皇帝位を象徴する、いわば最高度に機密性の高い図面がどのようにして飛鳥に請来されたのか、定見を得ていない。

何より壁画成立について、持統天皇との関わりを究められなかった。またキトラ・高松塚古墳の被葬者についても論究が及ばなかった。今後に向けた課題である。

思いつくままに未解決の課題をあげたが、壁画の統一的理解の基本的な視点は、誰が何を目的として描かせたのかという命題を、飛鳥史の流れのなかで把握することにあった。歴史学としての壁画論である。

小著は、高松塚壁画館の学芸員として日々の業務に携わるなかでの疑問を出発にしている。迂遠な仮説の提示になったが、『孝徳紀』批判は、山尾幸久先生のご教示によるところが大きい。小著を先生に献呈し、これまで蓄積された飛鳥史の学恩に感謝いたします。前期難波宮孝徳説の考古学からの批判は、竹田政敬、卜部行弘の両氏の有益なご助言があり、壁画顔料については奥山誠義・成瀬匡章両氏の学恩を賜った。茂木雅博先生や入江文敏氏は当初から終始励ましてくださった。高松塚壁画館では、明日香村教育委員会の長谷川透氏に、飛鳥時代の文化財全般について有意義な示唆を与えていただいた。ここに明記して謝意を表します。また勤務先である（公財）古都飛鳥保存財団の小川陽一氏や職員の方々にも、このような機会を与えていただいたことに感謝します。

最後に同成社会長の山脇洋亮氏には、沖縄関係本の刊行時に小著のアイデアをお話していたが、ようやく形にしていただいた。厚くお礼を申し上げます。また同社社長佐藤涼子氏と編集部の三浦彩子氏の手助けがなければ本書は成らなかったことを明記し、厚く感謝いたします。

二〇一七年十二月七日　　早朝の西の空に輝く冬の大三角とオリオン座を眺めつつ擱筆とする。

泉　武

ものが語る歴史シリーズ㊲

キトラ・高松塚古墳《たかまつづかこふん》の星宿図《せいしゅくず》

■著者略歴■

泉　武（いずみ　たけし）

1951 年、奈良県生まれ。立命館大学文学部卒業。

現在、高松塚壁画館学芸員。

奈良県立橿原考古学研究所共同研究員、NPO 法人沖縄伝承話資料センター会員。

〔主な著書〕

『沖縄学事始め』（同成社、2011 年）

『シマに生きる―沖縄の民俗社会と世界観―』（同成社、2012 年）

2018 年 1 月 25 日発行

著　者　泉　　武

発行者　山脇由紀子

印　刷　㈱精興社

製　本　協栄製本㈱

発行所　東京都千代田区飯田橋 4-4-8
（〒102-0072）東京中央ビル
TEL　03-3239-1467　振替　00140-0-20618
㈱同成社

ISBN 978-4-88621-778-3 C3321

ものが語る歴史シリーズ〔A5判〕

㉟天文の考古学

後藤　明　著

人は星に何を託してきたのか。世界各地の古代遺跡と天文現象に関する民族誌を豊富にとりあげながら、古代人の世界観や時空間概念に迫る。

二八二頁・本体四二〇〇円

㊱古墳の方位と太陽

北條芳隆　著

太陽の運行や周辺の山々との関係などにより古墳の方位が規定されていた状況を論証し、古墳時代を読み解くための新たな視座を提供する。

二九〇頁・本体四八〇〇円

国宝高松塚古墳壁画恒久保存対策事業報告書1

特別史跡 高松塚古墳発掘調査報告

―高松塚古墳石室解体事業にともなう発掘調査―

文化庁・奈良文化財研究所・奈良県立橿原考古学研究所・明日香村教育委員会編

Ａ４判・三三二頁・本体一五〇〇〇円

国宝高松塚古墳石室解体に伴う報告書、全三巻第一冊目の発掘調査報告書。付図一九葉。詳細な石室構造や壁画の劣化原因等、重要記録を収録。

〔主な目次〕第1章　序言／第2章　調査の方法と経過／第3章　墳丘の調査／第4章　埋葬施設の調査／第5章　壁画保存環境の調査／第6章　関連調査／第7章　考察／第8章　結語